미술가의 감성과 작품 세계

주디스 버튼·올가 허버드·김혜숙·송보림
오순화·이 진·이혜진·정혜연 공저

학지사

추천사

본인은 학문의 길을 함께했던 과거의 제자들과 함께 집필한 이 책에 추천사를 쓰게 된 것을 매우 기쁘게 생각한다. 특히 이 책이 한국 미술교육계에 학술적으로 기여할 것이라는 점을 확신하기 때문에 더욱 감격스럽다.

이 책에는 오늘날 학교 및 박물관, 미술관에서의 미술교육이 아동과 청소년의 삶에 미치는 중요성을 뒷받침하는 주장들이 들어 있다. 그 주장들에 따르면, 미술교육은 아동과 청소년에게 표현과 의사소통의 수단으로 작용하며, 인간의 사고와 문화적 감수성의 발달로 이끈다는 것이다.

이 책의 저자들은 미술 작가인 동시에 교육자로서 미술교육에 관한 여러 다른 관점을 취하고 있다. 그러나 이러한 다름이 담겨 있는 관점들은 모두 시각적 이미지가 인간의 경험에 미치는 특수한 역할에 주목하고 있다. 전통적 재료로 창조되었든 새로운 미디어 매체의 형태이든, 시각적 이미지는 인간에게 촉각적, 감정적,

미적 그리고 구상적·추상적·은유적 반응을 불러일으키며, 동시에 이러한 반응들을 총체적 구성으로 통합시킬 수 있는 수용력을 제공한다. 그러한 시각 이미지에 대한 반응들은 심리적이고, 사회문화적이며, 개인적이자 공유된 인간의 경험에서 근원된 것으로 인간의 문제의식과 창의성의 상호작용을 통해 형성된다. 따라서 시각 이미지의 중요성에 집중하는 이유는 시각적 이미지가 개인의 정체성을 형성하게 할 뿐 아니라 동시에 인간의 삶에 대해 과거에 절대로 이해할 수 없었던 타인과의 공유된 시야를 열어 주기 때문이다. 개인의 공유된 현실을 시야에 노출하여 개인의 의미를 만드는 노력을 해 왔던 수세기에 걸친 인류의 노력인 미술적 산물들은 글로벌 문화로 인해 끊임없이 팽창되고 있다. 작품의 제작 과정을 통해서든 작품에 반응하는 감상 과정에서든, 미술교육자가 어떻게 이러한 인간의 근원적 경험의 문을 열 수 있을지가 우리의 미래에 중대한 영향을 끼치게 될 것을 믿는다.

이 책의 내용은 어떠한 교육의 현장에서나 아동과 청소년의 교육적 경험이 통합되는 여러 다양한 방향을 제시해 줄 것이다.

2016년 1월

Columbia University Teachers College에서

주디스 버튼

머리말

    오늘날 미술교육은 다문화 미술교육, 공동체 중심 미술교육, 창의·인성 교육, STEAM 교육, 통합 교육, 미술관·박물관 교육 등 다양한 관점에서 논의된다. 미술교육은 학생의 창의적 사고와 인성교육의 중심에서 자신의 생각을 시각언어로 표현하고 이해하며 비평하면서 시각 문화의 주체가 된다. 학생은 생각과 감정을 시각적으로 표현하면서 문화정체성을 통해 자기 삶을 들여다보는 과정에 의해 존재적 시각이 형성되며, 여기에는 그것을 실현하기 위한 학생 개개인의 노력, 성실성, 열정 등이 깊게 관여한다.

    미술교육은 학교와 미술관 등에서 학생이 미술 활동을 통한 자아성찰과 세상을 이해하고 소통하는 매개 역할을 한다. 다양한 미술 활동은 학생이 지니고 있는 감성과 미적 안목을 일깨워 주고 창의적 시각과 상상력을 계발시키며 융합적인 사고력을 갖게 한다. 시각적으로 그려 내는 다양한 시각 문화는 많은 사람들에 의해 소비되고 향유되면서 예술 문화를 활발하게 전개시키며 문화의 매개체가 되고 동시에 문화의 매개자가 된다. 학교 및 미술관, 박물관 교육에서 미술교육은 지금보다 더 소중하게 중요하게 다루어져야 하며, 학생이 지니고 있는 문화정체성을 길러 주고 계발시켜야 한다. 미술교육은 학생에게 표현과 미술 감상, 비평을 통해 미술과 삶의 관계를 이해시키며, 더 나아가 예술을 통한 자아실현과 함께 용기와 신념, 가능성 등을 길러 준다.

이 책은 현재 미국 컬럼비아대학교(Teachers College, Columbia University) 교수로 재직하고 있는 주디스 버튼(Judith M. Burton) 박사와 올가 허버드(Olga Hubard) 박사, 그리고 컬럼비아대학교를 졸업하고 우리나라와 미국, 싱가포르 등의 대학에서 가르치고 있는 제자들이 같이 만든 책이다. 이 책의 기획은 3~4년 전으로 거슬러 올라간다. 버튼 교수님은 세계 인시아(InSEA) 미술교육 대회와 미국의 NAEA에 깊이 관여하고 있는 세계적인 미술교육 학자다. 또한 허버드 교수님은 미술관 교육과 관련해서 많은 연구를 수행하며 논문을 발표하고 있다. 특히 버튼 교수님은 세계 미술교육에 끼친 영향도 크지만, 우리나라에서 열린 학술대회에서 발표도 하여 미술교육에 관심 있는 사람이라면 낯설지 않을 것이다.

버튼 교수님과 허버드 교수님이 흔쾌히 이 계획에 동의하고 논문을 사용하도록 허락해 주어서 깊이 감사드린다. 그리고 싱가포르와 미국의 대학에서 열심히 연구하며 후학들을 지도하고 있는 오순화 교수님과 송보림 교수님에게도 감사드린다. 이 책에는 우리나라와 미국, 싱가포르에서 미술교육과 예술학을 가르치며 후학들을 지도하면서 미술교육이 인간의 삶을 어떻게 시각적으로 그려 내는가를 연구하며 바람직한 사회 구현을 위한 예술 활동을 다각적으로 연구한 내용들을 같이 묶었다. 오랜 기간 함께 노력해 주신 집필진 교수님들에게 감사드리며, 학지사 김진환 사장님과 편집부에도 깊이 감사드린다.

2016년 1월
저자 대표 김혜숙

차례

9

1

창의적 지능, 창의적 행위:
다시 읽는 로웬펠드

주디스 버튼

1960년 봄, 학술지 『미술교육연구(*Studies in Art Education*)』 1권 2호에 빅터 로웬펠드(Viktor Lowenfeld)의 「창의적 지능(Creative Intelligence)」이라는 논문이 실렸다. 그는 논문에서 창의적 지능이 인간의 기능에 중요한 영향을 미친다는 주장을 펼치면서, 정식 교육을 받지 않은 예술가나 아동의 미술 작품에서 가장 순수하게 표출되는 창의적 행위(creative practice)를 창의적 지능과 연관시켰다. 이후 60여 년이 흐른 뒤 작성된 이 논문은 발달 단계, 성장 요소, 최종 결과 등의 개념으로 구체화된 로웬펠드의 창의적 지능 이론에 대한 조심스러운 비평을 담고 있다. 다만, 로웬펠드의 연구에서 그의 시대적 배경의 영향을 받았던 요소를 일부 제거하고 동시대의 시각으로 바라보니, 미술교육에 지대한 영향을 미친 핵심적 아이디어는 여전히 유효함을 알 수 있었다. 그 핵심적 주장은 창의적 행위가 개인적 생성 활동을 통해 지식에 활기를 불어넣는 세계와 배움의 방식을 알려 준다는 것이다.

로웬펠드는 『미술교육연구(*Studies in Art Education*)』 창간호에 「창의적 지능(*Creative Intelligence*)」(1960)이라는 제목의 짧은 논문을 기고하였다. 그는 널리 출판된 저서, 『창의적·정신적 성장 (*Creative and Mental Growth*)』(1957)을 통해 이미 그 중요성이 인정되었던 주제를 이 논문에서 심도 있게 다루며 창의적 지능에 대한 새로운 시각을 제시했다. 같은 시대의 다른 연구자들처럼 그도 인지 기능에서 창의성은 일반 지능과 분리돼 있으며 일련의 고유한 특성에 따라 작동한다고 추정했다(Barron, 1955; Getzels & Jackson, 1962; Guilford, 1950; Torrance, 1962; Wallach & Kogan, 1965). 예술가를 비롯한 고도로 창의적인 사람들에 대한 심리 분석을 근거로, 창의성은 개인 경험에 대한 개방성, 개인적 목적과 관련하여 드러나는 자유로움, 장난기, 인격뿐만 아니라 일반 지능과 달리 측정이 불가능하다고 여겨지는 모든 특성과 밀접하게 연관되어 있다는 결론이 나왔다(Dewey, 1934; Read, 1943).

구 소련이 세계 최초로 인공위성 스푸트니크 호를 발사하자, 1960년대 교육 분야에서는 특히 창의성이 시급한 과제로 떠올랐다. 새로운 사고에 대한 과학기술 분야의 수요는 활발한 토론을 촉발시켰고, 이는 예술 분야를 포함한 지적 역량이 요구되는 모든 영역으로 확산되었으며, 또한 가장 우선적 과제가 되었다. 당대 사고의 흐름을 반영하기는 했지만, 로웬펠드는 창의성의 사회적 목적이나 실용적 성과 등에는 별로 관심이 없었다. 그보다는 창의성이 어떻게 각 개인에게 자신의 세계를 이해하게 하며, 개인 내면 안에서 어떻게 기능하는지 연구하는 데 몰두했다.

> '인간과 환경'은 변하지 않는다. 변하는 것은 인간 및 환경과 맺고
> 있는 우리의 주관적 관계다. **우리 자신과 세상의 주관적 관계, 바로**
> **이것을 연구해야 연령별로 아동에게 어떤 자극을 주어야 할지를 파악**
> **할 수 있다**(Lowenfeld, 1960, p. 81, 원문에서 강조함).

로웬펠드는 누구나 '창의적 지능'을 가지고 있으며, 이를 통해
그가 '주관적 진리'라 명명한 것을 탐구하고, 독특하면서도 관계
적인 세계와 조우하게 된다고 했다(Lowenfeld, 1957, p. 25). 창의적
지능은 시간을 두고 서서히 드러나기 때문에 강제로 끄집어낼 수
없으며 아동과 아마추어 예술가의 미술 작품에서 가장 순수한 형
태로 표출된다. "전문 지식이 개입되지 않은 단순한 창의성은 원
시적 민속 예술과 아동의 미술 작품에서 가장 극명하게 드러난
다."(p. 24) 따라서 로웬펠드는 창의적 지능은 창의적 행위들이 구
체화되는 과정을 통해 구현된다고 믿었으며, 그는 어떤 조건이 이
러한 창의적 지능의 구현을 이루어 낼 수 있을지 분석하는 데 평
생을 바쳤다.

관계의 개념: 인간이 예술 활동을 하는 목적

로웬펠드는 수많은 저술을 통해 일관성 있게 관계적-앎(relational-knowing)이 예술 행위, 미적 경험 그리고 창의적 지능이 표출되는 핵심임을 강조했다.

예술 작품은 단순한 사물의 재현이 아니다. 그것은 어떤 것과 관련하여 쌓인 경험의 표현이다. 이런 경험들은 우리와 환경의 주관적 관계에 따라, 또 그 관계가 표출되는 매개 수단에 따라 변화한다. 이는 의자를 설계하고 제작할 때뿐 아니라 그림을 구상하고 그릴 때도 적용되는 사실이다(Lowenfeld, 1957, pp. 79-80).

로웬펠드 연구의 일관된 주제와 창의적 지능 개념의 골자는 1957년 출간된 『창의적 · 정신적 성장』 제3판에 삽입된 이 짧은 글에 집약되어 있다. 로웬펠드에게 있어 모든 사물은 관계를 통해 파악되는 것이었고, 세상에 존재하는 시각적 이미지는 그렇게 얻은 지식의 표현이었다. 결국 그는 창의적 행위가 지적 · 정서적 · 사회적 · 심미적 · 신체적 · 지각적 생활, 즉 그가 '성장 요소'라 명명한 것들을 통합하는 기능을 한다고 믿었다. 로웬펠드는 창의적 행위가 조화로운 인격(personality) 발달에 기여하며 그 핵심은 다른 사람의 필요에 공감하고 배려할 줄 아는 유연성이라고 주장했다. 시대적 배경을 고려할 때, 그의 지향점은 세상을 치유할 처방이었다. 자신과 그 시대 사람들의 경험을 돌아보고 이를 토대로 추론을 내놓은 로웬펠드는 그 시대를 사는 사람이 더욱 본성에 예민해지기 위해 감각을 모두 동원하여 활용하는 법을 익혔다고 설명했다.

감성을 발달시켜 활용하는 사람만 이 평화의 시대에 어울리는 세련된 인간이 될 수 있다고 믿었기 때문이다(Ranuft, 2001, p. 6 재인용).

이렇게 과거의 경험을 돌아보고 두 차례 혹독한 세계대전을 겪은 뒤, 로웬펠드는 다음과 같이 적었다.

지식만 강조하는 우리(미국인)의 편향적 교육 탓에 개인의 감수성, 정신적인 삶, 사회와 조화를 이루는 능력이 개인의 발달에 필수적 요소임을 간과하였다. 여타 국가보다 우리나라(미국)의 정서 장애 및 정신 질환 환자 숫자가 높고, 우리가 국적, 종교, 인종, 사상, 피부색을 떠나 인간을 먼저 인간으로 받아들이지 못한다는 사실은 하나의 공포스러운 징조이며 지금까지 우리 교육이 본질적 목적을 달성하지 못하였음을 입증한다. 유년기에 시작된 조기 미술교육은 아동이 유연하고 창의적인 인간으로 성장하느냐, 아니면 내적 자원(inner resources)이 결여되어 주변 환경과 조화를 이루지 못하는 개인이 되느냐를 가르는 분수령이 될 것이다(Lowenfeld, 1957, p. 2).

　　로웬펠드 외에도 미술교육이 창의적 행위와 정신적 통합에 필요한 자원을 제공해 분열된 세계를 치유하는 데 강력한 영향을 미칠 것이라고 주장한 학자는 더 있다. 그와 비슷한 시기에 활동했던 존 듀이(John Dewey)와 허버트 리드(Herbert Read) 역시 신기원을 이룬 저서인 『경험으로서의 미술(*Art as Experience*)』(1934)과 『미술을 통한 교육(*Education Through Art*)』(1943)에서 유사한 주장을 펼쳤다.

　　60여 년이 흐른 지금 우리가 사는 세상을 힐끗 둘러보기만 해도, 오랜 세월 로웬펠드, 듀이, 리드 등의 영향을 받아 이어진 미술교육이 세상을 눈에 띄게 발전시켰다거나 더욱 조화롭고 균형 잡힌 인격을 완성하는 데 일조하지 못했음을 알 수 있다. 현재 우리가 이렇게 알듯이, 미켈란젤로, 렘브란트, 반 고흐, 고야, 피카소, 베이컨 같은 화가들은 결코 통합적이거나 조화로운 인격을 갖춘 이들이 아니었고 세상을 치유하려 들지도 않았다. 그럼에도 그들은 당대는 물론 후대에까지 커다란 영향을 미친 위대한 예술 작품을 탄생시켰다. 이는 그들이 사람의 정서를 더욱 풍요롭게 하고 인간관계의 새로운 차원을 성찰할 수 있게 해 주는 사고와 감상을 회화와 조각으로 창조해 냈기 때문이다. 간단히 말하자면, 그들은 의미의 형식을 새로이 창조하여 사람들에게 풍요로운 경험을 선사하고 문화의 영역을 확장시키며 때로는 주류를 이루고 있던 미적·사회적 규범에 도전을 했다.

더욱 조화로운 세상을 만드는 데 예술의 역할이 중요하다는 로웬펠드의 주장이 현대인의 시각에서는 과장되어 보이거나 심지어 순진해 보일 수도 있겠지만, 그럼에도 불구하고 그가 만들어 낸 이슈의 기본 구조는 오늘날까지 유효하다. 아동과 청소년의 삶을 통해 드러나는 예술 활동이 세상을 구할 수 없다면, 과연 그 궁극적 목적은 무엇이겠는가? 로웬펠드의 연구를 현대에 맞게 재구성하면 새로운 답을 찾게 될 수도 있다. 그의 연구에서 시대적 배경의 영향을 받았던 요소를 일부 제거하고 동시대의 시각으로 더 깊이 들어가 보면, 그가 시종일관 강조했던 내용은 오늘날에도 타당한 주장임을 알 수 있다. 즉, 예술 작품을 창조하든 작품에 반응을 하든, 예술성은 세상에 개인적 의미를 더하고 예술 작품에 사회적·미적 의미를 부여한다는 것이다. 로웬펠드는 미적 성장이야말로 교육이 달성해야 하는 임무이며 이는 미술교육을 통해 이뤄진다면서 미술교육의 목적을 다음과 같이 정리했다.

지각적·지적·정서적 경험에 대한 한 개인의 예술적 감성이 심화되고 조화롭게 맞물린 총체로 통합되면 그의 모든 감각은 외부 세계와 조화롭고 편안한 관계를 형성하게 된다. 그러나 교육과정에서 예술이 없다면 그 개인은 외부 세계를 인식하는 고도의 감성, 내적 감각과 외부 세계의 조화를 유지할 수 없고, 어떤 예술적 표현도 할 수 없게 된다(Lowenfeld, 1957, p. 9).

로웬펠드가 특별한 예술적 재능을 지닌 개인의 성장과 발달을 추적한 것이 아니라 인간을 인간답게 만드는 것이 예술의 목적이어야 함을 강조했다는 점을 간과해서는 안 된다. 그는 통찰력 있는 가르침을 받으면 모든 아동이 능력을 계발하여 창의적 지능과 재능을 꽃 피울 수 있다고 생각한 듯하다. 그는 창의적 지능이 생동감 있고 통합된 사고를 가능하게 하고 창의적 행위는 주관적 생활 경험을 토대로 이루어진다고 믿었다. 이를 통해 아동과 청소년이 자신의 세계를 구성하는 수많은 관계들을 이해하고 공감할 수 있게 된다고 설명했다.

발달과 지도

100년이 넘는 세월 동안 아동의 창의적 작품은 모든 계층의 성인에게 영향을 미쳤다. 『창의적·정신적 성장』이 처음 출간된 이후 로웬펠드의 발달 단계론은 학교의 미술 수업을 지배하다시피 했다. 그의 영향으로 교사와 아동은 20세기 중반까지 학교 수업을 장악하고 있던, '모방'과 '일방적 전달'에 기초한 미적·관념적 속박에서 벗어날 수 있었다. 그러나 그를 비판하는 이들이 지적했듯이, 이론적으로 그는 예술적 발달 자체에는 큰 관심을 두지 않았다. 대신 정체성, 인격, 인간관계의 형성과 관련된 창의적 지능에 중점을 두었다. 창의적 행위를 통해 다른 사람과 공감하는 능력이 생기고 그래야 자신에 대한 정체성이 형성된다고 믿는 학자는 로 웬펠드 말고도 더 있다. 로웬펠드와 리드, 듀이 등은 아동과 청소 년이 기억 속의 경험을 창의적 행위의 자원으로 활용하면 다른 사 람의 목표와 문제를 이해하는 통찰력을 습득하게 된다고 믿었다.

> 나는 미술이 인간 삶에 공헌하는 바가 바로 이것이라고 생각한다. 미술은 신체적 기술과 능력, 정신뿐 아니라 정서를 비롯해 성장과 관 련한 다양한 요소들을 통합한다. 이러한 것들은 미술이 아니었다면 현재 우리의 교육 체계 내에서 그저 방치되었을 요소다. 나는 이 사 실을 명확히 지적함으로써 우리 모두 이를 명확히 이해할 수 있기를 바란다(Michael, 1982, p. 5 재인용).

단계와 국면Stages and Phases[1]

아동과 청소년의 생활에서 창의적 행위의 소재와 목적이 갖는 의미에 대한 로웬펠드의 생각은 창의적 · 정신적 성장이 단계별로 이뤄진다고 주장한 이론에 잘 드러나 있다. 유년기부터 청소년기 말까지를 모두 포괄하는 발달론을 제시한 학자는 당시 그가 처음 이었다. 그는 예술적 발달 단계가 난화로 특징지을 수 있는 유년

---

1) 필자가 말하는 stages와 phases는 모두 발달에서 단계를 뜻한다. Stages가 발달에서 상위 의 큰 단계를 의미한다면, phases는 더 작은 분절된 단계를 말하는 하위 개념이다.

기부터 고비가 찾아오는 청소년기에 이르기까지 정해진 연령에서 예측 가능한 순서에 따라 진행된다고 설명했다. 로웬펠드의 발달론은 성장의 지적·정서적·사회적·지각적·신체적·미적·창의적 요소들이 한데 뒤섞여 나타난다는 사실을 전제로 했기에 매우 복합적이다.

그가 제시한 발달 단계는 점, 선, 형태의 개념과 그 사이의 관계를 인식하는 영유아기의 어린아이부터 시작된다. 로웬펠드는 사실적 표현력이 생기기 이전인 이 단계의 발달은 타고난 창의성에 기인하며 약간의 환경만 제공해도 그런 창의성을 끌어낼 수 있다고 주장했다. 그는 이 시점부터 시각적 이미지 구축 기술이 축적되어가는 일련의 발달 단계를 구상했다. 그는 한 단계의 토대 위에 다음 단계가 형성되는 계층 구조를 보이며 높은 단계로 갈수록 전문 교사의 개입에 많이 의존하게 된다고 생각했다. 창의적 발달이 진행되면 어린아이는 자신이 표현한 사물과 사건의 이미지를 재탐사하고 정교하게 발전시키면서 더욱 복합적인 관계를 형성해 간다.

로웬펠드는 발달 단계가 저마다 뚜렷이 구분되면서도 하나로 통합된 구조라고 여겼다. 그에 따르면, 아동과 청소년은 비슷한 연령에 같은 단계를 같은 방식으로 거쳐 간다. 회화나 도식적 기술은 단계별로 일정하게 축적된다기보다 시간의 흐름에 따라 구조상 주요한 변화를 보였다. 난화기(Scribbling), 최초 자기표현기(First Stage of Self Expression), 최초 표상(表象) 시도기(First Representational Attempts), 형태 개념 인식기(Achievement of a Form

Concept), 사실주의 여명기(Dawning Realism), 의(擬)사실기(Pseudo Realistic Stage), 결정기(The Period of Decision), 청소년 미술 (Adolescent Art) 등 각 단계 명칭은 발달의 흐름을 특징짓는 중요한 성취를 나타내고 있다. 각 발달 단계는 '성장 요소'로 구성되며, 단계별 성취가 발달뿐만 아니라 성장 요소 간의 균형을 유지하는 역할을 수행한다. 발달 자체는 일상생활의 경험이 변화하는 데 대한 반응으로 일어났다. 로웬펠드는 이러한 변화가 자연스럽게 관심과 호기심을 불러일으키고 창의적 행동을 자극한다고 믿었다. 각 발달 단계는 특정 시기에 가장 두드러지게 나타나는 특징에 따라 구분됐지만, 아동이 자라며 발생하는 새로운 사건들이 성장 요소의 구조적 균형을 끊임없이 깨뜨렸다. 아동은 색칠하기, 그리기, 콜라주, 찰흙 빚기 등에 충동을 느끼는데, 이는 일상의 경험을 조직하고 결과적으로 사고의 균형과 조화를 이루고자 하는 욕구에서 비롯된다.

같은 시대 학자인 피아제(Piaget, 1929)와 마찬가지로, 로웬펠드 역시 창의적 성장과 발달이 단계별로 차례차례 진행되는 자연스러운 직선형 전개 과정을 거친다고 믿었다. 피아제와 로웬펠드는 이러한 발달의 직선적 궤적에 외부의 사회적 영향력이 작용할 여지는 크지 않다고 생각했다. 로웬펠드는 소재에 대한 아동과 청소년의 주관적인 관심이 각자의 세계에서 맺고 있는 관계를 기반으로 한다고 보기는 했지만, 아동과 청소년을 둘러싸고 있는 문화의 예술적 영향까지 고려하지는 않았다. 사실상 그는 교육과 환경 사이의 분열을 내다보면서, "극단적인 개인적 특성은 의사 전달 매개로서의 의미를 거의 상실하게 되는 예술적 표현을 통해 분명하게 표현되기"(Lowenfeld, 1957, p. 39) 때문에 교육과 환경이 분열된다고 주장했다. 이에 로웬펠드는 교사가 아동과 청소년이 스스로의 주관적 경험에 대하여 동질감을 키울 수 있으며, 또한 아동이 자신의 표현 욕구를 충족시키기 위해 스스로 만들어 가는 발명으로서의 회화적 장치를 습득하도록 도와주어야 한다고 촉구했다.

> 내용과 구조, 디자인과 그 의미의 완전한 일치는 창의적 작업에 내재된 특징 중 하나다. 교사의 인위적 영향은 아동에게 혼란만 가져다 줄 뿐이다. 그러한 일치는 아동이 스스로 일궈 내야 하며, 그래야만 아동의 심리 상태를 보여 주는 신호가 된다. 교사는 이를 통해 아동의 성장을 더 명확하게 이해하게 될 뿐이다(Lowenfeld, 1957, p. 67).

로웬펠드에 따르면, 미술사와 공예사 연구에서 다루어지는 시각적·촉각적 관심이 생기는 청소년기에 이르러서야 사회적 영향이 창의적 행위의 형태를 결정하는 역할을 하게 된다.

이처럼 성장과 발달을 직선형으로 바라보는 경직된 시각은 과거 계속해서 비판의 대상이 되었고, 구조적으로 통합된 발달 단계라는 개념에도 의문이 제기됐다. 비고츠키(Lev S. Vygotsky)와 이후 브루너(Jerome Bruner), 케간(Robert Kegan), 에간(Kieran Egan) 등의 연구에서 영감을 받아 진행된 연구에서는, 애초부터 아동의 발달과 관련한 모든 측면이 문화적 배경과 연관되어 있을 뿐만 아니라 해당 문화 내 관습, 기술 및 기대치에 의해 형성된다는 사실이 명확히 밝혀졌다(Bruner, 1990, 1996; Egan, 1999; Kegan, 1994; Vygotsky; 1962). 유년기부터 인간 활동과 연관된 행동 및 그 결과는 발달 및 발달의 형태를 바꾸기도 하고 촉진하기도 하는 문화, 부모와 교사에 의해 형성된다. 다양한 재료를 마음껏 가지고 놀며 탐구할 수 있는 가정환경이 갖추어진 아동, 그리고 재료에 대한 이해를 확장하고 지식을 쌓을 수 있도록 장려하는 유치원에서 학습한 아동은 그렇지 않은 아동보다 창의적 발달이 빨리 이루어질 가능성이 높다. 취학 뒤에도 자신의 관심사와 부합하는 시각예술 분야에서 구성주의적 학습 경험을 쌓은 아동은 그렇지 않은 아동보다 창의적 발달을 이어 나갈 가능성이 더 높다. 학습하는 법과 주목하고 집중하는 법은 그 자체로 발달에 영향을 주는 문화적 기술로서, 이를 교육하려면 성인이나 교사의 개입이 필요하다. 그러므로 창의적 성장은 재료와 시각적 아이디어에 대한 경험과 아동이 자라며 학교 안팎에서 접하게 되는 교육의 방식에 의해 크게 좌우된다.

문화는 두 가지의 방식으로 발달에 영향을 미칠 수 있다. 하나는 미술교사의 교육 방식, 나머지 하나는 미술계 자체의 경향과 관행이다. 예를 들어, 미술교사는 대부분 미술 전공자이며, 각자의 창의적 행위에 영향을 미치는 미술의 양식을 하나쯤 갖고 있기 마련이다. 이런 양식의 지향이 교육철학을 결정짓고, 수업 방식, 학생의 성취도에 대한 기대치 등을 형성하는 데 일조한다. 물론 대부분의 교사는 학생의 관심과 경험을 파악하여 이에 따라 교육 방식을 조정하지만, 교사에 따라 그 정도가 달라질 수 있다. 또한 차이와 다양성에 대한 교사의 관점이 실제 수업 진행 방식에 영향을 준다. 사회계층, 인종, 민족성, 성별 등은 모두 창의적 발달 및 그 결과에 영향을 미치는 것으로 밝혀진 사회문화적 배경을 정의하는 요소가 된다. 아동과 청소년은 저마다 다른 환경과 문화적 배경 속에서 나름의 경험을 체득하며 자라는 만큼 발달 궤적 역시 각기 다르다. 차이와 다양성을 존중하는 오늘날의 미술교사는 이제껏 평가 절하되었던 사회나 문화의 작품을 학생에게 소개함으로써 로웬펠드가 상상조차 하지 못했던 방대한 영감의 모델을 제공할 수 있을 것이다.

성장 요소

그러나 당시 로웬펠드의 연구는 절대적 권위를 자랑하던 인지주의 전통에 위배되는 것이었다. 피아제 및 여타 발달주의자들과 마찬가지로, 로웬펠드 역시 조기 교육이 유아의 신체적 행동 및 그러한 행동에 수반되는 발달을 기반으로 한다고 생각했다. 발달주의자들은 신체에 중심을 둔 교육은 유년기 창의적 성장의 근본이라고 간주되었으며, 이를 통해 행동의 결과를 돌이켜 보고 나아갈 방향을 찾는 능력이 배양된다고 보았다. 그러나 로웬펠드는 신체적 행동과 감각, 감상을 통한 교육이 유아기에만 국한되지 않으며 평생에 걸쳐 잠재적인 지식과 행동의 원천으로 남게 된다고 주장함으로써 피아제와 같은 전통 발달주의자들과 결별하게 되었다. 로웬펠드는 그림이나 콜라주, 찰흙 작품 등을 아무리 복잡한 기교를 활용하여 형식을 갖추어 완성한다고 해도 결국 생기를 불어 넣는 역할은 '체화된(embodied) 지식'의 몫이라고 주장했다. 그는 『창의적 · 정신적 성장』에서 체화된 지식을 지속하기 위한 교육의 일환으로 아동에게 신체 활동을 가르치라고 권유했다.

로웬펠드는 체화된 경험에 대한 연구를 통해, 지적 성장이 그가 정의한 인간 정신을 구성하는 여러 가지 요소 중 하나일 뿐임을 강조함으로써 지적 성장 중심의 교육 경향을 바꾸는 데 일조했다. 그는 인간 정신을 일곱 가지 요소로 구분하고, 각 요소가 발달과 관련하여 중요한 역할을 수행한다고 설명했다. "전 요소에 걸쳐 성장이 동시에 일어나고 아동에게 전체적으로 영향을 미친다."(Lowenfeld, 1957, p. 48) 그는 당시 학교교육이 편협한 이성적 · 과학적 정신 육성에 치우쳐 나머지 능력의 배양과 필요 충족을 도외시한다고 보았다. 그리하여 창의적 행위를 사고, 감상 및 지각을 할 수 있는 '전인적' 개인을 발달시키는 원동력으로 제시하였다. 그의 이론에 따르면, 성장 요소는 단계별로 변화와 발달을 거듭하며, 따라서 그가 지정한 달성 목표에 따라 각 단계를 구상할 수 있다. 끊임없이 변화하는 생활방식에 걸맞은 이론을 정립하기 위해 노력하던 중, 로웬펠드는 모든 성장 요소에 평행 적용되는 기술 축적이 필요하다는 결론에 도달했다. 특정 성장 요소가 나머지 성장 요소보다 뒤

떨어질 경우 해당 발달 단계는 내적인 구조적 일치 및 균형이 결여되었다고 평가되었다. 로웬펠드는 이러한 현상은 내적인 정신적 통합에서 균질성이 결여되는 문제로 이어진다고 보았다. 이 지점에서 그는, "미술교사들이 각 발달 단계를 구상함에 있어 연구에 연구를 거듭해야 하며 교육을 통해 '조화로운 관계'를 유지할 수 있도록 방책을 강구해야 한다."(Lowenfeld, 1957, p. 60)고 강조했다.

로웬펠드가 성장 요소를 창의적 지능 혹은 정신 활동의 근본 단위로 구상했음은 자명하다. 그러나 지금 되돌아보면, 당시 그의 이론이 지니고 있던 강점은 지식 구축에 있어 신체-감각-감정의 위치와 기능을 새로이 정립했다는 것이었다. 랭거(Susanne K. Langer), 리드(L. A. Reid), 쉐플러(Israel Scheffler), 드마지오(Anthony D'Amasio), 존슨(Mark Johnson) 등의 교육철학자들은 인지와 정서적 활동 사이에 밀접한 관련이 있다고 주장했다(D'Amasio, 2003; Johnson, 1987; Langer, 1953; Reid, 1954; Scheffler, 1991). 그러나 이러한 주장은 로웬펠드 이전이나 이후에나 교육계에서 큰 반향을 불러일으키지 못했다. 리드는 다음과 같이 말했다.

감각(feeling)이 지식과 이해의 폭을 넓힘에 있어 중대한 기능을 담당한다. 감각은 '인지적' 기능을 갖추고 있으며, 단순한 주관적 행위가 아니다. 이는 '미적' 이해 발달 단계에서 특히 극명하게 드러나지만, 다른 발달 단계에도 널리 적용된다(Reid, 1973, p. 175).

로웬펠드의 이론인, 소위 놀이와 마음의 고귀한 능력(혹은 성장 요소)은 그 당시의 교육계에서 대부분 받아들여지지 않았음에 주목할 필요가 있다. 그러나 아동과 청소년의 창의적 행위를 이끌어 내는 데 다양한 자연적 성질이 필요하다는 추론에는 다다를 수 있어도, 로웬펠드가 주장했듯이, 이를 통해 필연적으로 평행 성장을 달성하거나 유지할 수 있는 것은 아니다(Burton, Horowitz, & Abeles, 2000; Csikszentmihalyi, 1996; Gardner, 1983). 내면의 발달 및 창의적 활동과의 상호작용에 영향을 미치는 결정적 요인은 여러 가지다. 재료와 실천에 대한 과거 경험, 개인적 관심 및 기질, 교사 및 부모의 영향이 여기에 포함된다. 리드는 이에 대해 다음과 같은 날카로운 분석을 남겼다.

우리의 지각적·상상적·개념적·미적 인식은 한때는 자각했을 수도 있으나(혹은 자각하지 못했을 수도 있다), 이제는 주목하고 파악하려는 인간 성향의 일부가 되어 의식적으로 망각하고 당연시하게 된 것들에 의해 쉴 새 없이 영향을 받는다. 우리는 이 세상을 다양한 색상, 다양한 소리를 지닌 3차원적 연속체로 '본다'. 그 세상은 우리가 정의하고 명명한 사물과 관계의 세상이다. … 우리는 태어나면서부터 시작되는 끝없는 탐구와 학습, 가르침, 교육의 눈으로 그 세상을 본다. 누구나 이러한 준비를 거쳐 예술을 접한다. 그러나 우리는 저마다 특이한 기질, 성향 및 재능을 갖춘 개인으로서, 각자 쌓아 온 기억에 따라 시각적으로 인지하는 바도 다르고 각자의 문화적 배경에 따라

예술과 미학에 노출된 정도도 다른 상태에서 예술을 접하게 된다
(Reid, 1973, p. 183).

성장 요소의 자연적 성질은 각자 다른 시점에, 각자 다른 발달
목적에 따라 표면될 수 있다. 그림에는 남다른 재능을 보이지만
사회적·신체적 능력은 떨어지는 아동, 혹은 미적 분야에 대한 관
심이 전혀 없다가 청소년기에 이르러서 생겨나는 아동이 대표적
인 예다. 또한 정서적으로 불안정한 시기를 거치고 있는 아동은
자신의 창의적 행위에 더욱 몰두하게 될 수도 있고, 또는 창의적
행위 자체를 완전히 중단하게 될 수도 있다.

좀 덜 경직된 오늘날의 시각에서 성장 요소를 바라보면 통합 발
달 단계라는 개념에 대한 의문이 생길 수 있다. 아동의 창의적 행
위를 살펴보면 대부분 한 작품 안에 여러 발달 단계가 조화롭게
공존하고 있음을 알 수 있기 때문에, 고정된 통합 발달 단계라는
개념 자체에 어폐가 있을 수 있다. 초기 유년기에 나타나는 창의
적 행위를 생각해 보자. 바람, 불 등의 움직임을 묘사하기 위해 로
웬펠드의 난화 단계에서 주로 추론된 행동이 수반된다. 혹은 실제
세상을 인지하고 이를 행위로 옮기는 과정을 통해 하늘에서 내려
다본 장면, 중첩되는 장면, 포개지고 접히는 장면 등 다양한 시점
이 뒤섞여 등장하는 이후의 시기를 생각해 보자. 그저 난화를 끄
적거리던 행위가 형식을 갖추어 원근감, 부피를 묘사하려는 시도
로 이어지는 청소년기도 있다. 사실, 현실 상황에서는 아동과 청

소년 모두가 특정 도전 과제를 해결하거나 혁신적 아이디어를 내놓기 위하여 다양한 기술을 활용, 창의적 행위를 펼쳐야 한다.

국면과 이행Phases and Transitions

로웬펠드의 단계 이론을 재구성한 바에 따르면, 발달은 작은 단위 혹은 국면이 중첩되면서 이루어지며, 시간이 지나면서 새로운 행동이 생겨나기도 한다. 그러나 로웬펠드가 주장했듯이, 반드시 동일한 도식적 복합성을 드러내지는 않는다. 이러한 국면의 산물에는 창의적 행위의 과정을 거치며 융통성 있게 활용 가능한 기술, 행위, 기량 등이 포함된다. 새로이 생겨나는 기술은 아동과 청소년의 예술 레퍼토리에 더해지며, 건설적·표현적 잠재력을 더욱 폭넓게 그리고 깊이 있게 만들어 준다. 확장을 거듭하는 아동의 세계관에서 비롯되는 도전 과제들이 소재와 관련한 아이디어를 불러일으키고, 다시 이 아이디어가 다양한 도식적 가능성으로 이어진다. 이를 통해 소재의 속성이 조명되면서 표현을 위한 새로운 사고와 감상이 생성된다. 이러한 경험과 레퍼토리 간의 상호작용은 가능성을 탐색하면서 실험, 테스트, 놀이를 유발하는 상상력이 있어 가능하다(Arnheim, 1974; Franklin, 1973; Green, 1995; Smith, 1983; Wener & Kaplan, 1963). 로웬펠드가 주장했듯이, 바로 이 지점에서 상상력이 작동하기 시작하여 창의적 지능에 영향을 미치고 새로운 의미를 만들어 내게 된다.

발달은 특정 수준에 이르면 단계보다 국면의 측면에서, 창의적 행동의 점진적 이행으로 이해될 수 있다. 시간이 지나며 국면과 이행이 복합적으로 켜켜이 쌓이기 때문이다. 또 다른 수준에 이르러서는, 펠드먼(E. B. Feldman)이 '결정화(crystallization)'라 명명한 개념, 즉 갈수록 복잡해지는 건설적·표현적 목적을 위한 국면의 통합이라는 측면에서 이해될 수 있다(Feldman, 1994). 이 지점에서 다양한 초기(이후에는 도식적) 기술이 아동의 경험이나 아이디어에 대응하여 활용되고 건설적·표현적 수단으로 결정화될 수도 있을 것이다. 그러한 결정화는 일시적인 경우가 대부분이기는 하지만, 아동과 청소년의 레퍼토리에 새로운 기술과 가능성을 더해 주는 역할을 한다.

이러한 발달의 개념은, 아동과 청소년이 다양한 범주로 분류된 창의적 행동을 어떻게 그토록 자연스럽게 활용하여 하나의 작품으로 만들어 낼 수 있는지, 또한 재료에 따라 행동이 어떻게 달라지는지에 대해 만족스러운 해답을 제시해 줄 수 있을 것이다. 예를 들면, 10세 아동이 인물의 묘사는 복잡한 패턴이나 세밀한 디자인을 조합하는 한편, 그 인물은 (3차원의 공간을 해결하기 위해) 어린 시절에 했던 것처럼 단순히 밑부분에 기저선을 긋고 그 위에 인물을 세워 놓을 수도 있다. 같은 아동이 찰흙으로 사람을 빚을 때는 오히려 세밀한 패턴과 디자인을 생략하고 공간적 부피감과 운동감에 집중하기도 한다. 이 발달의 개념은 아동이 과거의 가능성을 다시 탐사하고 미래의 성장 잠재력을 탐색하면서 창의적 행위를 이뤄 내는 이유를 설명해 준다. 실제로 이러한 발달의 렌즈를 통해 성인 예술가의 작품을 바라보면 표현적 목적의 다양성을 극대화하기 위해 망라된 각기 다른 구조의 그룹을 발견할 수 있다. 호크니(David Hockney)의 〈큰 첨벙(Bigger Splash)〉이나 터너(J. M. Turner)의 〈비, 증기 그리고 속도(Rain, Steam, and Speed)〉, 렘브란트(Rembrandt Harmenszoon van Rijn)의 〈연못 안에 서 있는 소녀(Girl Standing in a Pool)〉를 포함하여 다양한 전통회화와 현대회화에 드러나는 형식적 정밀함과 붓놀림의 질감을 떠올려 보면 된다.

인간 발달과 예술 발달에 관한 오늘날의 관점에서 볼 때, 로웬펠드의 아이디어 대부분은 훗날의 진보에 대한 예견이나 다름없다. 그러나 단계에 대한 그의 기술은 지나치게 경직되어 있고, 연령 결정적이며, 융통성 없는 직선형이다. 로웬펠드의 창의적 · 정신적 성장에 대한 이론이 아동의 경험을 존중하는 데 무게를 두기는 하지만, 모든 아동과 청소년이 동일한 시기에 동일한 유형의 경험을 쌓았을 가능성이 크며, 분명 그랬을 것이라는 추정을 동시에 내리고 있다. 다양한 배경 속에, 문화와 성별에 따라 저마다 다른 경험을 쌓으며 성장하는 아동을 올바로 이해할 수 있는 여지를 제한한 셈이다. 예를 들면, 남자아이와 여자아이는 사회문화적 기대치가 다른 만큼 사랑, 공포, 분노와 같은 감정 앞에 각기 다른 반응을 보이게 되며, 이는 이들이 만들어 내는 미술 작품에도 반영된다(Cox, 1993; Feinberg, 1977; Flannery & Watson, 1994; Tumin, 1999). 또한 각종 재료를 사용해 본 경험이 풍부한 아동은 그런 기회가 제한적이었던 아동보다 레퍼토리가 훨씬 풍부해질 가능성이 높다. 유년기 전반에 걸쳐 지속적으로 미술 경험을 쌓은 청소년은 그렇지 않은 청소년보다 사춘기의 갈등을 무사히 극복하고 자신의 표현적 목소리를 재발견할 가능성이 훨씬 높다. 인간 발달이 물 흐르듯 직선형 과정에 따라 이루어지지 않는다는 사실은 이미 밝혀졌다. 아동은 각자 성장 주기가 다르기 때문이다. 급속히 성장하다가 때때로 정체기를 겪는 아동이 있는 반면, 느리게 시작하여 점차 성장 속도가 빨라지는 아동도 있다. 또한 꾸준히 일정 속도를 유지하는 아동도 많다.

따라서 창의적 지능 면에서도 발달은 분명 이루어지지만, 저절로 일어나는 발육이 아니라 구조적인 활동이라는 점을 이해해야 한다. 모든 아동과 청소년이 동일한 방식으로 한계가 명확히 정해진 성장 요소와 함께 고정된 연령 결정적 발달 단계를 거친다고 주장했던 로웬펠드의 이론을 넘어설 필요가 있다. 창의적 행위를 통해 아동과 청소년은, 로웬펠드가 상상했던 수준보다 훨씬 유연한 방식으로 자아 및 세상에 대한 이해를 구조화할 수 있다. 우리는 불균질하고, 복합적이고, 기술 중심적이고, 도전적이며, 문화적 다양성이 존재하는 21세기를 살고 있는 아동의 실상을 보다 개방적인 시각으로 바라보아야 한다. 물론 시각예술이 복합적 지식을 정립하고 보다 의미 있는 세상을 완성하는 인간 능력 계발에 일조한다는 로웬펠드의 근본적 신념은 잃지 않은 채로 말이다.

창의적 성장의 결과

　지금은 종종 간과되는 부분이지만, 로웬펠드의 발달 이론이 특수성을 갖는 이유는 창의적 행동의 핵심인 관계의 중요성을 강조하고 있기 때문이다. 그는 창의적 행동을 통해 아동과 청소년이 스스로의 필요뿐 아니라 타인의 필요에도 민감해진다고 생각했다. 그는 전통적인 발달 이론가들과 마찬가지로 창의적 행동이 개인의 자주성을 이루게 할 수 있다는 믿음에서 개인의 발달에 우선적 중요성을 부과했다(Erikson, 1968; Kohlberg, 1969; Piaget, 1951). 그는 이런 종류의 자율성을 습득하면 아동과 청소년이 자신의 세계를 한걸음 떨어져 바라보고 비판할 수 있게 됨으로써, 자신이 정신을 좀먹는 악습이라 평했던, 상업적 문화에 빠져 들지 않게 된다고 주장했다.

　동시대 인지심리학자들과 달리, 로웬펠드는 지각의 풍부함과 우수한 표현력으로 개인의 자주성을 향상시킴으로써 자아와 타인의 분리를 촉진하는 대신 자연스럽게 관계라는 개념의 확장 가능성을 제시할 수 있다고 믿었다. 그는 창의적 행위가 타인에 대한 반응을 보이는 행위로 이어진다고 주장했다. 타인에게 반응을 보이는 행위는 다른 사람 앞에 자신을 드러내고 의견을 전달하고 자신이 세상에 실재한다는 사실을 확증하는 방법이었다. 로웬펠드는 아동이 미술 재료를 가지고 작업하는 과정에서 상상력이라는

매개를 통해 사람 및 특별한 사건에 대해 반추하고 자신의 감각을
돌출시키며, 알지 못하는 사람이나 미처 경험해 보지 못했던 상황
에 대해 공감할 수 있게 된다고 설명했다.

> 미술교육에서 중요하게 관련된 것 중 하나는 미술교육이 개인 및
> 사회에 영향을 미친다는 것이다. 올바른 사회의 일원으로서 타인과
> 협력하는 삶을 꾸려 나가고 사회에 창의적 기여를 하도록 이끄는 것
> 이 교육의 최대 목표가 되었다. 자아 동일화 없이는 타인과 협력하고
> 이웃의 필요를 이해하기가 불가능하다. 아동은 자신의 작업과 스스로
> 를 동일시하고, 자아를 자신이 속한 환경보다 낮춤으로써 그 환경을
> 제대로 인식하고 파악하는 과정을 통해 이웃의 필요를 이해하는 데
> 필수적인 정신적 능력을 키워 간다. 또한 자아를 타인의 문제 안에
> 포함시키는 정신적 능력을 함양함으로써 상상력을 발휘하여 타인의
> 필요를 마치 자신의 필요처럼 자유롭게 시각화하는 법을 배워 나간다
> (Lowenfeld, 1957, p. 36).

창의적 성장에서 관계적-앎, 지각 및 감상이 차지하는 비중에
무게를 둔 로웬펠드의 연구에서는 예전 동료였던 철학자 마르틴
부버(Martin Buber)의 핵심 이론과 공유하는 부분이 발견되기도 한
다. 이 연구를 통해 로웬펠드는 위니컷(Donald Winnicott), 밀너
(Marion Milner)와 같은 정신분석학자들과 어깨를 나란히 하게 되
었다(Milner, 1971; Winnicott, 1971). 이 측면에서 볼 때 로웬펠드는

단연코 시대를 앞서 갔다고 할 수 있다. 그로부터 무려 20년 이상이 지난 뒤에야 페미니스트 이론가들이 객관적-이성적 정신에 기반한 전통 발달론에 반기를 들며 로웬펠드가 주장했던 배려와 공평성 중심의 관계적 세계관 안에서 이를 재구성하려 시도했던 것이다(Gilligan, 1982; Miller, 2007).

로웬펠드는 창의적 행위를 자아관과 세계관 형성의 근간에 놓았고, 따라서 이미 확인되었듯이, 그 결과를 하나의 미학적 결과물로만 판단할 수는 없었다. 여타 정신적 능력보다 지적 능력에 큰 가치를 부여하는 교육계의 경향에 대한 그의 경계심은 미적 교육에 대한 그의 인식에서도 찾아볼 수 있다. 여기서 그는 형식 미학에 기반한 기준이 아동과 청소년의 미술 작품을 평가하는 데 사용되고 있다는 사실에 우려를 표했다. 또한 로웬펠드는 자신의 창의적 행위에 형식 미학을 적용하여 평가하도록 가르침을 받아 아동의 타고난 미적 성향이 왜곡되거나 무력해질 수 있다고 염려했다.

> 미적 성장은 정해진 기준이 없으며 매우 유기적이다. 개인에 따라, 문화에 따라 달라질 수 있다. … 미적 성장을 규제하려 들면 전체주의에 기반하는 독단적 법칙에 빠지게 된다. … 미리 정해진 규칙을 창의적 표현물에 융통성 없게 적용하면 미적 성장을 저해한다는 뜻이 된다(Lowenfeld, 1957, p. 58).

또한 다음과 같이 말했다.

미적 성장은 매우 중요하기는 하지만, 아동의 전체 성장 중 일부에 지나지 않는다. 그러나 전통적으로 미술이 미학으로만 설명되어 왔기 때문에, 성장의 다른 요인이 간과되었다(Lowenfeld, 1957, p. 49).

아마도 이러한 이유로, 그는 미적 성장은 지적 성장과 마찬가지로 여러 정신적 능력 중 하나에 불과하며 창의적 행위에 주요한 영향을 미치지 못한다고 주장했던 듯하다. 이 지점에서 그는 다수의 동료와 다른 길을 걷게 되었고, 훗날 이러한 시각 때문에 비판에 시달리게 되었다(Barkan, 1962; Lanier, 1969; Wilson, 1997). 로웬펠드도 아동의 창의적 행위가 표면적으로는 예술가와 흡사하다는데 동의했지만, 그렇다고 해서 그러한 창의적 행위가 성인이 된후의 예술성을 보장하지는 않으며 그렇게 판단해서도 안 된다고 생각했다. 로웬펠드 이래로, 아동과 청소년의 작품을 예술로 보아야 하는지에 관한 논란이 수그러들지 않고 계속 이어지고 있다. 이는 예술의 본질 자체에 관한 혼란을 일정 정도 반영하고 있다고도 볼 수 있다. 미적 경험의 위치, 발달에 있어 그러한 미적 경험이 갖는 의미, 그리고 이를 가르치고 평가하는 방법 등에 관해서도 상충하는 시각들이 있다. 오늘날에는 아동의 창의적 행위가 성인이 된 후까지 이어지는 예술성의 씨앗이라 여기는 관찰자들이 대부분이기는 하지만, 또한 창의적 행위가 스스로의 세상을 의미 있게 만들려는 데 그 목적이 있다고 보기도 한다(Burton, 2005, 2009; Franklin, 1973; Smith, 1983).

로웬펠드의 이론에서 더 큰 논쟁을 초래한 부분은, 창의적 행위의 결과를 두 가지 예술 표현 양식으로 압축한 시각이다. 그에 따르면, 재료를 활용하는 직접적 신체 활동에서 비롯된 창의적 행위는 낮은 발달 단계에서 발견되며 표현주의적이라 할 수 있다. 미술 발달은 그 이후에 회화적 사실주의를 향해 나아가게 된다. 예술적 견지에서 이 사실주의는 두 가지 발전 방향에 중심을 두었다. 하나는 시각적 사실주의에 이르는 방향이고, 다른 하나는 일종의 표현적 사실주의에 이르는 방향이다. 전자는 윤곽의 정밀함, 구체적 특징의 선별력, 선형성 등 시각적 세밀함에 대한 관심이 지배적이었으며, 보다 객관적이라 여겨졌다. 후자는 거침없이 자유로운 붓놀림, 색상 속에 포착된 다감각적 반응에 기반하였으며, 보다 내면 지향적이고 주관적이라 여겨졌다. 로웬펠드는 두 가지 표현 형식 모두가 개인의 성격형(시각형, 촉각형)을 반영하며 정신적 통합을 가능하게 하는 도구라고 생각했다. 로웬펠드는 『창의적·정신적 성장』 전반에 걸쳐 시각적-촉각적 유형에 더욱 큰 가치를 부여하면서, 아동의 창의적 행위에서 시각적 유형을 지나치게 강조하는 교사에 대해 반대 의견을 제시했다.

창의적 활동이나 상상력으로 만들어 낸 창조물에 객관적 형태를 부여하는 능력이 모두 보고 관찰하는 능력에 의해 좌우된다는 사실이 자명해지고 있다(Lowenfeld, 1957, p. 276).

오늘날에 성격이 미술 표현 양식에 제약을 가한다는 로웬펠드의 주장을 이어가기는 어렵다. 이제 성장 요소 및 해당되는 각 성장 단계가 더욱 유연한 관점에서 재정립되어야 한다면, 이는 성격에 대한 로웬펠드의 이론과 관련해서도 시사하는 바가 있다고 할 수 있다. 어떤 자아든 무수히 많은 특성과 동기, 흥미, 표현 양식을 통해 표출된다는 사실이 밝혀졌고, 또한 이러한 것들이 시간이 지남에 따라, 그리고 경험이 쌓임에 따라 변화한다는 사실 역시 밝혀졌다(Burton, 2005; Franklin & Kaplan, 1994; Gardner, 1982; Mathews, 1999). 로웬펠드는 자신이 정의한 두 가지 성격형을 바탕으로 한 표현 양식이 발달을 거치면서 자연스럽게 드러난다고 주장하면서도 시각적 표현예술이 지배적인 문화와 환경 속에서 그렇게 되었다는 점을 짚어 내지는 못했다. 지금 돌이켜 보면, 20세기 중반에 등장한 로웬펠드의 목소리가 너무 강력해서 사실주의적, 표현주의적이라는 표현 양식의 구분이 이후 지속적으로 학교 교육 과정을 지배하게 되었다고 볼 수 있다.

그러나 오늘날의 창의적 행위를 통해 제시되는 표현 양식의 다양성은 로웬펠드를 경악하게 만들었을지도 모르며, 약간 편협하다고 할 수도 있는 그의 개인의 성격-표현 양식 연관 이론의 시험대로 작용했을 수도 있다. 지금은 표현 양식과 성격을 연관 짓지 않는 것이 더욱 타당해 보인다. 시각적 사실주의에 흥미를 보이는 아동도 있고, 그보다는 촉각에 초점을 맞춘, 재료의 체화된 활용에 흥미를 보이는 아동도 있지만, 대부분의 아동과 청소년은 두 양식 모두에 흥미를 보인다. 그뿐 아니라 학생이 창의적 성과를 내기 위해 스스로의 가능성을 확장하며 다양한 표현 양식을 탐구하고 실험해 보는 것은 교사가 제공하는 교수-학습의 틀에 의해 변화된다.

　로웬펠드의 창의적·정신적 성장 이론에 따르면, 모든 아동과 청소년이 전문 예술가가 되지는 않지만, 개인적 의미를 구축하고 표출하는 데 필요한 유연하고 자유로운 정신을 발달시킨다. 바로 이 지점에서 로웬펠드의 이론이 현대적 감성과 맞물려 가장 깊은 공명을 만들어 낸다고 할 수 있을 것이다. 그는 창의적 행위 과정이 아동과 청소년의 상상력을 활성화시키고 이해와 의미의 새로운 세계를 여는 사고를 가능하게 할 수 있다고 내다보았다. 선, 모양, 형식, 색상을 통한 의미의 시각적 표현이 영향, 경험, 아이디어 및 감상의 네트워크가 상호작용하면서 일관성 있는 총체가 되도록 할 수 있기 때문이다. 로웬펠드의 발달 이론은, 예술적 기교로 탄생한 미적 작품이 아니라 (그가 명명한) 창의적 지능의 작용이 가장 전형적으로 드러나는 창의적 행위의 '과정'을 통해 가장 잘 설명된다. 그렇다고 로웬펠드가 지능과 재능이 뛰어난 이들의 결과물이나 필요에 무관심했다는 뜻은 아니다. 다만 그는 복잡하고 혼란스러운 세상을 이해하고자 하는 아동과 청소년이라는 세대가 무엇을 필요로 하며, 어떻게 아동과 청소년에게 활기를 불어 넣어 유연성을 발달시킬 수 있는지, 이를 위해 그들 안에 내재된 창의적 능력을 어떻게 이끌어 내야 할지 방법과 그 필요성에 중점을 두었을 뿐이었다.

2

미술가의 감성과 작품 세계, 진정성 그리고 예술 체험을 통한 재발견

김혜숙

미술가는 일상생활에서 경험한 것을 미적 대상화하여 미술 작품을 제작한다. 여기에는 미술가 개인의 취향과 취미, 상상력 등이 작용한다. 미술가는 개인의 미적 관심에 따른 주제를 선정하고 이미지화 · 기호화 · 의미화 · 상징화하여 작업하며, 이를 통해 자신의 삶의 철학과 가치관을 은연중 드러내며, 무엇을 어떻게 이야기할 것인가에 대한 범위를 설정한다. 오늘날 많은 미술가들은 성과 인종, 사회문화적, 인류학적, 환경적 또는 매체가 갖는 물성적 요소들을 활용하여 작품에 담아 내며, 자신의 정체성과 작품 세계의 구현을 위해 노력한다. 미술가의 끊임없는 노력과 도전에 의해 현대미술은 다양한 양상과 흐름을 전개한다.

학생은 미술관과 박물관에서의 예술 체험을 통해 미술 작품을 만나고 미술가를 만난다. 예술 체험은 미술 작품과의 만남이고 대화다. 미술 작품을 통한 미적 체험은 학생의 감성과 감각을 일깨우며 도덕적 가치를 부여한다. 학생은 미술 작품을 감상 · 비평하면서 미술가의 생애와 삶의 형식에 대한 이해를 도모하며 미술 작품의 주제와 표현 방법, 재료에 관심을 갖게 된다. 일반적으로 학생은 미술 작품이 갖는 작품 의도와 표현 방법에 대해서는 많은 관심을 가지지만, 정작 작품의 주체가 되는 미술가에 대해서는 추상적이고 피상적이다. 미술 작품은 미술가의 삶의 의지와 가치의 반영이며 결과물이다. 미술 작품을 통해 학생은 미술가가 어떻게 작품을 제작하였는지, 어떤 진정성을 가지고 작업을 하였는지, 순수함을 지녔는지, 욕망은 무엇인지, 작품 세계는 어떠한 것인지를 이해하게 된다. 미술가는 작가적인 욕망과 욕구에 따라 작업을 하고 작품 세계를 추구한다. 미술가의 욕망과 욕구는 작업에 대한 탐구와 실험 정신으로 승화되면서 작품을 독창적으로 창의적으로 이끄는 힘이 된다. 미술가의 작품 세계는 구상, 비구상, 추상을 막론하고 작가의 정체성, 진정성, 순수성 등이 통합되면서 형성된다.

미술가로서의 성공은 작품성과 독창성에 의해 결정되며, 작품 세계는 미술가로서의 위치를 확고히 하는 견인차의 역할을 한다. 미술가는 자신의 작품 세계를 구현하기 위해 재료를 실험하고 이미지를 조합하거나 병치하며 작품에 의미와 상징성을 부여한다. 미술가의 정체성과 작품에의 진정성은 욕망, 욕구 등과 결합하면서 작품에 환원되고 작품 세계의 형성에 영향을 끼친다. 미적 대상에 대한 미술가의 미적 관심은 미술가의 취향과 상상력에 의해 선택되고 반영되며 조형 형식이 창조된다. 예외가 있겠지만, 대부분의 미술가는 어렸을 때 가난하고 빈곤한 환경에서 성장하면서 미술가로서 꿈과 이상을 실현하기 위해 미술대학에 진학하거나 독학으로 공부한다. 박수근은 경제적으로 궁핍하고 어려웠던 시절 미군 부대에서 초상화를 그리면서 그림을 그렸다. 고흐는 동생 테오의 도움을 받으면서 작업하였고, 인상주의와 일본 우키요에(浮世繪) 판화의 영향을 받으며 독자적인 화풍을 전개하였다. 대부분의 미술가는 초기에는 무명에서 시작하지만, 어느 시점에 이르러 인정을 받게 되면 작가적 위치와 지위를 형성하며 미술가로서 역량을 발휘한다. 미술가마다 개인의 정체성과 취향에 따라 작품 세계를 다양하게 전개하며, 그러한 것은 동시대 미술 사조와 미술 양식에 영향을 끼치며 미술 문화를 발전시키는 원동력이 된다.

이 장에서는 미적 가치와 상상력, 취미 등의 상호 관계성을 살펴보고, 이를 중심으로 반 고흐, 파블로 피카소, 잭슨 폴록, 박수근, 백남준 등의 작품 세계, 진정성, 순수성, 취향 등을 조명하고 미술 작품을 매개로 한 예술 체험의 중요성에 대해 논의한다. 연구 방법으로는 문헌연구와 작가 연구 등을 활용하였으며, 작가 연구에서의 작품 분석은 개별 작품을 중심으로 또는 전후기의 작품들을 비교해서 살펴보았다. 작품 분석은 미술가의 양식적인 특징을 파악하고 규정하는 데 도움을 주며, 작품들 상호 간의 유사성이나 차이점을 살펴보는 데 유용하다. 미술가들의 작품 세계와 제작 방법, 작품의 변천 과정은 미술가의 삶의 형식과 진정성을 이해하는 한 방법이며, 동시에 미술가 개인의 정체성에 대한 탐구로 이어진다.

미적 가치와 감성 그리고 예술 창작

미적 가치와 상상력

인간 생활은 관심의 체계다. 개인은 자신이 가지고 있는 관심이나 그 관심을 실현하고자 하는 데서 그 존재가 규정된다. 개인의 관심은 개인의 직업이나 취미, 성격을 결정한다. 사람들은 개인의 관심이 무엇이냐에 따라 그 사람을 이해하고, 또한 그에 따라 이름을 붙이기도 한다(Rader & Jessup, 2004, p. 19). 미술가마다 미적 대상에 대한 관심이 모두 다르다. 미적 대상에는 주제나 재료 등이 모두 해당된다. 어떤 재료로 무엇을 표현할 것인가는 미술가마다 개인의 취향이나 관심이 반영되면서 판이하게 전개된다. 미술가에 따라 도시 또는 농촌 풍경을 그리기도 하고, 인종과 성을 주제로 다루기도 하며, 사회성 짙은 작품을 제작하기도 한다. 매체 면에서는 물감을 가지고, 또는 돌, 나무, 철사 등으로 작업하기도 하고, 버려지는 물건들을 재활용하여 작업하기도 하며, 바람, 물, 흙, 빛을 이용하기도 한다. 이런 것들은 미술가마다 미적 대상에 대한 미적 관심이나 취향이 상이하다는 것을 반영한다.

미술가에게 미적 관심과 미적 대상 간의 상호 관계는 긴밀하다. '미적 관심'은 주의적 측면과 정교함의 측면을 모두 내포한다. 미술가는 실제적이든 도덕적이든 또는 인식적이든, 대상의 질적 특성에 초점을 맞추기보다는 감정이나 상상력에 반응을 보임으로써 대상을 생기 있게 하고 풍요롭게 한다(Rader & Jessup, 2004, p. 147). 미술가마다 개인적으로 관심을 갖거나 선호하는 미적 대상이 존재한다. 미술가의 미적 대상에 대한 관심은 좀 더 특별한 관심을 형성시킨다. 미술가는 미적 대상을 통해 감정, 느낌, 상상력, 가치 등을 내재화하며 이를 정교화하여 작업한다. 미적 대상이 상상의 것이든 실제의 것이든, 미술가는 여기에 감정과 형식을 더하여 새로움을 창조한다. 미술가는 돌에서, 나무에서, 꽃에서, 건축물에서 미적 대상을 발견하고 미적 관심을 가지며, 작업을 통해 이들을 미적 가치로 환원한다. 미술가는 매체와 표현 방법을 활용해 미적 대상을 적절하게 배치하고 나열하며 유기적 통일성을 갖도록 조형성을 부여한다.

미술가가 재료를 활용해서 미적 대상을 배치하고 배열하며 생동감을 부여하고 여기에 여러 가지 요소가 복합적으로 작용하면서 미적 가치가 형성된다. 예술 작품이 갖는 미적 가치는 어떠한 가치가 예술적으로 표현되었음을 시사한다. 미술가의 예술 활동은 미술 표현을 통한 가치의 추구이며 미술 작품에 의해 새롭게 가치가 재창조된다. 라더(M. Rader)와 제섭(B. Jessup)은 '가치'라는 말은 '정의(justice)' '자유(freedom)' '진리(truth)' '이성(reason)' 등과 같이 우리가 하는 담론의 기본적 어휘들 가운데 하나이며, 그 말의 의미는 복합적이고 다양하다고 했다. 따라서 그 가치의 개념을 정확히 집어내기는 어렵다(Rader & Jessup, 2004, p.

27). 예술의 가치는 작가의 존재적인 의미가 미술 작품에 내재되면서 이를 통해 자기완성적 가치를 추구하며, 동시에 작가 자신이 추구하는 정의, 가치, 진리 등이 은연중 작품에 투사되고 반영된다. 이러한 것은 궁극적으로 작품의 미적 가치로 환원되고 미술 양식과 사조를 형성한다. 미술 양식이란 한 무리의 예술 작품들이 공유하고 있는 속성들의 집합으로, 이를 통해 예술 작품이라고 하는 것이 무엇인지를 철학적으로 정의할 수 있다(Danto, 2007, p. 111). 인상주의, 야수파, 입체주의, 추상표현주의, 팝아트, 개념미술, 비디오아트 등의 미술 양식은 유사한 예술 형식과 속성을 지닌 작품들로 구성되며 미술가의 경험과 주제, 재료, 상상력 등이 중층적으로 작용하면서 전개된다.

미술가는 표현 방법, 매체, 미술 양식 등에 따라 다양하게 분류되지만, 이 특정 양식에 소속된 미술가들의 미적 관심이나 미적 가치는 거의 비슷하다. 인상주의, 추상주의, 추상표현주의, 팝아트, 비디오아트 등 미술 양식에 따른 미술가들의 주제와 표현 방법, 매체 활용은 거의 유사하며, 이들은 그 안에서 자신만의 독특한 작품 세계를 만들어 간다. 미적 대상에 대한 미적 관심은 미술가들을 서로 통합하거나 연합하게 하며, 혹은 분리시키기도 한다. 미술가의 미적 대상과 취향은 개별적·개인적이며 동시에 사회성을 지닌다. 미술 양식은 미술가들의 집합을 통해 만들어지며, 주제, 표현 방법, 재료에 따라서 사회적 영향력을 행사한다. 미술가는 다른 미술가들로부터 영감을 받거나 미술 양식과 미술 사조로부터 영향을 받으며 자신만의 고유적인 작품 세계를 개척하기 위해 미술 작품의 조형성과 매체, 표현 방법에 대해 다각적인 실험을 시도한다. 미술가는 매체가 가진 물성적 특성을 적극 활용하거나 또는 여러 가지 매체의 경계를 넘나들며 재료의 물성을 적극 탐구하고 활용한다. 박수근은 물감을 바르고 긁어 내는 방법으로 거칠고 투박한 화강암 질감을 창안하였으며, 백남준은 TV를 매체로 비디오 설치미술을 하였고, 폴록(Jackson Pollock)은 물감을 흩뿌리는 방법을 사용하여 작업하였다. 미술가는 매체가 지닌 물성의 가능성과 상상력 등을 토대로 진정성을 가지고 자신의 생각을 시각화 · 형상화함으로써 동시대 작가들과 미술 문화에 직간접적으로 영향을 끼친다.

동서고금의 많은 미술 작품은 미술가들의 매체 활용과 독특한 표현 방법에 의해 다양한 양식과 사조를 형성하며 발전하였다. 미술 작품에는 미술가의 경험과 주제, 매체, 표현 방법, 상징과 의미, 상상력 등 여러 가지 요소가 씨줄과 날줄로 엮이면서 표상 형식을 지닌다. 작품에 보이는 이미지를 풍성하게 하는 것은 바로 상상력이다. 상상력은 기억, 경험, 감성, 인식 활동 등이 중층으로 연계되면서 매우 복잡한 구조를 지닌다. 미술에서 상상력은 미술가의 조형 사상이나 주제, 생각이 구체적 물질인 재료와 대상과의 조우에 의해 시각적으로, 조형적으로 표출하게 하는 그 무엇이다. 미술가는 길가의 작은 돌에서, 꽃에서, 나무에서 무언가를 지각하고 연상하며 상상한다. 또는 작업하는 과정에서 과거의 경험과 지각된 것들이 종합되고 이미지화되면서 상상력이 전개된다. 이런 여러 가지 요소가 미적 체험을 토대로 연합·통합되면서 미술가의 새로운 조형 세계가 구축된다.

러스킨(John Ruskin)은 상상력을 시각예술에서 중요한 능력으로 간주하며 자연과 진리에 대해 설명했다. 진리는 자연의 어떤 사실에 대한 정신이나 감각을 진술한다는 것을 의미한다. 첫째, 모방이 단지 어떤 물질적인 것에 대한 진술이라면, 진리는 물질적인 사물, 정서, 표현, 상상의 성질 전체에 관한 진술과 관련된다. 물질적인 진리뿐만 아니라 도덕적인 진리도 있고, 형식의 진리만이 아니라 인상의 진리도 있으며, 재료의 진리만이 아니라 상상의 진리도 있다. 그런데 인상과 상상의 진리가 수천 배는 더 중요하다. 둘째, 진리는 기호나 상징으로 진술될 수 있다. 이 기호와 상징은 어떤 상도 없고 어떤 것과의 유사성도 없지만, 그것이 전달된 사람의 마음속에서는 명확한 의미를 갖게 된다. 비록 어떤 사실을 전혀 모방하지 않거나 닮지 않더라도, 어떤 사실에 대한 개념을 마음속에 불러일으킬 수 있는 것이면 무엇이든 진리라는 관념을 제공할 수 있다. 만약 말과 똑같은 효과를 지닌 무언가가 그림에 있다면, 다시 말해 어떤 것을 닮음으로써가 아니라 어떤 것의 대용물이나 상징을 취하여 그것의 효과를 유도하는 어떤 것이 있다면, 이러한 의사소통 방식은 자신이 유도한 개념의 사실과 전혀 닮지 않더라도 손상되지 않은 진리를 전달할 수 있다. 셋째, 진리의 관념은 어떤 사물의 한 가지 속성에 대한 진술 속에도 존재한다. 그러나 모방의 관념은 우리가 실제 존재에 대해 일반적으로 알고 있는 것만큼이나 많은 속성들의 유사성을 요구한다. 결국 진리의 관념은 미술의 기본이 되지만, 모방의 관념은 미술을 파괴한다(Fishman, 1999, p. 41). 상상력에 관한 그의 이론은 미적 자율성이라는 개념의 발전에 크게 기여하였다. 미술가는 미적 자율성을 가지고 미적 대상을 조형화 · 상징화 · 기호화하며 미적 가치를 부여한다. 미적 가치에는 미술가가 추구하는 진리가 중층으로 얽히고 내재되면서 감상자에게 전달된다. 미술가는 미적 대상을 사실적으로 닮게 또는 모방적으로 그리지 않더라도 미술가의 생각과 가치관 등이 내재되면서 상상력과 함께 정신성이 표출된다.

감성과 예술 창작

칸트(Immanuel Kant)는 취미 판단이 선험적이고 순수한 것이며 미감적이라고 정의했다(Crawford, 1995, p. 51). 미감적이라는 말은 '감각적인' 또는 '경험적인' 의미로 사용한다. 감각은 우리 자신의 외부에 있는 세계와 우리의 신체 상태에 관한 정보를 제공해 주는 반면, 감정은 우리에게 지각 대상에 관한 그러한 정보를 전혀 제공하지 않는다(Crawford, 1995, p. 59). 칸트는 감각은 우리로 하여금 대상을 직관할 수 있게 하는 직접적인 재료인 것이며, 또한 '공간 속에서 직관되어야 하는 것'으로 시간과 공간에 걸쳐 있는 실질적이며 실재적인 것이라고 보았다. 그러므로 감각이란 우리가 시공간 속에서 현실적인 것으로 그 특징을 드러낼 수 있는 그 무엇이다. 즉, 그것은 개념이나 순수 사유 혹은 순수 직관과는 구별되는 감각의 표상이요, 경험적 직관이다. 이런 까닭으로 감각이란 그 본질에 있어 경험적인 실재와 직접적인 관련을 맺고 있으며, 그것은 다름 아닌 대상이 우리의 감각기관에 미치는 영향인 것이고, 우리가 우리를 둘러싸고 있는 환경, 즉 세계와 접촉하는 결과를 기술해 준다. 감각은 자아와 세계가 일차로 소통하는 방식이기 때문이다. 그리하여 감각은 경험적 표상들의 고유한 성질을 결정해 준다. 여기에서 감각의 성질 그 자체는 경험적이며 주관적이다. 감각은 직관의 순수 다양성과 관계하고 있으며, 현상이 비로소 일어나는 감각과도 관계를 맺고 있다(김광명, 1996, p. 29). 발디누치(Filippo Baldinucci)는 취미란 말을 최선의 것을 인지하는 능력과 개개 예술가의 제작 방식 등 두 가지로 설명했다. 안톤 라파엘 멩스(Anthon Raphael Mengs)는 자기에게 최선이라고 생각하는 것을 선택하는 개개 화가 특유의 능력을 화가의 제작 방식과 동일시했다. 취미란 미술가에게 있어서 어떤 중요한 목적을 향해 결정하는 것이며, 동시에 그에게 맞는 것과 맞지 않는 것을 취사선택하는 것이다. 모든 미술가의 작품은 자신의 선택에 따라 성공한다. 그 경우 선택이란 착색법, 명암이나 농담의 배합, 착의 및 회화에 관계되는 어떤 다른 것에 관해 그가 알고 있는 것이다(Venturi, 1994, p. 38). 좋은 취미는 눈이나 귀, 재능 등과 같은 감각기관에 의해서 보장되는 것이 아니라, 그 자체에 뿌리를 내리고 있는 것이다. 훌륭한 취미란 명민한 취미 이외에도 교육받은 교양 있는 취미이며, 그것은 박식하고 경험적이며 가꾸어져야 하는 것이다. 훌륭한 취미가 기능을 발휘하고 표현되기 위해서는 진지한 맛이 있어야 하며, 섬세함과 강인함도 있어야 한다(Rader & Jessup, 2004, p. 133). 취미는 개인적인 경향이기도 하지만, 제대로 표현되고 조형화되기 위해서는 교육되고 정제되어야 하며 진지하게 표현되어야 한다.

미술가는 미적 대상에서 경험한 감각적이고 미감적인 내용들을 매체와 표현 방법을 활용해서 작업한다. 작품을 제작할 때, 작품을 구상하며 무엇을 어딘가에 배치하고 배열하며 어떤 색을 어떻게 칠할 것인가를 나름대로 숙고한다. 그리고 작업을 하면서 어느 순간 내면으로 침잠하고 몰입하면서 내면의 열정으로 작업한다. 예술에 관한 성찰에 대해 니체(Friedrich Wilhelm Nietzsche)는 예술 창작의 깊은 원천과 충동의 본질을 탐구했다. 비극은 두 개의 강렬한 충동의 결합에서 생겨난다. 아폴로적 정신은 냉정하며 형식미와 질서와 비례의 예술에서 나타난다. 디오니소스적 정신은 삶의 흥분과 고통을 즐겁게 받아들이면서 도취의 상태를 즐긴다. 예술은 삶 자체를 위해 있다(김광명, 1996, p. 69). 미술 작업은 형식미와 질서를 추구하는 아폴로적인 것, 그리고 흥분과 도취의 디오니소스적인 요소들이 상호 결합되어 만들어진다. 쉴러(Johann Christoph Friedrich von Schiller)는 예술은 감성과 이성을 조화시키는 매개 수단이며, 그 매개자로서의 역할을 담당하는 자가 바로 예술가라고 말했다. 쉴러는 인간의 내면에 있는 두 가지 근원적 충동으로서 감성적 충동과 형식적 충동(이성적 충동)을 논한다. 이 양면적인 상반된 충동은 하나는 생명(변화), 다른 하나는 형태(불변성)를 대상으로 하고 있다. 그러나 이 상반된 충동은 양자의 상호작용 가운데 통일적 표현을 꾀하는 '유희충동'에 의해 조화된다. 쉴러는 '유희충동'을 인간의 감성적 충동과 이성적 충동을 와해·조화·통일시켜서 인간을 물질적·도덕적으로 자유롭게 해주는 것으로 파악했다. 그는 유희충동이야 말로 진정 인간적인 충동이며, 인간의 근원적인 예술충동으로 보았다(김혜숙 외, 2012, p. 21). 메를로 퐁티(Maurice Merleau-Ponty)는 회화를 '몸의 수수께끼'로 정의했다. '몸의 수수께끼'란 우리 몸이 사물들처럼 '보이는 것'인 동시에 '보는 주체'라는 것이다. 회화는 이와 같이 '보는 주체'와 '보이는 것' 간의 역할 교환성, 즉 '보는 주체'가 '보이는 대상'으로 되거나 보이는 대상이 보는 주체로 변형되는 것을 의미한다. 지각하는 주체와 실재 세계 간의 침투는 물리적 거리에 의해 객관적으로 측정될 수 없는 깊이를 낳고, 이러한 깊이는 객관적인 세계와 주관적인 세계 어느 한쪽으로도 귀속되지 않는 살(chair)을 의미한다. 사물과 우리 몸은 교차하며 얽히고 짜여 있는 교직 같은 '살'로부터 생겨난 것이다. 메를로 퐁티는 '살'이라는 개념을 통해 주관-대상 또는 인간-세계의 토대로서 '이미 존재하는 것'이다. '이미 존재하는 것'으로서의 살은 형상적 환원에 의해 도달할 수 있는 본질이 아니라, 느끼는 주관과 느껴진 것의 현전인 감각물로 나타난다. 따라서 예술은 우리에게 '실재의 상상적

직조'인 살을 보여 주므로, 우리는 예술 작품을 '살의 감각물'로 간주할 수 있다. 즉, 회화는 보이는 것과 보는 몸, 또는 느껴진 것과 느끼는 주체 사이의 살적 관계를 표현한다. '그린다는 행위'는 몸과 정신, 나타나는 것과 존재가 서로 분리되어 있는 것이 아니라 혼합되어 있으며, 그것들을 대립항으로 갈라놓았던 이분법의 경계를 무화시킨다(김진엽, 하선규 엮음, 2007, p. 378).

예술은 인간의 정서 표출이며 감정 표현이다. 인간의 감각과 감정을 매체로 하여 경험하고 느낀 것들을 다양한 방법으로 시각언어화하고 조형화하며, 이를 통해 의미와 상징을 담아 낸다. 대상을 시각화·조형화하기 위해서는 경험, 관찰, 분석, 직관, 인지, 지각, 연상 등이 작용한다. 박수근은 개울가에서 빨래하는 여인들의 모습이나 할아버지의 앉아 있는 모습 등 일상생활에서 보는 삶의 모습들을 갈색 톤으로 단순화하여 표현하였다. 앙리 마티스(Henri Émile Benoît Matisse)는 색채와 형태를 통해 내면의 감정을 표현하였다(Saehrendt & Kittl, 2011, p. 24). 피카소는 청색시대와 장미빛시대에는 각기 청색과 장밋빛으로 방랑자와 곡예사들을 그렸으며, 〈게르니카〉에서는 작품 전체를 회색 톤으로 처리하고 죽어 있는 사람, 건물에서 뛰쳐나오는 사람, 절망하며 통곡하는 사람 등 다양한 이미지들을 통해 전쟁의 참혹상을 그려 내며 평화의 메시지를 담아 냈다. 폴록은 캔버스에 막대기로 물감을 흩뿌리며 작업함으로써 팔의 동작과 움직임에 따라 형태를 제시하며 감정을 표출했다. 미술가는 작업하면서 지각하고 인지하며 연상한 것들을 다

양한 방식으로 표현한다. 그리고 자신만의 방법으로 작품 의도가
제시되도록 여러 가지 장치를 사용하며, 여기에는 미술가의 감각
과 감성, 열정, 진정성 등이 융해되어 표현된다.

　미술가의 작품에는 작가 고유의 조형 형식이 존재하며, 조형 형
식을 통해 감정이나 정서를 표출한다. 미술가가 만들어 내는 미술
작품은 미적 대상에서 얻은 이미지와 아이디어를 연상과 유추를
활용해 기호와 상징으로 생산해 내는 상징 형식이다. 미술 작품이
가진 상징 형식은 작가의 정체성과 함께 의미와 상징을 기호화하
고 시각화하며, 우리는 이를 통해 우리의 내면세계를 진단하고 우
리의 인식세계를 살펴볼 수 있다. 미술가마다 개인의 기호 및 기
호 체계가 상이하며, 작품은 단순히 미적 가치로서 존재하기보다
는 작품의 성격에 따라 역사와 시대의 상황을 살펴볼 수 있는 자
료가 된다. 미술가에 따라 사실적, 개념적, 추상적 또는 기호적으
로 작품 세계를 풀어 간다.

미술 작품과 미술가의 삶의 형식

미술 작품과 미술가의 삶의 형식

비트겐슈타인(Ludwig Josef Johann Wittgenstein)은 『철학적 탐구
(*Philosophical Investigation*)』(1953)에서 "언어를 상상하는 것은 삶

의 형식을 상상한다는 것을 의미한다."라고 했다. 이는 "하나의
언어를 상상하는 것은 하나의 삶의 형식을 상상하는 것이다."라는
의미를 지닌다. 예를 들면, '장미는 붉다.'와 같은 문장에서 '장미
는 붉다.'라는 말은 삶의 형식을 공유하고 있는 사람들에 의해 적
절한 것으로 받아들여진다. 이런 관점에서 볼 때 문장을 이해한다
는 것은 가상적으로 그것이 속하는 삶의 형식에서 소통의 도구로
문장을 이용하는 방법을 아는 것이다(Danto, 2007, p. 122). 그렇다
면 예술에 있어서도 하나의 예술 작품을 통해 삶의 형식을 상상하
는 것이 가능한가? 다양한 문화권의 미술가들이 자신의 생각을 매
체를 활용해서 조형적으로 표현하고 삶의 모습을 미술 작품에 담
아 냄으로써 감상자는 그것을 통해 삶의 형태와 모습을 유추하고
상상할 수 있다. 감상자는 미술 작품을 매개로 하여 미술 작품에
함축된 이미지와 텍스트를 읽어 내고 다양한 삶의 형식을 만난다.
감상자는 미술 작품에 내재된 이미지를 통해 의미와 상징을 읽어
내고 표현 방법과 미술 양식을 만나며 시간과 공간의 차이를 뛰어
넘어 작품에 제시된 삶의 모습을 만나고 해석한다. 그리고 미술
작품을 통해 미술가를 만나고 미술가의 삶을 이해하며 동시대 문
화를 이해하게 된다. 또한 감상자는 미술 작품을 매개로 하여 새
로운 세계를 만나게 되고 공감대를 형성하며, 이에 따라 처음의
낯설음은 낯익음과 친숙함으로 바뀌게 된다.

미술가는 작품 제작을 함으로써 작품 세계를 창출하며, 감상자
는 작품을 통해 미술가의 내면세계를 들여다보게 된다. 미술가의

내면세계는 은밀하면서도 내재적이다. 미술가는 자신만의 세계에서 자신만이 가질 수 있는 꿈과 이상을 실현하기 위해 끊임없이 도전하고 실험한다. 미술가는 내적으로 늘 치열하다. 가만히 있는 듯해도 늘 자신과 대면하며 끊임없이 생각하고 사고하며 작업한다. 그림을 그리든 조각을 하든 흙 작업을 하든, 만족을 넘어서는 새로움을 추구하기 위해 혼신의 노력을 기울인다. 지금-여기에서 이뤄지는 작업에는 언제나 미적 대상과 미적 관심이 상호작용하며, 미술가의 노력과 열정, 집념에 의해 독창적인 작품이 제작된다. 로저 프라이(Roger Fry)는 정직(honesty)과 성실(integrity)을 예술의 특별한 윤리적 기준으로 적용했다(Fishman, 1999, p. 135). 예술에서 정직이란 예술가가 작업에 솔직하게 헌신하는 것을 의미하며, 이를 통해 미술가는 자신만의 조형 형식과 작품 세계를 새롭게 창조한다. 미술가에게서 예술은 삶의 형식이며 동시에 삶의 존재다. 미술가의 생애를 중심으로 그들의 작품을 초기, 중기 및 후기 별로 살펴보면 많은 변화가 있다. 일반적으로 초기에는 관심 있거나 영향력 있는 작가들을 연구하고 작업하지만, 시간이 지나면서 자신만의 독창적인 표현 방법과 재료, 주제 등을 탐구하고 발견하며 고유적인 작품 세계를 형성한다. 미술가의 초기 작품은 비교적 미숙한 반면, 중기와 후기로 넘어가면서 세련되고 조형성 짙은 작품 세계를 구축한다. 미술가의 작품은 끊임없는 도전과 실험 정신, 노력으로 새롭게 변화하고 발전하면서 새로운 양식과 화풍으로 전개된다.

미술가의 작품 세계와 진정성

미술가의 작품 세계와 진정성을 중심으로 반 고흐, 파블로 피카소, 잭슨 폴록, 박수근, 백남준의 작품 세계를 살펴보자. 이들은 모두 성실, 정직, 노력, 집념을 가지고 독특한 조형 형식과 예술 세계를 창조하였다.

빈센트 반 고흐(Vincent van Gogh, 1853-1890, 네덜란드)

고흐는 목사의 아들로 태어나 성직자가 되기를 희망하였으나 여의치 않자 이를 포기하고 화가가 되었으며, 동생 테오는 고흐가 미술가로서 작품에 전념할 수 있도록 물질적·정신적 지주 역할을 하였다. 고흐는 파리로 가서 미술을 공부하면서 초기에는 농부들의 모습을 습작하고 밀레(Jean-François Millet)의 〈밭에서 일하는 사람〉〈씨 뿌리는 사람〉을 모사하였으며, 인상파의 작품들과 일본의 우키요에 판화의 영향을 받으면서 밝은 색채와 함께 독자적인 화풍을 개척하였다.

고흐의 예술적 신조는 "네가 사랑한 것을 사랑하라."였다. 10년이라는 짧은 기간 동안 고흐는 태양이 이글거리는 듯한 풍경화와 생각에 잠긴 듯한 초상화들을 남겼다. 고흐는 10년 동안 800여 점의 유화와 소묘화를 제작하였다. 그는 자신의 작품을 "나를 제정신으로 돌아오게 하는 번개 회초리"라고 부르면서 절망적인 상황에 처한 자신의 인생을 창조력 넘치는 새로운 것으로 바꾸어 놓았다. 프랑스 남부로 내려간 고흐는 "여기서 나는 보이는 것과 느낀 것을 그림으로 그리고, 자신의 법칙에 충실하게 내 마음 내키는 대로 살고 있다."라고 말했다. 그곳에서 고흐는 자연에서 얻은 영감을 노란색을 주로 사용하여 측백나무와 만개한 꽃나무들, 화초, 보리밭을 그렸다. 작품 〈별이 빛나는 밤〉에서 전면에 서 있는 측백나무의 수직성은 교회의 뾰족 탑에 의해 반복되며 언덕과 하늘의 사선들은 각각 굽이치는 소용돌이의 구심점을 향해 모인다. 또한 어두운 색의 측백나무는 반대편의 밝은 색으로 그려진 달과 균형을 이룬다(Strickland, 2000, p. 224). 측백나무와, 하늘의 달과 별이 함께 살아 움직이는 고흐의 작품은 짧은 붓획들로 그려진 선들이 이어지면서 움직임과 운동감, 역동감을 형성하며 끝없이 움직인다.

마이어 그래폐(Julius Meier-Graefe)는 고흐 평전에 "이것은 1853년부터 1890년까지 살았던 한 인간의 이야기다. 그것은 하나의 드라마, 이상한 사건들로 가득 찬 기이하고 파란만장한 역사를 의미한다."라고 썼다. 그러나 그의 삶을, 그것이 비록 비극적인 종말로 치닫기는 했지만, 하나의 파란만장한 드라마로 보기는 어렵다. 인간의 드라마는 다양하고 그리고 그것은 많은 우연에 지배되기는 하지만, 그러나 대부분 그 우연은 하나의 의지가 불러내는 것들, 즉 그 사람의 의지의 필연이기 쉽다. 다만 고흐의 경우에 그 의지는 이성적 의지라기보다는 감성적 혹은 감정적 의지였고, 그 감성적 의지의 필연을 자신은 의식하지 못했으며, 다만 그것을 삶으로 살았고 그림으로 그렸을 뿐이다. 거기에 그의 삶의 비극적인 한계가 있고, 동시에 우리 시대까지 내려오는 그의 작품의 영원한 초월성이 있다(Meier-Graefe, 1993, p. 289).

　고흐의 작품은 자연을 사생하며 자연과의 교감을 통해 형성된 감성을 자신만의 조형 언어로 작업함으로써 작품에는 자연이 살아 있는 듯한 그런 생동감과 생명력이 살아 숨 쉰다. 작품에 보이는 짧은 붓 획과 색의 병치, 독특한 질감 처리 등에 의해 모든 것이 어우러지며 하나로 흐른다. 고흐의 삶은 가난하고 힘들었지만, 그러한 삶의 모습이 고흐의 작품에서 고스란히 읽히며 투영된다. 그는 삶의 열정을 가지고 작업하였으며 솔직하고 진실되게 작업했다. 고흐는 모든 삶의 열정을 예술에 정직하게 헌신한 작가다. 그런 정직함과 솔직함, 성실성, 열정이 그대로 작품에 이입되면서 감상자에게 미적 체험화되고 전이된다. 고흐의 작품으로는 40여 점의 자화상과 〈해바라기〉〈아를의 침실〉〈의사 가셰의 초상〉〈별이 빛나는 밤〉〈까마귀가 나는 밀밭〉〈밤의 카페〉 등이 있다.

파블로 루이스 피카소(Pablo Ruiz Picasso, 1881-1973, 스페인)

　피카소는 스페인 말라가에서 태어났으며, 14세 때 바르셀로나 미술학교에 입학하여 미술을 공부했다. 그는 파리의 미술관과 박물관의 작품들과 모네, 드가, 로트렉, 르누아르, 뭉크 등의 작품들을 연구하였다. 초기에는 청색시대, 장밋빛시대, 니그로시대를 거치면서 방랑, 곡예사 등을 그렸다. 가난하고 궁핍했던 청색시대에는 청색을 즐겨 사용해서 맹인거지와 방랑자를 그렸고, 장밋빛시대에는 세련된 장밋빛과 갈색 톤으로 어릿광대와 곡예사 같은 서커스 광대를 즐겨 그렸다. 그리고 니그로시대에는 추상적인 아프리카 가면의 힘찬 표현을 발견하고 작품에 조합하였다(Strickland, 2000, p. 247). 피카소는 파리의 한 박물관에서 아프리카 가면을 보고 갑자기 '그림의 본질이 무엇인지'를 깨닫게 되었다고 한다. 가면은 오직 그 자체를 보여 줄 뿐이며 그 형태가 전부다(Saehrendt & Kittl, 2011, p. 25). 피카소는 원시미술을 연구하면서 아주 단순한 요소들로부터 얼굴이나 사물의 이미지를 만들어 낼 수 있는 방법을 배웠다. 이것은 그 이전의 화가들이 행했던 눈에 보이는 인상을 단순화하는 작업과는 다른 성질의 것이었다. 피카소는 "나는 보이는 것을 그리지 않고 알고 있는 것을 그린다"고 말했다. 세잔(Paul Cézanne)의 기하학적인 패턴에 영향을 받은 피카소는 사물의 진실된 외형을 다시 점으로 분해해서 앞, 뒤, 전방, 후방에서 분석했다(Strickland, 2000, p. 248).

피카소는 "대상의 형상을 구축하기 위해서는 어느 정도 익숙한 형태에 한해서만 적용될 수 있다. 예를 들면, 그림에 나타난 다양한 조각들을 서로 연관시킬 수 있으려면 바이올린이 어떻게 생겼는지 알고 있어야 한다. 바이올린을 생각할 때 신체의 눈으로 본 바이올린과 마음의 눈으로 본 바이올린은 서로 다르게 나타난다. 우리는 여러 각도에서 본 바이올린의 형태를 한 순간에 생각할 수도 있고, 또 사실 그렇게 한다. 그 형태들 가운데 어떤 것은 마치 손으로 만질 수 있는 것처럼 분명하게 떠오르고 어떤 것은 흐릿하다. 그러나 단 한순간의 스냅사진이나 꼼꼼하게 묘사된 종래의 그림보다 이상하게 뒤죽박죽된 형상들이 '실재'의 바이올린을 더 잘 재현할 수 있다."(Museum of Modern Art, 1980)라고 했다. 입체파 화가가 기타, 병, 과일 그릇, 때로는 인물처럼 우리에게 익숙한 소재를 다루는 것은 바로 이러한 이유 때문이다. 익숙한 소재가 등장해야만 그림을 보는 사람이 각 부분 사이의 연관을 이해하고 그림 전체를 쉽게 해독할 수 있다. 그는 캔버스 위에 그려진 평면적인 단편들로부터 손으로 만질 수 있는 입체적인 사물을 형태화하면서 2차원의 평면에 3차원의 깊이감을 재현하고자 했다(Gombrich, 2007, p. 573).

제1차 세계대전 이후 피카소는 극도로 다양한 스타일을 실험했는데, 어떤 날에는 실물처럼 정교하게 사생하다가도 다음날이면 거칠게 왜곡되고 변형된 인물들을 그리기도 하였다. 피카소는 새로운 형태의 미술을 끊임없이 개발하는 데 지칠 줄 모르는 개척가였다. 서구 미술계에서 가장 다작한 작가였던 피카소는 5만 점이 넘는 작품을 생산해 내었다. 피카소는 수많은 미술 양식을 섭렵하며 그림을 그렸지만, 그의 미술은 언제나 자서전적인 것이었다. 그는 "그림이란 내 일기의 한 부분이다."(Strickland, 2000, p. 247)라고 말했다. 피카소는 자신이 실험하고 있다는 것을 부정했으며, 탐구한 것이 아니라 발견할 뿐이라고 말했다(Gombrich, 2007, p. 576). 피카소의 작품으로는 〈공 위에서 묘기를 부리는 소녀〉〈광

대〉〈곡예사가족〉〈세악사〉〈광대〉〈통곡하는 여인〉〈아비뇽의
처녀들〉〈게르니카〉 등이 있다. 피카소는 도자기, 판화, 조각 등
영역을 넓혀 가며 왕성하게 작업하였고, 파피에콜레, 콜라주, 아
상블라주 등 다양한 미술 양식을 섭렵했다.

잭슨 폴록(Jackson Pollock, 1912-1956, 미국)

폴록은 미국 중부 와이오밍에서 태어나 캘리포니아에서 성장했
으며, 뉴욕에서 미술 공부를 했다. 폴록은 아쉴 고르키(Arshile
Gorky), 바실리 칸딘스키(Wassily Kandinsky), 호안 미로(Joan Miro)
등의 작품에서 영향을 받았다. 폴록의 초기 작품은 초현실주의적
인 경향을 띠었으나, 점차 추상회화를 실험하게 되면서 물감과 행
위와 캔버스가 서로 뒤엉키는 독창적인 양식을 구축했다. 폴록은
이젤 없이, 대형 캔버스를 화실 바닥에 펼쳐 놓고 물감에 붓을 적
셔 캔버스 주위를 돌며 여러 색의 물감을 뚝뚝 떨어뜨리거나 그려
넣었다. "내 그림은 이젤 위에서 제작되지 않는다. 나는 그림을 그
리기 전에 캔버스를 결코 잡아당기지 않는다. 나는 팽팽해 잡아당
긴 일이 없는 캔버스를 단단한 벽이나 마룻바닥에 핀으로 고정시
키는 걸 좋아한다. 나는 견실한 버팀대가 필요하다. 바닥에 놓는
것이 더 편하다. 나는 더욱 그림에 가까워지고 그림의 일부인 것
처럼 느낀다. 왜냐하면 그림 주위를 돌아 걸을 수 있고 네 모퉁이
에서 작업하며 실제로 그림 속에 있을 수 있기 때문이다. 나는 보
통 화가들이 쓰는 도구를 계속 멀리하고 있다. 나는 막대기와 타

월과 칼, 뚝뚝 떨어지는 액체물감, 모래, 부서진 유리 그리고 그 밖의 낯선 물질이 섞인 두터운 색감을 더 좋아한다."(최승규, 1997, pp. 345-346) 폴록에게 있어 물감이 발린 붓, 막대기와 흙손을 도구로 사용하여 물감을 떨어뜨리고 흩어 뿌리는 기법은 실제적인 것이다. 여기에 화가의 열정적인 감정과 행위 그리고 우연성과 통제가 결합되면서 작품이 제작된다. 이러한 작업의 결과로 생기는 엉킨 선들은 20세기 미술의 양립하는 두 가지 기준을 모두 만족시켜 준다. 하나는 어린아이가 형태를 그리기 시작하기 전에 유치하게 그려 대는 낙서와도 같은 그림들에 대한 기억을 연상시켜 주는 어린아이처럼 단순하고 자발적인 것에 대한 동경이며, 다른 한 가지는 그와는 반대로 순수회화의 문제들에 대한 복잡하고 고답적인 관심이다. 폴록은 '액션페인팅(Action Painting) 또는 추상표현주의(Abstract Expressionism)'라고 알려진 새로운 양식의 주창자 중 하나다(Gombrich, 2007, p. 602).

작품 〈One〉은 크기가 270×530cm다. 이런 대작을 하기 위해서 얼마나 많은 물감이 소모되며, 또 얼마나 두껍게 칠해야 하는가? 어떤 색으로 어떻게 작업해야 하는가? 무슨 색을 먼저 작업하고 그 위에 덧칠해야 하는가? 물감이 완전히 마르는 시간까지도 고려할 때 전체 작업 시간은 얼마나 걸릴 것인가? 이 작품은 베이지색 바탕에 검은색과 흰색의 선들이 가득 차 있는 것으로밖에 보이지 않는다. 배경을 보면 선들이 뒤엉킨 사이사이로 언뜻언뜻 보이기도 하지만 작품의 가장자리 부분에서 제일 선명하며, 그래서 그것은 중심부의 주위를 맴도는 어떤 분위기를 창출해 낸다. 이렇게 배경에 의해 형성된 틀에는 선과 물감방울들이 군데군데 퍼져 있고, 특히 캔버스의 아래 부분은 물감얼룩이 많이 번져 있는데, 어떤 부분은 물감얼룩이 틀 너머까지 번진 듯이 보인다(Yenawine, 1994, p. 118).

폴록은 벽화 사이즈의 추상회화 속에 작품을 제작할 당시의 심리 상태를 반영하는 이른바 '시각적인 에너지'를 표현했다. 폴록은 "새로운 요구는 새로운 기법을 필요로 한다."고 주장했다. 마룻바닥에 캔버스를 펼쳐 두고 그 위에 물감을 흩뿌리는 뿌리기(drip) 기법은 대폭발 이후의 팽창하는 우주처럼 검은색, 하얀색, 회색의 물감이 파죽지세로 사방으로 퍼져 나가며 경계도 중심점도 없이 복잡한 시각적 리듬감으로 물결치는 듯한 형상을 만든다. 비평가 클레멘트 그린버그(Clement Greenberg)는 "그의 작품 안에서 우리는 진실을 발견한다."라고 말했다. 한스 호프만(Hans Hofmann)이 폴록의 화실에 처음 방문했을 때 그는 어떤 모델이나 스케치화도 없는 것을 보고는 깜짝 놀랐다. "당신은 자연으로부터 작업하나요?"하고 질문하자, 폴록은 "내가 바로 자연이요."라고 대답했다(Strickland, 2000, p. 282). 폴록은 열정과 진정성을 가지고 작업하였으며, 뿌리기 방법을 활용해 추상작업을 하면서 이를 통해 감정을 표현하였다. 폴록의 작품으로는 〈원을 자르는 달의 여인〉〈달과 여자〉〈눈 속의 눈〉〈가을의 리듬〉〈One〉〈No. 5〉〈No. 6〉 등이 있다.

박수근 (1914-1965, 한국)

강원도 양구 출신으로 양구공립보통학교 졸업하였으며, 밀레의 〈만종〉을 보고 감동을 받아 독학으로 그림 공부를 시작했다. 화가의 꿈을 실현하기 위해 매일 가까운 산과 들을 다니며 연필스케치와 수채화 작업을 하였고, 조선미술전람회에 지속적으로 참여하여 화가로서의 역량을 쌓았다. 박수근은 한국전쟁 중 월남하여 부두 노동자, 미군부대 PX에서 초상화를 그려 주는 일 따위로 생계를 유지하면서 어려움 속에서도 부단한 노력과 실험 정신으로 독특한 작품 세계를 구현했다. 박수근은 우리나라의 옛 석탑과 석불 등에서 말할 수 없는 아름다움의 미감을 발견하고 이를 조형화하고자 노력하였으며, 그 결과 캔버스 위에 물감을 발라 두터운 질감층을 형성한 다음 그 위에 절제된 이미지를 담아 내는 독특한 방법을 창안했다. 작품에 보이는 이미지들은 실제 생활 속에서 보고 경험한 것들을 이미지화한 것으로서 서민의 애환과 삶의 모습을 진솔하게 담아 내었다. 이런 서민적이고 일상적인 이미지들은 동시대의 삶의 모습을 유추하고 연상하게 하며 상상하게 한다.

박수근의 절제되면서 정제된 이미지는 거칠고 투박한 화강암 질감에 의해 오히려 토속적이면서도 향토색 짙은 조형성을 형성한다. 박수근이 즐겨 다룬 주제는 아동, 할아버지, 골목, 판잣집, 우물, 여인, 느티나무 등으로서 유사한 소재들을 반복해서 다루었다. 특히 작품에 등장하는 여인들은 대부분 시골 아낙네들로 절구를 찧거나 아이를 업거나 머리에 짐을 이거나 빨래를 하거나 나물을 캐는 모습을 하고 있다. 정병관은 「한국표현주의 회화의 박수근」이라는 작가론에서 "형태 면에서 본 박수근의 그림은 직선을 사용한 단순화이며 생략과 화면 공간의 평면화다. 색채의 단조로움도 피카소가 〈게르니카〉에서 사용한 단조로운 회색조와 동일한 성질의 것이다."라고 말했다. 박수근이 표현한 우리나라의 모래와 흙이 뒤범벅된 진흙탕 같은 것을 연상시키는 유화물감의 재질은 우리나라의 가난과 풍토를 연상시키는 데 효과적인 처리였다. 이 거친 마티에르 효과는 1950년대에 프랑스의 표현주의 화가 장 뒤뷔페(Jean Dubuffet)의 화면 효과 또는 앵포르 및 추상화가들이 사용한 두터운 마티에르 표현과 일치한다. 즉, 박수근은 형태는 입체파적이지만 마티에르는 앵포르 및 추상회화적이어서 1950년대 구상회화로서는 새롭고 독특한 화면을 조직한 것이 된다. 정현웅은 "그 황토 빛 색감과 화강석 표면을 연상시키는 마티에르가 가지는 추상성이, 이 화가의 그림을 피카소의 그것보다 더 현대적인 구상회화로 평가하게 한다."(정현웅, 1992, p. 54)라고 평하였다.

박수근의 예술 세계의 특징은 진실하고 성실하며 정직하다는 것이다. 최종태는 박수근에 대해 "오직 진실로 삶을 다 바쳐서 예술을 한 사람이다."(최종태 외, 2010, p. 37)라고 말했다. 박수근의 딸인 박인숙은 아버지 박수근에 대해 "무능력하지만, 작업에는 진정성과 함께 순수함과 열정이 있었다."라고 말했다. "시간이 지난 지금에 와서 생각해 볼 때 아버지는 그야말로 그림 그리는 일 이외에 과연 무엇을 할 수 있는 분일까 하고 자문해 봅니다. 아버지의 그 융통성 없음이나 주변머리 없음을 지적한다는 것은 딸자식으로서 할 도리가 아니지만 또 어쩔 수 없습니다. 아버지는 그림 그리는 일 이외에는 매우 무능력한 분이라는 것이 나의 솔직한 생각입니다."(정현웅, 1992: 138) 이것은 열정을 가지고 순수함과 진정성을 가지고 예술적인 삶을 살았던 박수근의 삶을 그대로 보여준다. 박수근의 작품으로는 〈할아버지와 손자〉〈절구질하는 여인〉〈광주리를 이고 가는 여인〉〈길가의 행상들〉〈아기를 업은 소녀〉〈나무와 두 여인〉〈빨래터의 아낙네들〉〈나무〉 등이 있다.

백남준(1932-2006, 한국)

백남준은 서울의 유복한 가정에서 태어나 일본의 동경대학교에서 미학 및 미술사를 전공하고 독일로 유학을 가서 존 케이지(John Cage)를 만나 전자음악을 연구하였다. 크리스토(Christo), 조지프 보이스(Joseph Beuys), 존 케이지(John Milton Cage Jr.) 등과 교류하며 해프닝(Happening)과 플럭서스(Fluxus) 그룹에 참여하였고, 비디오예술을 창안하였다. 해프닝과 플럭서스는 모두 관객의 참여에 의해 작품이 완성된다. 해프닝은 복합 매체와 비결정성에 의해 이뤄진다. 복합매체란 미술과 연극 또는 음악과 연극의 복합적 형태를 취하는 해프닝 형식에 관계되고, 비결정성은 '지금-여기(here and now)'에서 행해지는 해프닝의 현장성과 그 개념적 내용에 관계된다(김홍희, 1993, p. 14). 해프닝은 관객을 해프닝 현장의 한 요소로 상정하여 관객의 역할을 수동적 관람자에서 능동적 참여자로 전환시킨다. 플럭서스는 예술과 관객 사이의 거리를 좁히고 관객이 예술 작업에 함께함으로써 예술이 완성되는 것, 즉 대중의 참여에 의해 예술이 완성된다(이용우, 2000, p. 23).

백남준은 해프닝 작업 외에 비디오예술가로 활동하면서 TV를 매체로 하여 설치작업을 하였다. 작품 〈물고기가 하늘을 날다〉는 20개의 수상기들을 천장에 매단 설치작업이다. 감상자는 바닥에 누워 천장을 향해 시선을 올려 보게 되는데, 이 작품은 감상자의 시각을 바꾸고, 또한 여러 장면을 동시에 보여 주는 동시 지각을 제시한다. 〈TV 정원〉은 푸른 잎의 화분으로 가득 찬 전시 공간에 틈틈이 박힌 25개의 수상기들이 〈글로벌그루브〉의 현란한 장면들을 동시에 반영한다. 푸른 잎에 둘러싸인 화려한 화면들은 생동감 넘치는 꽃송이로 변한다. 기술과 자연이 만나는 TV 정원에서 감상자는 시선을 아래로 향함으로써 환경에 대한 새로운 경험을 하게 된다(김홍희, 1993, pp. 75-76). 해프닝과 비디오아트는 관객, 삶, 사회, 생태 같은 비예술적 요소를 강조함으로써 예술과 관객, 예술과 삶, 예술과 생태의 새로운 관계를 구축한다. 해프닝은 인생을 공연하고 공연을 생활화하여 새로운 '예술/인생의 장르'를 만들고, 비디오아트는 대중매체를 예술화하고 예술을 대중화하여 새로운 '예술/오락의 장르'를 만든다(김홍희, 1993, p. 100).

백남준은 '예술은 사기'라고 말한다. 백남준은 "한마디로 전위예술은 신화를 파는 예술이지요. 자유를 위한 자유의 추구이며, 무목적한 실험이기도 합니다. 규칙이 없는 게임이기 때문에 객관적인 평가란 힘들지요. 어느 시대든 예술가가 자동차로 달린다면 대중은 버스로 가는 속도입니다. 원래 예술이란 반이 사기입니다. 속이고 속는 거지요. 사기 중에서도 고등사기입니다. 대중을 얼떨떨하게 만드는 것이 예술입니다. 엉터리와 진짜는 누구에 의해서도 구별되지요. 내가 30년 가까이 해외에서 갖가지 해프닝을 벌였을 때, 대중은 미친 짓이라고 웃거나 난해하다는 표정을 지었을지도 모릅니다. 하지만 그것의 진실을 꿰뚫어 보는 눈이 있었습니다."(김홍희, 1993, p. 205; 정중헌, 1989) 백남준은 TV를 매체로 하여 비디오예술이라는 새로운 미술양식을 만들어 내고 예술적인 영감과 열정을 가지고 끊임없이 작업하였다. 백남준의 작품으로는 〈물고기가 하늘을 날다〉〈비디오물고기〉〈TV정원〉〈참여 텔레비전〉〈살아 있는 조각을 위한 텔레비전 브라〉〈다다익선〉〈Goodmorning Mr. Orwell〉 등이 있다.

미술가의 작품세계는 개인의 인성과 성격, 취향, 노력, 관심, 욕망, 욕구 등이 정체성과 어우러지면서 창의적이고 독창적인 조형세계를 창조해 낸다. 반 고흐와 박수근은 열악한 환경에서 미술가가 되겠다는 일념으로 열심히 작업하여 미술가로서의 역량을 발휘하였으며, 피카소와 폴록은 미술학교에서 교육을 받으며 미술가로서 성공하였다. 백남준은 일본, 홍콩, 독일 등에서 공부하면서 많은 예술가들과 교류하며 독창적인 예술 세계를 개척하였다. 미술가의 가정환경은 미술가에게 직접적인 영향을 끼친다. 여유 있는 가정환경은 미술가에게 다양한 기회를 제공하는 반면, 열악한 가정환경은 오히려 미술가에게 이를 극복하고 더 열심히 창작에 매진하는 기회가 되기도 한다. 또한 미술가의 성향에 따라 어떤 미술가는 조용히 외롭게 작업을 하기도 하고, 또 어떤 미술가는 많은 사람들과 교류하며 왕성하게 작품활동을 한다. 미술가마다 조금씩 차이가 있으나, 대부분의 작가들은 영재성을 갖고 태어나며 노력과 성실, 정직, 진실 등으로 독창적인 작품 세계를 구현한다.

미술 작품을 매개로 한 미술 감상·비평 활동과 예술 체험

미술 작품을 매개로 한 미술 감상·비평 활동

미술 수업의 표현 활동과 미술 작품을 활용한 미술 감상과 비평 활동은 상호 연계되면서 학생의 미적 안목을 열어 주고 다양한 사회문화적 현상을 읽을 수 있는 능력을 함양시킨다. 미술 비평은 미술 작품에 대한 판단으로 미술가의 창작 방법과 작품 세계, 예술 철학을 들여다볼 수 있으며, 또한 학생의 반응과 미술가의 작품 세계를 매개하는 역할을 수행하게 된다. 미술 비평에는 미술 작품을 보고 지각하고 직관에 의해 보이고 읽히는 것들이 실제적으로 유효하게 활용된다. 학생은 미술 작품을 만나고 체험하면서 미술가를 만나고 미술가의 정신을 만나며 인간 삶의 모습과 문화를 이해하게 된다. 이러한 것은 미술 작품을 읽어 낼 수 있는 예술적 안목을 길러 주고 향상시킨다. 학생은 미술관과 박물관의 미술 작품 감상을 통해 미술가의 생각을 읽어 내고 가치관을 읽어 내며 시대의 보편적 인식을 읽어 냄으로써 인식의 지평을 넓히게 된다.

미술 작품을 이해하고 분석하는 것은 우리가 관찰한 여러 가지 사항들이 어떻게 서로 맞물려서 영향을 미치는가를 살펴보는 과정이다. 어떤 작품을 볼 때 우리는 처음에는 그것의 구성요소들을 따로따로 떼어 놓으려 할지도 모르나, 결국에는 분석 과정을 통해 그 조각들을 다시 꿰어 맞추게 된다. 분석에서 또 한 가지 중요한 부분은 작품의 주제와 분위기, 색채 등에 대한 각자의 개인적 느낌을 나름대로 분류하는 작업이다. 또한 한 작품을 다른 작품들과 비교해 보는 것도 때때로 그 작품의 내용과 의미를 명확히 하는 데 도움이 된다. 미술 감상·비평이란 작품의 의미에 몰두하든 그렇지 않든 간에 우리의 모든 감각과 기억과 지식을 동원하여 그러한 경험 자체를 만끽해 보는 과정이다. 그리고 미술 감상 시 시각적 체험을 통해 유추와 은유를 가능하게 하는 상징성과 연관성을 가려 내고, 주어진 관찰 과정을 통해 나타나는 아이디어나 암시를 찾아낸다. 제목은 작가가 그 작품에서 무엇을 의도했는지 판단할 수 있는 단서를 제공한다. 작품 제작 연도, 작가의 생몰 연대 그리고 장소는 작가가 작품 활동을 하던 당시의 주변 세계를 이해하는 데 좋은 단서가 된다(Yenawine, 1994, p. 148).

미술가의 작품은 독창성, 창의성 그리고 예술 철학을 지닌다. 독창성이나 창조성, 진정성, 예술 철학 등은 예술 작품에서 중요한 특성이 된다. 스톨니츠(Jerome Stolnitz)는 어떤 대상을 예술 작품으로 경험하거나 감상하는 행위와 그것을 비평하거나 그에 대한 비판적 판단을 형성하는 행위가 두 가지 주된 방식에서 다르다고 한다. 첫째, 비평은 분석적이다. 비평가는 '작품의 요소들'을 분리시켰을 때와 그 요소들이 서로 간에 맺는 관계에서 두 가지 모두를 살펴보아야 하는데, 반면에 미적 지각에서는 작품이 전체적으로 파악된다. 둘째, 비평과 감상은 서로 다른 목적을 갖는다. 비평가는 작품에 대한 지식을 구하는 반면, 감상자는 작품을 감상하는 것 이외에는 어느 것에도 관심을 두지 않는다(Crawford, 1995, p. 236). 미술 비평이 충실하게 제 역할을 수행하면서 적절한 것이 되려면, 미술을 만들어 낸 사람의 시각과 의식, 목적을 포함하여 미술의 상황에 영향을 미치는 현대의 주요 특징에 대해 지속적인 감수성을 유지해야 한다(이영철 엮음, 1997, p. 101). 그러기 위해서는 학생 스스로 미술관과 박물관에서의 예술 체험을 향유하고 미술 작품을 분석하고 해석하며 비판적 시각으로 읽을 수 있도록 안목을 길러 주어야 한다.

　미술 작품을 활용한 감상·비평 활동에서는 학생의 감수성과 미술 작품을 읽어 내는 분석적 사고능력이 매우 중요하다. 또한 미술 작품을 보았을 때 직관적인 반응이나 인상 등은 비평에서 주효하게 작용한다. 미술 작품과 관련한 시대 상황이나 사회문화적 쟁점도 작품을 이해하는 데 도움을 준다. 항상 그런 것은 아니지만, 예술 작품은 종종 그 시대의 또 다른 문화적 표현들, 즉 정치적·사회적·지적 표현들과 병행하거나 상호 관계를 맺고 있다. 따라서 그러한 것을 염두에 두고 예술 작품을 살펴보는 것이고, 이는 인간과 그 시대에 대한 전체적인 생활을 명확히 그리고 포괄적으로 이해하는 데 도움을 준다(Rader & Jessup, 2004, p. 351).

미술 작품에 내재된 많은 내용들은 학생들에게 무언의 이야기를 서술한다. 동서고금을 통해 만들어진 미술 작품들은 분야, 주제, 작가에 따라 많은 담론들을 제공하거나 생산한다. 작품에 내재된 이런 이야기들은 오늘날 이 시대에 부재한 또는 전혀 본 적도 만난 적도 없는 것들에 대한 체험과 이해를 요구한다. 미술 작품에 보이는 사회문화적인 내용과 표현 방법, 매체 등은 특정 사회의 의미 영역에 대한 종합적인 상호 의존 체계를 제시할 뿐 아니라 세상을 인식하는 방법을 제공한다. 학생에게 미술 작품을 매개로 한 다양한 사회적·문화적·역사적 내용들을 소개하고 이해하는 것은 그에 대한 정보를 공유하도록 하는 것이며, 이러한 것들은 학생 개개인의 경험 범위를 확장시킨다. 그와 동시에 미술 문화와 미술 작품에 대한 체험과 경험은 학생에게 미술 작품을 친숙하게 하면서 시각언어와 정보에 대한 자율성을 부여한다. 미술 작품을 매개로 하는 미적 체험은 학생의 인지 활동과 관계가 깊다. 인지에는 지식, 의식, 지능, 사고, 상상력, 창의력, 계획과 전략의 산출, 추리, 추론, 문제 해결, 개념화, 분류 및 관계 짓기, 상징화, 환상과 꿈, 심상, 기억, 주의, 학습도 등이 포함된다(Flavell, Miller, & Miller, 2003, p. 2).

감상자는 미술 작품을 보면서 미술 작품이 갖는 상상적 힘에 의해 공감대를 형성하며 자신의 지평을 넓힌다. 학생은 미술 작품을 매개로 자신의 감성과 감각을 움직이게 하고 일깨우며 더 나아가 성찰하게 된다. 미술 작품은 상상력과 감정을 일깨우고 공감대를 형성하며 도덕적 가치를 부여한다. 감상자와 미술가, 미술 작품과의 관계에서 상호 소통이 이뤄지고 공감대가 형성되기 위해서는 감상자에게 미술가와 미술 작품에 대한 의미와 내용이 이해되어야 한다. 감상자에게 있어 미술 작품을 매개로 해서 작품에 내재된 의미를 이해하고 해석하는 것은 삶의 형식을 이해하는 한 방식이며, 동시에 감상자는 이를 통해 자신을 변화시키고 성찰하게 된다. 미술 작품을 통해 이해되는 미술가의 삶의 형식과 가치는 미술가의 정신세계를 이해하는 기회를 제공한다. 미술가의 예술에 대한 열정은 궁극적으로는 높은 예술 세계를 구현하게 하며, 많은 사람들의 참여와 소통을 이끌어내는 매개자 역할을 한다.

예술 체험을 매개로 소통되는 미술가의 작품 세계

예술은 어떻게 다양한 삶을 담아 내는가? 미술 작품 감상을 통해 감상자는 미술 작품을 읽고 분석하며 의미와 내용을 해석한다. 작품과의 대화를 나누는 일이 예술 체험이다. 체험은 의미의 경험이다. 예술 체험은 작품에 대한 감성적 인식에서 출발하며 의미를 지향하는 해석학적 경험이 된다. 해석학적 경험은 본질적으로 삶의 현장에서, 그리고 시간의 지평에서 언어적으로 그리고 역사적으로 이루어진다(김광명, 1996, p. 142). 미술 작품에서 전이되는 삶의 형식은 문화와 사회 속에서 이해되고 삶의 모습으로 다가온다. 삶의 모습에서 인간의 심리와 중층적으로 얽힌 삶의 구조를 심층적으로 이해하며 미술가의 표현 방식과 매체 미술 양식 등에도 구체적인 지식이 형성된다.

　미술관과 박물관의 미술 작품은 시공을 초월하여 어제의 문화들을 지금－여기에서 다양하게 보여 주고 이야기한다. 박물관에서 도자기와 고미술 작품을 보는 것도 좋고, 미술관에 가서 현대작가들의 다양한 작품들을 만나는 것도 좋다. 시대에 따라 또는 작가에 따라 미술 작품에서 전이되거나 느껴지는 것이 다르다. 또한 그림을 보는 즐거움도 장소와 시간에 따라 조금씩 차이가 있다. 미술관·박물관에서 유물들을 보며 소곤소곤 대화를 나눠 보기도 하고, 그림을 보며 상상의 나래를 펴는 즐거움을 누리기도 한다. 조세걸의 〈곡운구곡도〉를 보면서 화천의 계곡을 탐방하는 계획을 세워 보며, 강세황의 〈영통동구도〉를 보고 있으면 계곡의 물소리가 들리고, 정선의 그림에서는 금강산의 장대함을 압축해서 담아낸 그 독창적인 사고에 찬탄하게 된다. 김홍도의 풍속화는 동시대의 문화를 질박하게 표현한 맛이 일품이다. 추사 김정희의 〈세한도〉를 보고 있으면 척박한 제주의 삶이 느껴지는 반면, 이왈종의 작품에서는 제주에서의 즐거운 삶을 읽을 수 있다. 박수근의 작품에서는 서민의 생활 모습을 만날 수 있다. 피카소의 초기 작품에서는 사회의 어두운 단면과 가난한 사람의 생활 모습을 만나게 되며, 〈게르니카〉에서는 시대성과 역사성을 만나게 된다. 백남준은 정원의 꽃들 사이에 TV를 설치하거나 천장에 매다는 다양한 설치 방법으로 우리의 생각을 새롭게 확장한다. 리움미술관에 가면 현대미술계의 거장들의 작품을 만나게 되고, 단순한 것에서 미술적 상상력을 활용하여 새롭게 표현하며 작품 세계를 펼치는 작가들을 만난다. 루이스 부르주아(Louise Bourgeois)의 〈마망〉은 작은 거미를 과장되게 확대하면서 거미의 모성애를 은유적으로 표현하였는데, 그 크기에 의해 전혀 새로운 경험을 하게 된다. 단순하고 일상적인 틀을 넘어서서 새롭게 만들어 내는 작가들의 작품들은 새로움의 미술 문화를 만들어 가는 원동력이 된다. 많은 미술가들이 자신만의 목소리를 담아내기 위해 많은 노력을 기울이며, 실험성 짙은 작품을 시도한다. 그리고 미술가의 이런 노력에 의해 미술 문화는 끝없이 진화하고 발달한다.

미술가는 동시대 사회문화적 · 환경적 · 자연적 요소들을 어떻게 풀어 가는가? 매체와 표현 방법을 어떻게 결합하여 독창적인 작품 세계를 구축하는가? 그런 작품들이 시사하고 함축하는 것은 무엇인가? 미술가는 전 생애를 통해 끊임없이 발견하고 작업한다. 미술가는 개인적 · 사회문화적 내용을 시각언어화하며, 그들의 작품 세계는 미술가의 미적 관심과 취향, 표현 방법, 매체 등에 의해 다양하게 전개된다. 단토(Arthur Coleman Danto)는 예술 작품은 내용을, 즉 무엇에 관한(aboutness) 것을 내포하고 있어야 하며 예술 작품은 그 내용을 구현해야(embody) 한다고 말했다. 그리고 그는 미술이 되려면 제시의 내용과 양식을 정확하게 밝혀 줌을 의미하는 해석과 내재적으로 연결되어야만 한다고 주장했다(Danto, 2007, p. 25). 미술가의 노력과 성실, 정직은 작품에의 진정성으로 이해되며, 이러한 것들은 미적 대상과 미적 가치, 조형 형식 등과 어우러지고 작품에 융해되면서 감상자에게 전이된다. 좋은 작품은 작품의 주제와 함께 작가의 진정성을 전달하며, 감상자에게 오랫동안 영혼의 울림을 준다.

미술관과 박물관에서 만나는 미술 작품을 통해 학생은 미술가의 정체성과 작품 세계, 새로운 시도와 표현 방법, 매체 등을 이해하게 되고 동시대의 문화를 읽게 된다. 미술가는 혼자 작업하는 것이 아니라 사람이 사는 사회에서 사람과 어우러지며 그런 사람들의 삶을 다양하게 담아내고, 또한 더불어 사는 삶의 온기를 불어넣는다. 작품에 내재된 작품성은 은연중 감상자에게, 학생에게 전이된다. 미술 작품은 학생의 미적 안목을 열어 주고 자연성을 일깨우며, 한편으로 작품 감상 활동을 통해 생각할 수 있는 기회를 제공하며, 또한 미래의 문화를 창조해 간다. 그리고 작품에서 작가의 진정성을 만나게 될 때 오는 울림은 학생에게 삶의 메시지로서 전달된다. 미술 문화는 이런 것들에 의해 형성되고, 미술가, 미술 작품, 감상자 간의 만남과 상호작용에 의해 활성화되고 발달

한다. 학생은 미술 작품을 매개로 그리고 예술 체험을 통해 자연을 만나고 작가를 만나고 사람을 만나고 시대와 소통한다. 그런 관계와 소통은 사람 사는 사회를 만들어 가는 미술 문화의 진원지이며, 동시에 공동체 의식을 심어 준다.

미술 문화와 미술가: 매체와 실험적 방법 추구

문화는 한 수준에서 시공간을 가로질러 과거에 살았거나 지금도 전 세계에 흩어져 살고 있는 사람들을 하나로 묶어 주는 원리가 되는 개념이며 동시에 한 종족의 생활방식, 그들의 믿음, 제의, 관습 등을 전체적으로 조망하는 개념이다(Jenks, 1996, p. 22). 문화란 단순히 인간의 행복을 추구하는 기능으로서만이 아니라, 인간과 자연, 인간과 역사, 인간과 인간을 매개하는 보편적 인문주의의 결실이다(김광명, 1996, p. 102). 미술 문화는 성과 인종, 민족을 초월하여 국가 간, 지역 간의 경계를 허물어뜨리며, 미술 작품을 통해 만나는 사회문화적 · 환경적 · 인류학적 · 개인적 요소들은 세계를 이해하는 한 방법이 된다. 미술 작품을 통한 다양한 미적 경험은 학생의 생각을 열어 주고 확산시킴으로써 삶의 형식을 다각적으로 이해하게 한다.

미술 문화를 형성하고 만들어 내는 미술가들은 어떤 존재일까? 곰브리치(Ernst Gombrich)는 미술(art)이라는 것은 사실상 존재하지 않는다고 했다. 그에 따르면, 다만 미술가가 있을 뿐이다. 미술가는 형태와 색채가 '제대로' 될 때까지 그것을 조화시키는 놀라운 재능을 가지고 있으며, 진정한 작품을 제작하는 데 따르는 노고와 고뇌를 기꺼이 감내한다. 또한 그는 미술가는 계속해서 태어날 것이라고 확신한다. 그러나 미술이 존재할 것인지 아닌지는 적지 않게 우리 자신, 즉 일반 대중의 태도에 달려 있다. 우리가 관심을 갖느냐 아니냐에 따라, 편견을 갖느냐 또는 이해심을 갖느냐에 따라 미술의 운명을 좌우하게 되는 것이다. 전통의 흐름이 끊이지 않게 하고 미술가가 과거로부터 대대로 물려받은 이 미술이라는 보물에 귀중한 것을 하나 더 보탤 수 있게 하는 것도 바로 우리 자신이다(Gombrich, 2007, p. 597). 우리가 스스로 미술에 관심을 갖고 미술 작품을 감상하고 미술 문화를 향유함으로써 다양한 미술 문화가 꽃피우게 된다. 예나윈(Philip Yenawine)은 "인간이 창조해 낸 표현인 미술은 나를 사고하게 하는 동시에 느끼게 만든다."고 말했다. 예나윈은 "미술이 환기시키는 생각과 느낌은 이전에 내가 그것들에 대해 생각해 왔던 방식과는 전혀 다르거나 새로운 것들이다. 그러한 생각들은 내가 미심쩍어하거나 이미 알고 있다는 사실 자체를 까맣게 모르고 있던 어떤 것들을 생각나게 한다." (Yenawine, 1994, p. 154)라고 말했다.

오늘날 많은 미술가들은 매체의 물성과 함께 좀 더 실험적인 방법들을 활용해서 작업한다. 예를 들면, 재료를 쌓고, 긁고, 두들기고, 찢고, 늘어뜨리고, 헤치고, 흩뜨리고, 짓이기고, 오리고, 붙이고, 덮어씌우고, 매듭 짓고, 포개고, 더럽히고, 깨끗하게 하고, 잇고, 뿌리고, 과장하고, 확대하고, 축소하고, 긁어 내고, 움직이게 하고, 소리를 나게 하거나 흔들리게 하고, 부드럽거나 딱딱하게 하며, 혼자 또는 여럿이 함께 작업하는 등 재료의 경계를 넘나들며 작업한다. 미술가의 다양한 시도에 의해 표현 방법과 매체 활용은 무한정 확장된다. 미술가는 자연을 주제로 하여 산과 나무, 계곡을 그리기도 하지만, 인간 소외를 주제로 삶의 모습을 다양한 관점에서 담아내기도 한다. 예를 들면, 노숙인의 삶, 현대인의 소외된 삶, 가정의 모습, 생활 속의 모습 등을 주제로 다루며 사회적 쟁점을 제시하며, 또한 다양한 관점에서 조형적으로 풀어 간다. 미술가는 자신의 정체성과 작품성, 순수성, 진정성, 취향, 집념 그리고 열정을 가지고 작업한다. 미술가의 미술 작품은 개인적·사회적 내용과 의미가 담보되며 동시에 개인과 이웃, 사회를 연결해 주는 매개체 역할을 한다.

예술 체험은 학생의 미적 정서와 미적 감각을 계발하여 미술 문화를 활성화하는 힘이 된다. 또한 미술 작품에 담겨 있는 사회문화적·종교적·도덕적·환경적 요소들은 학생의 생각을 넓히고 확산시킨다. 미술가에 대한 관심은 미술가가 열정을 가지고 작업할 수 있는 문화적 환경을 만들어 주며 미술 문화를 다양하게 발전시키는 촉매제가 된다. 미술관과 박물관에서의 예술 체험은 미술 작품을 읽고 미술가를 만나며 동시대의 문화를 이해하는 것이며, 이를 통해 학생은 세상을 알아 가고 삶의 형식을 이해하게 된다. 학생에게 박물관과 미술관에서의 예술 체험은 삶의 예술로 승화되면서 문화적 삶이 아니라 문화를 창조하고 향유하며 생성해 내는 역할을 하도록 이끈다.

3

디지털 시대의 사진과
이미지 기반 학습

오순화

디지털 시대의 사진

디지털 사진 작업 환경과 변화

아날로그 사진 작업은 수동 카메라로 촬영하고, 화학약품으로 필름을 현상하고 인화하는 방식으로 이루어진다. 그래서 디지털 카메라가 보급되기 전까지 사진은 전문인의 영역이었다. 디지털 사진은 단지 사용자의 노력과 시간의 불편함을 보완한 것뿐만 아니라 사진에 대한 가치, 창작의 가능성에도 큰 영향을 미쳤다. 사진 매체의 전환점은 사진 작업 방식이 아날로그에서 디지털 환경으로 바뀌면서 이루어졌다. 디지털 사진 작업 환경의 이로운 점에 대해 간단히 살펴보면 다음과 같다.

첫째, 아날로그 카메라로는 이러한 사진기 자체의 사용법을 익히는 것이 중요했다. 카메라의 기계적 작동 방법을 모르고는 사진 촬영 자체가 가능하지 않았고, 또한 사진작가의 노련한 판단력 없이는 노출을 제대로 한 이미지가 만들어지지 않았다. 한 장의 완벽한 사진을 위해서 사진작가는 여러 번 같은 주제를 놓고 관찰하고 기다리며 그 순간을 포착한다. 그러기 위해서는 많은 필름이 소모되었다. 디지털 카메라의 대중화·보편화는 작가에게 재정적 부담을 많이 덜어 주었다. 또한 아날로그 카메라 사용 시에는 필름을 계속 갈아 끼워야 하는 단점이 있었다. 계속 찍다 보면 필름 비용도 경제적으로 부담되었다. 소형필름 카메라에 들어가는 35mm 필름은 36프레임 36컷의 이미지를 찍을 수 있다. 중형 카메라 사용 시에는 10~15프레임으로 한정되고, 그리고 대형 카메라는 한 번에 한 장의 사진만 촬영 가능하다. 디지털 카메라는 이러한 프레임의 한정적인 수에서 사진작가를 해방시켜 주었다. 우선 더 이상 한 롤의 필름에 의존하지 않고 사진을 찍을 수 있게 되었다. 디지털 카메라 메모리 카드의 용량에 따라 다르지만, 대개 수백, 수천 장까지 연속해서 사진을 찍을 수 있는 장점이 있다.

둘째, 아날로그 카메라는 인화 과정에 사용되는 화학약품이 환경오염을 일으키고 인체에 위해하여 아동에게 사진 수업을 하는 것을 꺼려 왔다. 외국의 경우에는 일부 예술전문 고등학교나 의욕 넘치는 미술교사의 아이디어로 안전과 건강을 고려한 사진 암실을 학교 내에 설치하여 새로운 미술교육의 경험을 제공하는 예들을 가끔 볼 수 있었다. 몇 년 전에 미국 미술교육학회에서 발표했던 한 고등학교 교사는 자신이 설계한 암실을 소개하여 많은 주목을 끌었다. 그는 사진 암실을 설계할 때 학생들이 화학약품에서 생성되는 물질을 마시지 않도록 암실 내에 공기 흡입 파이프를 설치함으로써 사진 수업이 가능하도록 하였다. 이 교사의 특별한 노력으로 그 학교 학생들은 사진을 경험할 수 있었다. 그의 발표에 많은 교사들이 관심을 가졌지만, 현실적으로 많은 비용의 투자가 요구되는 시설 설치와 유지의 까다로움 때문에 우리나라뿐만 아니라 세계 여러 초·중·고등학교에서는 이러한 사진 수업이 거의 불가능했다. 또한 사진 인화 후에 생기는 화학약품의 폐기 처리는 환경오염을 불러일으킬 수 있다. 현 시스템에서 환경을 파괴하지 않도록 처리하기 위해서는 적지 않은 예산이 요구되었다. 따로 화학 폐기물 처리 회사를 고용하거나 이에 적절한 배관 시설이 이루어져야 했다. 이런 특별 시설과 관리가 요구되는 아날로그 사진은 사진교육을 공립학교 수업에서 정착시키기에는 많은 어려움이 따랐다. 이렇게 경제적·환경적인 문제 때문에 사진은 공립학교에서 학생들을 상대로 가르치기에는 까다로운 매체였다. 그러나 디지털 사진 작업은 컴퓨터와 프린트를 이용함으로써 암실과 환경오염 등의 문제를 자연스럽게 극복한다.

셋째, 아날로그 사진 교육 과정에서 모든 사진 촬영, 필름 현상 그리고 사진 인화 과정을 습득하는 데 장기간 수업이 요구되었다. 아날로그 카메라로 적정 노출을 제대로 하기 위해서는 카메라와 렌즈의 기능을 이해하고 사용하는 데 숙련되어야 했다. 카메라와 렌즈의 구조와 기능을 잘 이해하여 빛의 양을 적당하게 측정하고 상황에 맞게 장면을 원하는 구도에 맞게 표현하는 것은 순간의 판단과 결정을 요구한다. 아날로그 카메라는 작동 방법이 까다롭고 그에 익숙해지는 데 많은 시간과 노력이 요구된다. 이렇게 카메라의 까다로운 사용법을 충분히 이해하고 익숙해져야만 자신이 추구하는 상황을 사진으로 담아낼 수 있다. 사진을 촬영할 때와 마찬가지로, 사진 인화 작업 과정에서도 빛의 적정량 노출이 중요하다. 아날로그 사진 암실에서 빛의 적정량 측정은 한 장 한 장 프린트를 통한 테스트로만 알 수 있어서 완벽한 프린트를 만들기 위해 사진작가는 밤을 지새는 경우가 많았다. 그리고 눈으로 확인하기 어려운 미세한 먼지가 어느새 인화 과정에서 이미지의 일부로 나타나는 경우가 종종 있어서 먼지와의 싸움이 암실 작업에 많은 시간을 소모하게 만든다. 하지만 먼지와의 싸움은 이제는 컴퓨터 소프트웨어로 사진 이미지 편집을 통해 간단하게 처리할 수 있다. 완벽한 사진 인화를 위해 아날로그 암실에서 장시간 서서 하던 작업은 밝은 공간에서 의자에 편히 앉아 하는 디지털 작업으로 변모하여 신체적으로 편안함을 주었고, 시간의 막대한 효율성을 가져왔다.

넷째, 디지털 카메라가 우리의 생활에 빨리 정착한 이유는, 일단 카메라의 사용법이 간단하고, 카메라 가격이 상대적으로 매우 저렴하기 때문이다. 이제 카메라는 더 이상 특정인의 소유물이 아니라 대중의 일상용품이 되었다. 휴대폰, 컴퓨터, 태블릿 등 각종 모바일 전자제품에 카메라가 장착되면서 사진은 많은 이들에게 일상생활의 일부가 되었다. 어린아이부터 노인에 이르기까지, 또한 일반인부터 전문인까지 사진을 손쉽게 촬영할 수 있게 되었다. 사진은 디지털 테크놀로지의 응용과 함께 더 이상 특정인의 전문 영역이 아닌 일반인들이 접할 수 있는 대중적 매체가 되었다. 하지만 디지털 테크놀로지의 발달이 처음부터 완벽했던 것은 아니다. 초기 디지털 프린터는 검은색이 사진 인화지에 잘 재현되지 않아서 많은 시행착오가 따랐다. 초기의 디지털 잉크젯 프린터는 검은색이 인화지에 잘 재현되지 않아 사용자가 소프트웨어를 통해 이미지 편집을 인위적으로 여러 번 하여 검은색을 만들어야 했다. 그러다 보니 아날로그 암실 작업이 더 경제적이라는 의견도 있었다. 디지털 잉크젯 프린터 안을 들여다보면 검은색 잉크가 존재하지 않았다. 우리가 페인팅을 할 때 검은색을 만들기 위해 삼원색을 섞으면 이론적으로 검은색이 나와야 한다. 그러나 실제로는 짙은 갈색이 나온다. 초기의 이런 시행착오를 거친 후에 디지털 잉크젯 프린터는 2000년 초반에 안정된 시스템을 갖추게 되었다. Epson에서 출시한 디지털 잉크젯 프린터가 검은색 잉크를 정확하게 재현한 것이다. 즉, 스캐너, 모니터, 프린터 등을 포함한 디지털 기기들의 안정된 색 재현이 가능해진 것이다. 이렇게 테크놀로지가 빠르게 발달되고 편리해지면서 사진 작업 환경은 아날로그에서 디지털로 그 시스템이 빠르게 전환되었다. 그래서 현재는 C-Print 사용자가 드물고 디지털 프린터가 미술 및 상업 시장을 주도하고 있다. 편집된 사진 이미지는 컴퓨터 모니터로 잉크젯 프린터에 어떻게 나타날지 이미지를 시뮬레이션할 수 있다. 디지털 잉크젯 프린터의 사용법이 간단해지고, 프린트 기계의 비용은 많이 저렴해진 반면, 잉크젯 프린터의 질 또한 많이 향상되었다. 이런 다양한 장점에 의해 전 세계의 사진 관련 산업이 아날로그 환경에서 디지털 환경으로 전환하기 시작했다.

다섯째, 1990년 중반에 미국의 많은 대학이 사진 작업 환경을 아날로그에서 디지털로 전환하기 시작했다. 경제적인 가격의 디지털 카메라가 출시되면서 사진작가들은 편리함과 디지털 이미지 편집이 허용하는 무한한 창작의 가능성을 경험할 수 있게 되었다. 그래서 거의 5~10년 만에 사진작업 환경은 아날로그에서 디지털로 전환되었다. 디지털 카메라는 물론이며 컴퓨터 이미지 편집 소프트웨어, 디지털 필름 스캐너, 디지털 프린터가 사진 작업 환경에 새로운 요소로 등장했다. 디지털 테크놀로지의 급격한 발달이 상업 사진 시장은 물론이고 학교교육 시설이나 교육 내용의 개편을 주도했다. 이러한 디지털 테크놀로지의 갑작스러운 발전으로, 사진 교육에서의 변화가 요구되었다. 세계의 유명 사립 예술대학에서는 일찍이 1980년 중반부터 디지털 기기를 학교 디지털 실험실에 도입하였고, 디지털 기계 개발의 선두 기업들과 함께 사진 전문가의 신형 개발 기기의 사용 경험 사례를 계속 연구하면서 기업과 학교 간의 협력을 20~30년 동안 꾸준히 쌓았다. 뉴욕의 스쿨 오브 비주얼 아트(School of Visual Arts)나 파슨스 디자인스쿨(Parsons The New School for Design) 석사과정에서는 일찍이 디지털 사진 교육을 1980년대부터 실시하였다. 초창기의 기술적 미비함을 실제 학교 사진 디지털 실험실에서 과감하게 실습하면서 보완했다. 필자가 대학원에서 사진을 공부했던 스쿨 오브 비주얼 아트도 디지털 잉크젯 프린터를 초창기에 도입하였다. 그 당시에 컴퓨터 모니터 디스플레이 캘리브레이션(computer monitor display calibration) 개발 회사 스파이더(Spyder)의 상업성 테스트가 학교 사진 실험실에서 이루어졌다. 지금은 디스플레이 캘리브레이션이 정확하게 잘 이루어져 디지털 실험실에 꼭 있어야할 도구이지만, 초기 실험 단계에서는 많은 실수가 발생했다. 디지털 프린터도 마찬가지였다. 많은 시행착오가 발생했고, 그 당시에는 아날로그 방식과 비교했을 때 시간과 비용이 더 많이 소모되기도 했다.

디지털 카메라의 사용이 보편화됨에 따라 이런 사진 작업 환경의 변화를 굳이 이전의 아날로그 식에 맞추어 학생에게 완벽한 싱글 프레임 촬영을 강요하기보다는, 또한 굳이 사진이라는 영역을 교과 활동에 강요하기보다는, 학생의 아이디어를 앞세워 사진을 어떻게 그들의 예술 활동 표현에 응용할 수 있는지를 모색하는 것이 바람직하다고 본다. 이러한 디지털 환경에서 사진작가는 더 이상 사진을 찍는 것이 아니라 사진을 만든다고 한다. 그 당시에는 대학에서 가르치는 강의 내용이 아날로그 방식에 기반을 두어, 디지털 환경에서의 강의 내용 계발이 절실히 요구되었다. 디지털 테크놀로지가 주는 무한한 가능성은 작가로서도 매력이었고, 사진을 배우고자 하는 학생에게는 마땅히 배워야 하는 과제였다. 사실 필자 역시 아날로그 공간에서 배우고, 작업하고, 그렇게 가르쳐 왔기 때문에 디지털 공간으로의 전환은 부담스러운 일이었다. 그러나 디지털 사진은 학생들에게 곧 다가올 현실이었다. 이는 단지 디지털 기계를 사용하는 방법을 알고 컴퓨터 소프트웨어 테크닉을 익히는 것이 아니라, 디지털 도구가 제공하는 무한한 창의성에 대해 생각해 보는 것이다.

사진의 예술적 가치

19세기에 카메라가 발명된 이후, 화가의 그림에만 익숙해져 있던 그 당시 사람들에게 그림과는 비교할 수 없을 만큼의 정교한 세부 묘사를 보여 주는 사진은 그야말로 신기한 발명품이었다. 그 후로부터 사진은 사실성과 진실성을 재현해 주는 매체로 인식되었다. 또한 그러한 장점을 이용한 사진은 보도성을 위한 신문이나 잡지, 사실성 기록을 위한 경찰 문서의 증거 자료, 그리고 사실 대조의 수단으로 법정에서 증거물로 받아들여졌다. 사실성과 진실성이라는 전제하에 감상자는 사진을 이해하고 사진의 가치와 의미를 받아들였다. 그리고 일반인의 생활 속에서 사진은 특별한 날 그리고 특별한 기억을 위해 남기는 가족사진 또는 기념사진으로 자리 잡았다. 일반인은 그런 특별하고 소중한 추억을 담은 사진을 전문 사진가에게서 촬영했고, 사진가의 숙련된 손으로 완벽하게 인화된 사진은 장기간 보존을 위해 액자에 넣어 벽에 걸렸다. 그래서 카메라 발명 초기의 사진은 기계적 산물이라는 생각이 내재했으며, 사실을 기록하고 기억하기 위한 수단에 국한했다.

1900년 초기에 미국의 제이콥 리스(Jacob Riss)는 뉴욕 시 맨해튼 최초 이민자들의 극빈한 생활을 기록했고, 루이스 하인(Lewis Hine)은 아동의 노동 착취에 대한 진실을 사진으로 기록했으며, 그들의 사진은 그 당시 사회를 변화시켰다. 이런 역사적·사실적 사진은 1930년대에 경제공항으로 피폐화된 미국의 농촌 문제 해결을 위해서도 활약했다. 미국 정부는 농업안전관리국을 설치하고 자료부를 두어 농촌의 실상을 사진으로 기록하는 작업을 전개했다. 이 프로젝트에 참여했던 작가로는 도로시 랑(Dorothy Lange), 워커 이반스(Walker Evans), 고든 파크(Gordon Park) 등이 있다. 이들은 생생한 자료적인 사실을 통하여 정책을 입안한다는 측면과 현장 사진 기록을 국민에게 알림으로써 문제 해결을 모색했다.

사진을 인간의 감성을 표현하는 데 응용하여 예술 활동의 도구로 인식하고 개인의 표현 방법이나 다양하고 섬세한 표현 방법을 개발하고 연구하는 것 역시 사진작가들에 의해 서서히 이루어졌다. 카메라를 예술적 도구로 이용하는 예술가는 같은 기계로 촬영하지만 그런 기계적 제약 속에도 어떻게 사물을 관찰하고 무엇을 주제로 촬영하느냐에 따라서 사진이 작가의 생각이나 의도를 반영한다고 믿었다. 사진의 예술적 가치를 널리 알리는 데 기여한 인물로 미국에서는 사진작가 알프레드 스티글리츠(Alfred Stieglitz)를 손꼽는다. 미국 뉴저지 출생인 그는 부유한 가정에 태어나 독일에서 공학을 공부했고, 1900년 초기에 미국 뉴욕으로 돌아와서 공학도의 길을 가기보다는 예술을 선택했다. 그는 뉴욕 시 5번가에 '갤러리 291'을 설립하고 유럽 모더니즘 작가들을 미국에 처음으로 소개하는 데 주력했다. 이처럼 그는 유럽의 유명 작가들을 미국에 소개시킨 장본인이기도 하다. 그가 큐레이터한 '갤러리 291'의 전시는 유럽의 모더니즘 회화나 조소 작가들, 즉 파블로 피카소(Pablo Picasso), 오귀스트 로댕(Auguste Rodin) 그리고 콘스탄틴 브랑쿠시(Constantin Brancusi) 등의 회화나 조소 작품을 사진 작품과 나란히 한 공간에서 전시하였다. 그럼으로써 전시를 보는 대중에게 사진의 예술적 가치를 회화나 조소와 같은 맥락에서 인식시키도록 구성했다. 스티글리츠 외에도 사진의 예술적·개인적 감성을 드러내는 작업을 한 작가로는 만 레이(Man Ray), 앙드레 케르테즈(Andre Kertesz), 조지 브라사이(George Brassaï) 그리고 에드워드 웨스턴(Edward Weston)을 꼽는다. 이들은 그 시대의 역사적 사건·사고 현장의 기록자도, 참여자도, 관찰자도 아니었다. 이들은 사진을 통해 예술적 열망으로 독특하고 참신한 시각적 언어를 찾기 위해 노력했다. 특별한 사건을 찍은 것은 아니지만 일상생활의 모습이나 그들 개개인의 생활을 찍은 사진은 당시의 사회문화적인 단면을 반영하는 결과물이다. 이 시기는 진보적인 예술가들이 사진을 새로운 표현 매체로 인식하고 그 표현 가능성을 실험하던 때이기도 하다.

이런 많은 작가들의 작업에 대한 사진의 예술적 가치 인정은

1960년 초에 시작되었다고 볼 수 있다. 미국 알바니에 위치한 뉴욕 주립 미술관은 1960년 초기에 사진의 예술성을 인정하여 미술관 예산으로 최초로 사진 작품을 미술관 소장품으로 구매했다. 그리고 1961년 영국에서는 처음으로 순수예술 사진학회가 설립되어 사진의 순수 예술성을 인정하고 인간의 감정과 상상에 바탕을 둔 사진 작업의 중요성을 인정하고 그런 예술 행위 활동을 지지했다. 사진이 예술 작품으로 인정받고, 예술 작품으로 미술관에서 전시 및 소장품으로 인정되기까지에는 많은 이들의 노력이 있었다. 그래서 한때는 사진을 매체로 하는 작가들이 대형 페인팅 작품 사이즈가 주는 효과를 노리기 위해서 대형 사진을 시도하기도 했다. 이들은 1970년대에 컬러 사진이 상업화되고 대중에게 손쉽게 다가왔을 때, 기존의 가정의 벽에 걸어 두는 액자용 작은 사진이라는 틀을 깨기 위해서 사진 한 장의 크기가 1미터 이상인 거대한 사진 인화를 시도했다. 이것은 사진이 단지 잡지나 신문에서만 사실을 증명하기 위한 수단으로 사용되는 것이 아니라, 갤러리나 미술관, 즉 미적 감상을 전제로 하는 공간에서 소개되면서 사진이 가지는 예술성을 강조하는 기회가 되었다. 아날로그 C-print는 여전히 사진의 사이즈가 정형화되어 있지만, 반면에 디지털 프린터는 그런 인화지 크기의 제한이 없어졌다. 컨템포러리 디지털 사진작가들은 디테일을 더더욱 정교하게 묘사하고 프린트의 크기 또한 4미터까지 만든다. 이러한 작가의 예로는 이탈리아의 마시모 비탈리(Massimo Vitali), 캐나다의 제프 쿤스(Jeff Koons), 독일의 안드레

아스 구르스키(Andreas Gursky)를 손꼽을 수 있다. 이러한 작가들은 작품을 만드는 과정 속에서도 작품을 위한 전시 공간의 선택, 그리고 전시 디스플레이 방법 등을 다양하게 고려해서 사진의 예술성을 강조하려 하였고, 그럼으로써 사진의 예술적 가치가 창조되었다.

사진은 여러 관계자들의 손을 거치면서 사실 증거 제시를 위한 도구에서 예술적 도구로 인정되었다. 1990년 중반부터 시작된 디지털 테크놀로지의 발달로 아날로그에서 디지털로 사진 작업 환경이 바뀜에 따라 사진 촬영 방식, 편집 및 인화 과정이 변화하였고, 이에 따라 사진에 관한 가치의 변화가 다시 제기되었다. 사진은 디지털 시대에 다시 태어났다고 했다(Lipkin, 2005). 컴퓨터 소프트웨어의 급격한 발달은 사진을 손쉽게 편집할 수 있도록 여건을 만들어 주었다. 사진이 가지던 고유의 개념, 즉 하나의 프레임으로 한순간 그리고 한 장면을 순간 포착하여 사진을 촬영하는 방식에서 벗어나기 시작했다. 물감으로 그림을 그리듯이 사진도 빛으로 그림을 그린다고 표현한다. 이렇게 빛으로 그림을 그린다는 표현은 사진을 인화할 때 암실에서 빛의 양을 조절하여 적절한 양의 노출 그리고 빛의 대비를 찾아내는 데 있었다. 사진작가들은 사진 편집을 이용하여 여러 장의 장면을 합성하여 하나의 장면인 것처럼 사실적으로 표현할 수 있게 되었다. 아날로그 사진은 촬영부터 사진 인화 및 편집이 매우 까다로워서 사진이 사실을 그대로 반영한다고 여겨져 왔으나, 디지털 사진에서는 여러 장소에서 다른 시간에 일어난 장면의 일부를 합성하여 하나의 사진인 것처럼 보일 수가 있다. 이런 테크놀로지의 발달은 사진작가에게 또 다른 방식으로의 사진 매체를 탐구할 수 있는 무한한 영감을 주었다. 사진은 더 이상 사실을 관찰, 기록 및 기억하는 것에 제한되지 않고, 가상의 세계를 작가의 임의대로 표현할 수 있는 도구가 되었다. 이와 같은 사진 작업 환경의 변화는 사진 교육자에게 사진의 기본 원리와 역사, 그리고 사진이 가지는 원래의 가치를 인식하는 데 대해 다시 생각하게 한다.

창의적 디지털 사진 수업

디지털 사진은 2000년대 초기부터 많은 대학교육에서 정착했다. 하지만 그 당시에 사진교육자들은 디지털 소프트웨어를 배워가면서 학생들에게 가르쳤다. 디지털 테크닉도 그 기본 원리는 아날로그 사진에서 출발했기에 이해는 빨랐지만, 그 당시에 디지털 도구를 사용해서 아날로그 수준의 심도 있는 작업을 하고 학생을 가르치기에는 상당한 실수와 연구가 뒤따라야 했다. 여기서는 사진이 디지털 시대에 어떻게 창의적인 예술 활동 도구로 사용할 수 있는지를 지난 10년 동안 대학에서 사진을 가르친 필자의 경험을 토대로 창의적인 디지털 사진의 예를 소개한다.

2005년 싱가포르 난양테크놀로지대학교에 부임한 이후, 필자는 제일 먼저 '디지털 암실' 강좌를 만들었다. 이 강좌는 사진을 전공하는 학생은 반드시 수강해야 하는 필수 과목이며, 4년제 대학과정에서 교양 수업의 일부로 수강하기도 한다. 교양 강좌로 이수하는 학생들 대부분은 미술교육을 중·고등학교에서 받은 적이 없는 학생들이다. 사진을 난생 처음 접해 보는 학생도 더러 있으나 호기심에 배우기를 원하는 학생들이 대부분이다. 이런 학생들에게 13주(강의 시간은 39시간) 수업을 통해 카메라의 기능을 이해시키고, 컴퓨터 소프트웨어로 이미지를 편집하는 방법 그리고 파인아트 갤러리 전시 수준급의 프린트를 할 수 있도록 실기 수업의 형태로 가르친다. 무엇보다도 중요한 것은, 이런 기술적인 지식 전달 과정 속에서 진정으로 중요한 사진을 예술의 형태로 이해하고, 사진과 친숙해지며, 사진 작업을 위해 개인적으로 의미 있는 주제를 찾아내고, 그런 사진을 창작할 수 있도록 도와주는 것이다. 흔히 쉽게 지적되는 디지털 사진 수업에 대한 비평은 디지털 사진 강의가 포토샵 소프트웨어 사용법 전달에 그치는 경우다. 지도 강사로서의 목표는 학생에게 이 강좌가 포토샵 수업으로 전락하지 않고, 각 학생 자신의 아이디어를 창출해 낼 수 있고, 사진이라는 매체를 통해서 보고 이해하고, 또 다른 자신만의 표현 방법을 제시하는 것이다.

수업은 총 13주로 이루어지고, 학생 수는 20명이었다. 디지털 실험실에는 컴퓨터, 스캐너, 프린터, LCD 프로젝트 등을 설치했다. 처음 6주 수업은 디지털 작업 공간과 자연스럽게 친숙해질 수 있도록 수업 내용 및 과제를 준비한다. 시중에 나와 있는 이미지 편집 소프트웨어는 다양하고 전문화되어 있다. 이런 소프트웨어 중 사진작가들이 가장 흔히 사용하는 것은 라이트룸(Lightroom)이나 포토샵(Photoshop)이다. 라이트룸은 대량으로 이미지를 촬영하고 편집하는 경우 유용하고, 포토샵은 파일 사이즈가 크거나 고도의 부분 수정이 필요할 때 많이 이용된다. 이 강좌에서는 누구나 흔히 접할 수 있고 창작의 범위가 넓은 포토샵을 이용한다. 학생들의 선행 학습은 천차만별이다. 포토샵에 대한 많은 훈련을 쌓은 학생이 가끔 있는가 하면, 포토샵 소프트웨어 자체를 들어 본 적이 없는 학생도 있다. 선행 학습이 각기 다른 이런 학생들을 되도록 빠른 시일 내에 테크닉이나 테크놀로지의 사용에서 비슷한 수준으로 맞추는 것이 학기 초반의 목표다. 학생들이 비슷한 수준으로 디지털 사진 작업 환경을 이해하게 되면, 그다음의 과제는 학생 개개인의 관심사를 찾아내어 사진과의 연결을 시도하는 것이다.

사진 복구 작업

'디지털 암실' 강의 중 먼저 다루는 주제는 손실된 오래된 사진의 복구 작업(photo restoration)이다. 학생들에게 집에서 가족 앨범 중 가장 손상이 많이 된 사진들을 가져오게 한다. 증조할머니와 증조할아버지의 결혼식 사진, 아버지의 어린 시절 돌 사진, 50년도 더 지난 대 가족 모임 사진 등 각 가정의 역사가 보이는 사진들이 대부분이다. 가끔 100년도 더 된 흑백사진을 가져오기도 한다. 수십 년 동안 종이 상자에 보관되었던 사진들은 상자와 함께 누렇게 바래 있기도 하고, 어떤 사진은 다른 사진들과 겹겹이 붙어 있고 찢어져 있기도 하다. 싱가포르의 경우, 동남아시아의 습한 기후 때문에 사진의 한 귀퉁이에 곰팡이가 서식하고 있기도 한다. 그런 사진들을 모두 큰 탁자 위에 올려놓고 학생들과 함께 보면서 누구의 사진인지 그 사진 뒤에 숨어 있는 이야기가 무엇인지를 나눈다.

필자에게는 학생들이 가져온 오래된 사진과 학생들 개개인의 배경이 동남아시아 지역의 문화, 역사, 정치적 상황을 배우는 기회가 되었다. 학생들은 외국인 지도교수인 필자에게 자신들의 역사를 가르치고 나누느라 즐거워하였고, 그런 과정에서 자신이 가져온 사진 한 장 한 장이 얼마나 소중한 자료인지 스스로 인식하는 계기가 되었다. 사진에는 식민지 시대에 네덜란드인과 결혼한 인도네시아인도 있었고, 중국인으로 태어난 어머니가 어릴 때 무슬림 가정에 입양되어 무슬림 여인이 되었으며 따라서 학생 자신도 자연히 무슬림이 된 이야기도 담겨 있었다. 50년 전 싱가포르가 말레이시아에서 독립할 당시의 정치적 풍경 사진, 페라나칸 가정의 음식·패션·문화 등 사진 속에 나타난 아주 세밀한 부분으로 학생들과 지역의 역사를 배운다. 이러한 대화 과정에서 학생들은 사진의 중요성을 인식한다. 오래된 사진을 보며 역사적 사건과 비교해 보고, 그 당시에 입고 있는 의상을 보며 다문화적·복합문화적 영향을 논의한다. 학생들은 집단 토론을 하며 사진의 역사가 단순히 사진사 교재에만 있는 것이 아니고 개개인의 가족사진 속에서도 찾을 수 있다는 것을 인식하게 된다. 그리고 더 나아가 사진의 시초, 카메라의 발명과 더불어 보도성·진실성 추구에 국한되어 온 사진 영역을 모던 컨템포러리 미술 영역에 응용할 수 있는지에 대해서 토론한다.

그러고 나서 학생들과 사진을 어떻게 복구할지에 대해 논한다. 처음부터 서둘러 테크닉을 가르치는 것은 각 학생에게 생겨 난 호기심을 잠재우는 것 같아서 학생들이 보는 관점에서 수정하고 싶은 것이 무엇인지, 어떻게 복구하고 싶은지 머릿속으로 상상해 보게 한다. 대부분의 학생들은 빛바랜 사진에서 사라져 가는 인물의 얼굴에 집착한다. 어떤 경우에는 한쪽 얼굴이 찢어져서 없어져 다른 한 부분만 남아 있다. 어떤 사진은 곰팡이가 사진 전체를 덮고 있어 하얀 눈이 내린 듯하다. 그런 사진들의 얼굴을 복구하고, 눈 내린 하얀 점들을 컴퓨터 소프트웨어를 이용하여 시간과 노력을 감안하여 효율적으로 없애는 방법을 모색한다. 처음부터 방법을 제시하고 암기하게 하기보다, 우선 손상된 사진을 보면서 고쳐야 할 부분을 자세히 하나하나 찾아낸다. 그다음 단계로 손상된 부분을 어떻게 고쳐야 할지를 모색한다. 그리고 손상된 부분에 대한 복구가 현실적으로 가능한지, 어떠한 순서로 진행할 것인지, 어느 정도의 시간이 걸릴 것인지 생각해 보도록 한다. 그래서 가장 효율적인 방법을 택하도록 한다.

이와 같이 집단 토론 후에 생각을 정리한 다음, 학생들이 가져온 사진을 플랫베드(flatbed)로 스캔(scan)하여 사진을 디지털 파일로 전환한다. 많은 모든 사람들이 고도로 정밀화된 플랫베드 스캐너를 사용하지만, 대부분의 사용자는 자동 모드로 사용한다. 대학 수업은 전문인 교육을 목적으로 하는 것이므로 디지털 기계 관련 지식 정보를 상세히 설명한다. 예를 들면, 파일 사이즈와 프린트 사이즈의 연관, 컬러 스페이스(color space)나 비트 인포메이션(예: 8bit vs.16bit)이 사진의 컬러에 미치는 영향, 파일 저장 포맷(예: Jpeg vs. Tiff) 등이다. 테크놀로지에 대한 이런 기본 지식을 설명하고 어떠한 작업 환경에서 어떠한 효과가 나타나는지 예를 들어 보여 준다. 디지털 테크놀로지에 관한 많은 지식을 전달하기보다는, 학생들과 함께 이미지를 만들고 이론과 실제 상황을 비교해 보며 차이점과 연관성을 설명하는 것이 효과적이다. 자칫 잘못하면 디지털 사진 수업이 디지털 테크닉 수업으로 진행되는 경우가 있다. 그래서 테크닉을 가르치기에 앞서 항상 사진을 자세히 관찰하고, 학생으로 하여금 사진을 촬영했을 당시의 기억을 떠올려 보게 한다. 그런 감성을 기억하면서 어떤 테크닉을 사용해서 사진을 복원할지 생각하게 한다. 먼저, 그 사진을 찍었던 그 순간을 상상해 보게 한다. 그런 다음 사진에서 제일 주요한 부분을 찾아 보게 하고, 다른 부속적인 세부 사항을 어떻게 살리고 싶은지 생각해 보도록 한다.

　가장 흔한 사진 복구 작업의 하나는 사진 속 인물의 얼굴이 손상된 경우, 인물 얼굴 위에 누군가 낙서한 자국이 남아 있는 경우다. 컬러사진인 경우에는 사진 촬영 당시 빛이 새어 들어가 사진 일부분의 색 채널이 파괴되어 있기도 하다. 얼굴에 그려진 색연필 낙서 자국은 지우려고 하기보다는 색 채널 분석으로 다시 복원하는 방법이 효과적이다. 일반적으로, 사진의 노출 그리고 빛의 대비를 교정하고, 부분적인 세부 교정은 편집 테크닉의 예를 보이며 수정하도록 설명한다. 디테일이 전혀 없는 부분은 새로 그림을 그리듯 만들어야 하고, 디테일이 있으나 손상이 있는 부분은 그 손상된 부분만 제거하도록 연구한다. 그리고 단계적으로 따라야 할 효율적인 단계를 생각해 보도록 토론을 유도한다. 이렇게 테크닉이 어떤 때에 적합하다는 것을 알기 위해서는 많은 지식을 쌓고 경험이 기초되어야 한다. 사진을 처음 접하는 학생에게 이런 판단력을 바로 기대하는 것은 무리다. 그래서 한 주당 3시간 강의에 적절한 강의 내용 분량을 테크놀로지 관련 지식, 소프트웨어 사진 편집 테크닉 그리고 창의적인 사용 가능성에 분배한다. 무엇보다도 중요한 것은 각 학생이 사진 창작 활동을 하면서 즐거움을 느끼고, 창작 활동에 의미를 찾는 것이다. 그리고 나서 사진이 가지고 있는 사실성, 진실성 및 역사성을 배우고, 카메라 사용법 등 컴퓨터 소프트웨어 테크놀로지를 배우는 것이다. 하지만 피할 수 없는 사실 중의 하나는 그러한 테크놀로지를 이용하는 방법을 전혀 무시하고는 창의적 활동을 할 수 없다는 것이다. 그래서 이 수업에서는 50%는 사진 관련 테크놀로지에 관한 지식을 배우고, 나머지 50%는 학생 개개인의 사진 아이디어에 관해 발표 및 토론한다.

핀 홀 카메라

사진 강좌를 처음으로 수강하는 학생들에게 카메라 구조의 기초적인 이해를 돕기 위해서 핀 홀 카메라(Pin Hole Camera)를 예를 들어 설명한다. 간단하게, 학생들에게 우리가 앉아 있는 강의실을 아주 크고 검은 상자, 즉 우리가 카메라 속에 앉아 있다고 상상하라고 한다. 그런 다음 입구 문을 바라보며 조리개, 렌즈에 비유한다. 문은 두 가지의 역할을 한다. 문을 활짝 열어 놓으면 빛이 많이 들어오고, 문을 조금만 열어 놓으면 적은 양의 빛이 들어온다. 열린 문의 폭이 같게 하여 문을 오래 열어 놓으면 많은 양의 빛이 들어오지만, 조금 열어 놓으면 적은 양의 빛이 들어온다. 그런 검은 상자 속에 사진 인화지를 넣고 조그마한 크기의 구멍을 뚫으면 간단한 카메라가 형성된다고 설명한다. 이런 원리를 이용하면 누구나 쉽게 카메라를 만들 수 있다. 신발 상자, 알루미늄캔, 시리얼 박스 등 다양한 생활용품을 사용하여 카메라를 만들 수 있다. 우선 안을 검은색 페인트로 칠한다. 캔은 뚜껑을 꼭 닫고, 상자는 네 면을 테이프로 감아서 빛이 새어드는 것을 방지한다. 바늘이나 날카로운 송곳으로 뚫은 구멍은 조리개의 역할을 하게 된다. 그리고 핀 홀 카메라를 만들 때에 인화지를 끼워 넣었다 뺄 수 있어야 한다.

이런 간단한 원리에 관심을 가진 빅터 구이(Victor Gui)라는 학생은 이런 아이디어를 더 깊이 적용해 목공소에서 나무를 사용하여 두껍게 핀 홀 카메라를 제작하였다. 빅터는 핀 홀 카메라를 사람들의 왕래가 많은 공공장소에 설치했다. 짧게는 10분에서 길게는 48시간의 연속 노출을 시도했다. 노출 시간의 차이는 사진을 찍는 공간의 빛의 양에 의해서 결정된다. 적정한 양의 빛을 측정하기 위해서는 계속적인 실험이 요구되었다. 처음에는 약 5시간으로 보고 노출을 시도하였으나 노출량이 터무니없이 부족해서 10시간으로 늘어지고 다시 20시간 노출로, 그리고 마지막으로 24시간 노출로 이어졌다. 그렇게 실험하는 동안 수백 명의 사람들이 오가는 학교 구내식당, 학교 도서관, 호텔 연회장, 공공 주차장의 사진들에서 사람의 흔적은 다 사라지고 오로지 움직이지 않는 식당의 인테리어, 고정된 테이블만이 사진 속에 남았다. 이런 실험 과정 속에서, 빅터는 장시간의 노출이 보여 준 사진의 재미있는 점을 발견하였고, 그런 점을 이용하여 사진과 시간 개념의 한계에 질문을 던지는 계기가 되었다. 흔히 개념 사진은 작가의 아이디어가 먼저 성립된 후에 촬영 계획에 따라 그에 상응하는 주제, 시간 그리고 공간을 정해서 실행한다고 생각하지만, 사진을 처음 경험하는 학생은 사진 작업 과정 속에서 아이디어를 얻기도 한다. 빅터의 경우는 핀 홀 카메라의 실험적인 면에 막연한 매력을 느껴 시작했으나, 왜 그리고 무엇을 주제로 촬영할지에 대해서는 불분명했다. 초기에 이곳저곳 많은 장소에서 사진을 촬영하다가, 어느 날 그는 학교 구내식당에서 장시간 촬영한 사진을 보며 수백 명의 사람들이 그의 렌즈 앞을 지나갔음에도 불구하고 사람의 움직임이 남지 않은 핀 홀 사진의 특이함을 느꼈다. 만약에 그가 사진의 기술적 완벽을 추구했다면 그의 카메라는 움직이는 사물이 없는 곳에 놓여야 했다. 하지만 그가 작업한 구내식당 사진을 보며, 자신의 사진 속에서 "멈추어진 시간과 흘러간 시간을 한 장면에 담을 수 있어서 만족스러웠다"고 했다. 사진은 한순간을 멈출 수는 있지만, 비디오 영상 작업처럼 흘러 가는 시간을 담을 수는 없는 매체였다. 빅터는 흘러가는 시간을 담을 수 없는 사진이 갖는 그런 한계에 도전하는 것에서 즐거움을 느꼈다.

빅터는 핀 홀 카메라 작업을 하면서 단순히 핀 홀 카메라가 주는 미적 효과에 관심을 부여한 것이 아니라, 사진작업을 통하여 사진 속에서의 시간개념을 다시 생각해 보고 그 한계에 도전하는 실험을 했다. 그가 디자인한 핀 홀 카메라에는 A4 크기의 인화지가 들어갈 수 있다. 독일 작가 베라 루터(Vera Lutter)는 이삿짐 컨테이너를 핀 홀 카메라로 만들어 촬영했다. 그래서 거기에 들어가는 인화지의 크기도 컨테이너의 크기만큼이나 크다. 빅터는 그런 작은 카메라가 제약하는 사진 크기의 제약을 디지털 후반 작업으로 극복했다. A4 크기의 인화지에 노출된 전경을 아날로그 암실에서 인화하고, 그렇게 해서 만들어진 젤라틴 실버 프린트를 다시 플랫베드 스캐너로 디지털 작업하여 그가 원하는 대로 사진의 흑백의 대비(contrast)를 높여서 부분적 디테일을 살렸다. 또한 픽셀수를 컴퓨터 소프트웨어로 늘려서 다시 디지털 프린터로 출력해서 자신이 원하는 크기로 프린트했다. 빅터는 아날로그 카메라의 미적 감성을 핀 홀 카메라로 얻고, 아날로그 사진 작업 환경에서

Victor Gui (2013). 〈Untitled 3〉. Archival inkjet prints, 38×47.5cm

불가능하지만 디지털 테크놀로지를 사용함으로써 많은 시간과 노력의 소모를 줄였다.

이런 개념 사진(conceptual photo)은 작가가 사진이나 다양한 예술 활동을 넘나들며 재료를 자유로이 이용할 수 있을 때 효과적으로 이루어질 수 있다. 이와 같이 예술적 언어를 자유롭게 구사할 수 있도록 학생들에게 기본 원리를 전달하여 이해시키고, 원리를 이용해서 실험성 있는 작품을 유도한다. 그래서 학생 개개인이 실험을 통해서 자연스럽게 발견할 수 있는 기회를 만든다. 이러한 과정에서는 실패도 따를 수 있다. 하지만 수업 프로젝트 하나만을 성공으로 이끌려는 노력보다는, 특히 사진을 처음 시작하는 학생들에게 사진 작업에서 필수로 알아야 할 원리를 이해하도록 하는 것이 중요하다. 그리고 단순히 한 강좌를 수강하는 20명의 학생이 다 일률적인 실험을 하는 것이 아니라 개인의 관심사에 맞는 프로젝트를 찾을 수 있도록 과제의 범위를 넓게 준다. 그럼으로써 스스로 연구하고 탐구할 수 있도록 한다. 이 과정에서 충분한 시간을 주는 것이 중요하고, 지속적인 집단 토론도 중요하다. 교수자는 집단 토론을 통해서 서로 연구의 진행 사항과 결과를 나누고 도움을 주는 환경을 이끄는 것이 중요하다.

플랫베드 스캐너

사진을 처음 접하는 학생들에게 완벽한 노출을 위해 디지털 카메라 사용법에 능숙하기를 요구하는 것은 적절하지 않다고 본다. 사진과 교수라고 해서 모든 종류의 카메라를 다 알고 기계를 능숙하게 다루지는 않는다. 카메라는 단지 실제 이미지를 기록하는 도구일 뿐이라는 생각에, 대부분의 교수들도 자신에게 필요한 기종 그리고 필요한 사용법만 알고 있다. 그래서 학생들에게 시장에 나와 있는 많은 종류의 카메라에 대한 설명을 하지는 않는다. 수강 신청한 모두가 대학생인 만큼 설명서를 보면 이해할 것이라고 보고, 단지 학교에 비치된 기본적인 카메라의 사용법만 설명한다. 그래서 사진 촬영을 능숙하게 하기를 요구하기보다는, 이름을 모르는 작가 그리고 낯선 작품을 보면서도 사진 작품과의 대화가 가능할 수 있도록 미적 감성 계발과 이해력을 높이는 데 중점을 둔다. 이러한 능력은 사고능력이지 사진촬영을 잘할 수 있다고 자연히 향상되는 것이 아니다.

이런 문제를 생각하는 과정에서 플랫베드 스캐너, 슈퍼마켓용 바코드, 크레딧 카드 앞면에 숨겨진 홀로그램 등 다양한 이미지를 머릿속에 떠오르게 하여 사진의 영역이 단지 완벽한 아름다움을 담는 것이 아니라 실제 눈으로 보이는 이미지, 그리고 사람의 눈이 보고 인식하는 한계를 넘어서 빛을 통해 존재하는 모든 이미지를 캡쳐할 수 있는 연상을 하도록 유도한다. 이렇게 함으로써 단지 카메라로 무언가를 찍는다는 범위를 넘어서 다양한 종류의 의료기계(예: X-ray, MRI 장비), 공항 입국 시에 모든 승객이 거쳐 가야 하는 터미널 스크리닝 그리고 레이저(Laser) 등 빛의 다양성을 이용하여 이미지를 캡쳐함으로써 디지털 데이트로 변형시키는 방향으로 유도한다. 쉽게 나온 아이디어는, 사무실에서 많이 사용하는 복사기나 디지털 플랫베드 스캐너를 사용해서 문서를 그대로 복사하는 방식이다.

인도네시아의 사진작가 앙키 푸르반도노(Angki Purbandono)는

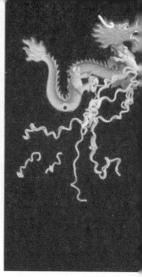

일상 생활용품을 아름답고 고귀하게 나타내기 위해서 조명을 설
치하여 스튜디오에서 정물화로 촬영한다. 앙키는 플랫베드 스캐
너로 작업을 한다. 앙키의 스캐노그피(scanography) 프로젝트의 출
발은 재미있다. 십수 년 전 앙키와 함께 살았던 그의 룸메이트는
도서관 사서였다. 그 룸메이트의 일은 오래된 문서를 디지털 스캐
너로 입력하는 것이었다. 그런 문서의 보존이 사실성을 보존하기
위한 기록을 목적으로 한다고 이해하였고, 앙키는 사진 본래의 특
성도 사실성 기록에 의미를 두었다. 그래서 앙키는 그의 룸메이트
가 하는 행동을 따라 그에게 중요했던 일상 물건들, 칫솔, 장난감,
라면 등을 스캐너 위에 올려서 디지털 이미지를 모았다. 한편으로
는 어린아이 장난 같지만, 그의 실험은 사진은 꼭 카메라로 촬영
해야 한다는 기존의 틀을 깼다. 그의 실험적이고 장난기 섞인 행

동이 그만의 사진 세계인 스캐노그라피를 만들게 했다. 기술적으로 완벽한 사진을 만들려고 노력하기보다 사진 이미지의 중요성에 간단히 질문을 던지고 그런 논리를 전제로 새로운 작업을 만들어 낸 것이다.

HDR 테크닉과 창의성

가끔 수업 초기부터 유난히 모든 과목에 완벽을 추구하는 우수 학생을 만날 수 있다. 필자가 가르치는 '디지털 암실' 강좌에서도 예외는 아니었다. 사라 추(Sarah Choo)라는 학생이 기억에 남는다. 과제를 내주고 집단 토론을 하면 사라는 언제나 먼저 손들고 발표하였고, 또한 다른 학생들의 의견을 소중히 듣는 모범 학생이었다. 이런 학생이 강좌에 들어오면 다른 학생들에게도 자극이 되고, 3시간이 금방 지나간다. 한 번은 수업 내용의 일부로 HDR(High Dynamic Range)을 설명하는 기회가 있었다. 쉽게 말하면, HDR은 동일한 사물을 노출량을 다르게 하여 찍은 후에 컴퓨터 소프트웨어로 합성하는 기법이다. 이렇게 노출을 다르게 하면서 촬영하는 방식은 사람의 눈이 인식하는 모든 디테일을 하나도 빠짐없이 사진에 담고자 하는 작가의 의도에서 시작한다. 사람의 눈은 매우 정밀해서 아주 어두운 곳의 디테일과 아주 밝은 곳의 디테일을 모두 인식할 수 있으나, 디지털 카메라는 사람의 눈이 인식하는 만큼의 디테일을 모두 재현할 수 없다. 그래서 사진작가는 프레임

속에 들어온 모든 부분의 디테일을 재현하고자 HDR 기법을 종종 이용한다. 사진을 촬영하기 전에 카메라를 삼각대에 고정하고 기본적으로 노출을 3회 실시한다. 적정 노출은 그 프레임에서 중간 밝기 부분의 디테일에 맞추도록 한다. 첫 번째 노출은 프레임 내에서 가장 중요한 부분의 디테일에 맞추어 노출량을 결정하는 것이다. 두 번째 노출은 어두운 부분에 있는 디테일이 기록되는 데 중점을 두고, 마지막으로 세 번째 노출은 밝은 부분 디테일이 기록되는 데 중점을 둔다.

이렇게 HDR에 대해 설명을 해 주면 학생들은 대부분 단순히 설명에 따라 노출 2스톱(stop)이나 3스톱을 주어 디테일에만 집중하여 사진 과제를 제출한다. 자칫 일률적인 사진작업이 되는 우려도 있었다. 그러나 가끔씩 학생들은 이런 테크닉을 마음껏 테스트하는 과정에서 뜻하지 않게 재미있는 작품을 만들기도 한다. 사라가 제출한 사진은 어딘가 초현실적인 느낌이 났다. 자세히 보니 노출 스톱 간격을 한 스톱씩 준 것이 아니라 더 세분해서 1/3스톱씩 주었고, 사라는 노출의 범위를 넓혀서 8~10장의 노출을 한 후에 10장의 이미지를 다 합성하였다. 사라가 촬영한 장소는 그녀의 집 뒷동산 숲 속 풍경이었다. 일단 여러 장의 파일을 컴퓨터 소프트웨어를 사용해서 합성하였고, 싱가포르의 녹색 숲은 색감 교정을 통해 가을의 전경으로 바뀌었다. 일단 프린트를 한 후에 전체 학생들과 사진을 보며 각기 제출한 사진이 각 개인에게 주는 의미를 발표한다. 그리고 HDR 방식이 작품을 만드는 과정에 어떻게

그림 3-3

Sarah Choo (2012). 〈The Searching Spirit II〉. Archival Inkjet Print, 45×60cm

도움이 되었는지를 토론한다.

　사라의 작업 과정을 예로 들면, 전체 학생들은 사라에게 숲 속 이미지가 어떤 이야기를 들려줄 것 같지만, 그 사진 속에는 뚜렷하게 사람들의 일상을 연결할 수 있는 증거가 부족하다고 했다. 토론 후에 사라는 그 작업을 계속 진행했다. 그 숲 속 사진은 새로운 다른 사진의 배경으로 사용되었고, 그녀는 스튜디오에서 미니어처 가구를 수집하고, 드레스를 이용하여 장면을 연출했다. 사라의 경우에는 사진 작품의 아이디어가 미리 초기에 정해진 것이 아니라 이미지를 만드는 과정에서 서서히 아이디어를 발견하고 발전시켰다고 볼 수 있다. 컴퓨터 소프트웨어를 사용해서 새로운 이미지 편집 테크닉을 배우고, 그럼으로써 카메라를 사용해서 촬영한 이미지가 단지 기계가 제한하는 일률적인 이미지 창출이 아니라 개인의 감성에 따라 얼마든지 다양한 표현이 가능하다는 것을 배운다. 새로운 테크닉을 배운다는 것은 테크닉 그 자체를 아는 것으로 그쳐서는 안 된다. 진정한 배움 그리고 창의적인 사진 테크닉의 사용은, 그렇게 배운 테크닉의 자유로운 실험 응용으로 새로운 미적 감성을 자유롭게 표현할 수 있고, 학생 개인의 이야기(narrative)를 담아내는 틀이 될 때 비로소 이루어진다.

파노라마 테크닉과 내레이션 표현

아날로그 카메라를 사용할 때에는 파노라마 사진(Panoramic Photo)을 만들기 위해서는 파노라마 카메라를 구입해야만 가능했다. 하지만 디지털 사진기를 이용하면 카메라 자체에 의존하지 않고 기존의 카메라로 여러 장의 사진을 찍고, 컴퓨터 소프트웨어로 후반 작업을 하여 파노라마 사진을 만들 수 있게 되었다. 파노라마 사진은 카메라를 돌리면서 사진을 몇 장으로 나누어 촬영을 한

다음, 옆으로 길게 이어 붙여 한눈에 볼 수 있게 만드는 촬영 방법이다. 그래서 풍경 사진을 찍는 작가들이 많이 선호한다. 파노라마 사진은 여러 장의 사진, 다시 말하면 여러 순간의 모습 등을 담아서 컴퓨터 소프트웨어로 합성하여 여러 결정적 순간들을 나타내는 방법으로 사용된다. 이와 같은 기법을 캐나다 사진작가 제프월(Jeff Wall)의 작업에서 찾을 수 있고, 동양 미술사에서는 벽화에서 종종 볼 수 있다. 이런 파노라마 포맷의 작품들은 보통 추상적인 형상을 다루기보다 내러티브, 즉 이야기를 담는다.

파노라마 사진은 사진을 길게 여러 장으로 연결함으로써 벽화처럼 내러티브를 담아낼 수 있다. 사진은 원래 사실성에 근거하므로, 작가는 보는 순간을 포착해서 바로 주제를 인식하고 구도를 순간적으로 잡는다. 눈으로 보는 것과 카메라의 뷰파인더를 통해서 자신의 프레임에 포함될 장면과 아닌 것을 순간적으로 결정한다. 그래서 프랑스 출신 유명 사진작가 앙리 까르띠에 브레송(Henri Cartier Bresson)은 '결정적 순간'이라는 명언을 남겼다. 그의 작업도 일상적인 리얼리티를 잘 반영하고 순간의 장면을 절묘하게 담아냈다. 이런 식의 포토저널리즘 또는 다큐멘터리 사진은 사진작가에게 카메라를 능숙하게 다루는 기술적인 숙련을 요구한다. 그래서 촬영하기 전에 사전 계획이 필요하고, 작가는 이런 점을 사진 촬영 과정에 고려한다. 그래서 아날로그 방식에서는 사진 한 장에 작가가 의도한 바를 담아내는 것에 중점을 둔다. 하지만 디지털 사진은 촬영 방식에서부터 접근이 많이 달라져서 이러한 순발력이 요구되는 촬영에 의존하기보다는, 여러 장의 사진을 합성하고 재구성함으로써 가상이나 상상을 통하여 사진을 표현하기에 적합한 매체로 다시 태어났다.

　디지털 카메라로 같은 사물을 놓고 촬영하면 천편일률적으로 같은 이미지가 생성된다. 사진작가로서의 도전은 같은 사물을 촬영하면서 다른 방법으로 어떻게 창의적으로 표현할 수 있는가에 있다. 특히, 요즘처럼 카메라가 잘 발달되어 자동 모드에 고정하고 촬영하면 거의 모든 사람이 사진기법에 대한 이해 없이도 노출이 잘된 사진을 얻을 수 있다. 그래서 '디지털 암실' 수업의 과제는 새로운 방법으로 어떻게 사진 이미지를 창작하는지에 중점을 둔다. 카메라 기술이 고도로 발달하여 실수 없이 적정 노출된 사진을 만들 수 있는 장점이 있지만, 이런 기계화되고 정형화된 디지털 환경에서 새로운 이미지, 나만의 이미지를 창작하고자 하는 사진작가는 고민을 하게 된다. 사진 작품은 작가가 자기의 아이디어를 신빙성 있게 표현할 수 있을 때에만 비로소 인정된다. 그래서 파노라마 사진을 만들 수 있는 기법이 중요한 것이 아니라 그런 사진 만들기 기법을 이용해서 어떠한 표현을 할 수 있는지가 중요하다. 사진이나 모든 미술 활동에서 완벽한 이미지를 만들려고 주력하기보다는 새로운 이미지 창작을 위해서 실험, 해체 그리고 재구성하는 것이 중요하다. 파노라마 사진이 어떻게 형성되는지 기법을 가르쳐 주기 이전에 학생들과 집단 토론을 통해서 파노라마 기법이 주는 가능성에 관해 토론해 본다.

디지털 암실 수업의 일부로 파노라마 사진을 학생들에게 설명하고, 그들 나름대로 파노라마 포맷을 잘 이용한 사진 만들기 과제를 낸다. 여러 장 찍은 사진을 연결해야 하기 때문에, 촬영 시에 카메라 노출을 어떻게 고정해야 하며, 사진 한 장 한 장 겹치는 부분이 어느 정도 되어야 할지에 대해서 미리 주의를 준다. 그리고 여러 장 찍은 사진들을 어떻게 이미지 편집을 하는지, 즉 어떻게 픽셀인포메이션을 하나하나 접속하는지를 컴퓨터 영상으로 보여준다. 이러한 과정을 통해 학생들은 서서히 파노라마 사진을 만드는 과정에서 주의해야 할 사항을 익히게 되고, 그러한 과정에서 어떠한 주제로 사진을 만들 것인지에 대해 생각하는 기회를 갖게 된다.

필자의 수업 중에 유진 서(Eugene Soh)라는 싱가포르 학생은 파노라마 사진 기법을 이용하여 최후의 만찬을 싱가포르 환경에 맞게 구현했다. 유진은 이 과제로 세계 여러 나라가 참여한 국제전에서 인정을 받았으며, 얼마 전 UOB 은행에서 그의 작품을 구매했다.

유진은 처음에 자신이 사는 학생 기숙사 방에서 자신의 모습을 촬영하였으나, 이미지 편집 과정에서 여러 장의 사진을 연결하는 데 어려움을 겪었다. 그래서 촬영 장소를 야외로 정했고, 그가 선택한 곳은 싱가포르의 유명한 노천식당인 호커 센터(hawker center)였다. 그는 싱가포르의 전형적인 일상생활을 촬영하기를 원했고, 싱가포르인 모두가 흔히 일상에서 이용하는 호커 센터는 그

Eugene Soh (2010). 〈The Last Kopitiamon Canvas〉. Print on Canvas,
230×140cm

의 아이디어에 적합한 장소였다. 유진은 정밀한 촬영을 위해서 카
메라를 삼각대 위에 설치하고 여러 시간에 걸쳐 오고 가는 사람들
을 보고, 그가 상상한 캐릭터를 가진 인물이 보이면 사진 촬영에
협조해 줄 것을 요구했다. 유진은 파노라마 기법을 응용해서 한 사
람 한 사람 따로 찍은 16장의 사진을 컴퓨터 이미지 편집을 통해
합성했다. 사진 속에 나타난 인물들은 서로를 모르고 각기 따로 촬
영한 사진이지만, 이 사진을 처음 접하는 감상자는 마치 이 사진이
한날 한시에 같은 장소에서 일어나는 것으로 착각하게 된다.

　이러한 촬영 방법은 이중 노출 방식과 비슷하다고 볼 수 있다.

이중 노출(double exposure)은 서로 다른 두 개의 장면을 한 장의 필름에 중첩시켜 포착하는 사진 기법으로, 사진작가들이 자신의 사진에 특별한 내러티브를 더하기 위해 즐겨 사용해 왔다. 카메라 안에 들어 있는 필름을 한 번 노출하고 나서 감아야 하는 것이 보통의 촬영 방식이나, 이중 노출은 노출된 필름 위에 다시 한 번 이미지를 노출하는 것이다. 이렇게 두 번 이상 노출하면 다중 노출이라고 설명한다. 이런 필요한 부분을 합성해서 작가가 의도하는 작품을 만드는 방식은 아날로그 사진 촬영 방식에서도 존재하였으나 이미지를 편집하는 과정에서 시간 소모가 많았고, 또한 사진 인화가 끝날 때까지 어떠한 이미지가 생성될지 너무 실험적인 요소들이 강했다. 디지털 사진 촬영과 편집은 그런 사진 작업 과정을 사진 작업이 끝날 때까지 기다리지 않고 과정 속에서 눈으로 확인하면서 시정할 수 있는 장점이 있다. 디지털 테크놀로지의 발달은 사진작가에게 기존의 사진틀을 깨고 창의적으로 사진을 촬영하기보다 사진을 그려 나가고 만들어 가는 기회를 제공한다.

이미지 기반 학습

'디지털 암실' 사진 강좌를 수강하는 학생들의 대부분은 공과대학이나 경영대학 학생들이다. 이 사진 수업은 그들의 삶에서 처음이자 마지막인 미술교육의 기회일 수도 있다. 그런 점을 고려해 보면, 사진을 어떻게 잘 촬영하느냐 혹은 사진 편집 테크닉을 얼마나 더 배우느냐가 중요한 것이 아니라, 이런 기회를 이용하여 그들이 학교 졸업 후에도 지속적인 문화·예술 생활의 가치를 소중히 여기고 지속할 수 있도록 흥미와 관심을 일깨워 주는 것이 중요하다. 그러므로 이론적인 중요성을 배우기보다 실질적인 미적 경험을 가지는 것이 더 바람직하다. 사진을 직접 촬영하고 편집하고 프린트하여 자기가 생각하는 이상의 성과를 만들었을 때 느끼는 기쁨을 경험하는 것이 중요하다. 그런 미적 경험은 새로운 지식을 얻고, 다른 사람의 작품을 감상할 수 있고, 그리고 개개인의 관심을 반영하는 주제를 찾아서 표현하는 과정에서 생긴다.

대부분 학생들의 관심사는 어떤 사진이 좋은 사진인지 그리고 어떻게 그런 사진을 만들 수 있는지 촬영 방법을 알고자 하는 것이다. 학생들은 질적인 사진 평가 방법이나 사진 촬영 기법이 정해져 있다고 생각한다. 기본적으로 쌓아야 할 지식은 마땅히 바탕이 되어야 하지만, 촬영 기술이 숙련되고 사진 편집 테크닉을 많이 안다고 해서 결코 좋은 사진을 창작하는 것은 아니다. 작가의 지적 사고능력과 섬세한 감성이 어우러져 새롭고 신선한 작업이 만들어진다. 디지털 암실 수업에서 학생들에게 '내가 생각하는 아름다움'을 표현하는 사진 촬영 과제를 내준다. 학생들은 종종 싱가포르의 정경은 인공적으로 획일화되어 있고 변화가 없다고 불평을 했고, 그래서 사진 촬영에 한계가 있다고 덧붙였다. 그럼에도 불구하고 대부분의 학생들이 싱가포르의 제일 관광지인 마리나 베이 샌즈(Marina Bay Sands), 가든스 바이 더 베이(Gardens by the Bay), 보타닉 가든(Botanic Garden) 등 주로 관광 명소를 촬영해서 온다. 학생들에게 한 사람씩 간단하게 자신이 생각하는 '아름다움'에 대한 생각을 나누게 하면, 모든 학생들은 공통적으로 "싱가포르를 대표하는 아름다운 풍경이라서……."라고 답한다. 이런 학생들이 과제로 해 온 사진을 강의실 벽에 걸어 놓고 학생들과 함께 보면서 각기 사진이 주는 느낌, 작가의 원래 의도, 그리고 그 작품을 보는 감상자가 어떻게 이해하고 느끼는지에 대해 자연스럽게 대화한다. 이런 토론 방식을 대학 미술교육에서는 스튜디오 비평(studio critique)이라 한다. 학생들은 스튜디오 비평을 통해서 자신들이 제출한 일괄적인 관광 명소 사진이 개인적 표현력이 부족하고 외적으로 완벽한 사진 촬영 주제였다는 것을 발견한다. 그런 사진들은 기술적으로 완벽하고 외형적 아름다움을 재현한 효과는 있으나 관중은 그런 사진들에서 작가 개인의 의도나 표현력을 알 수 없다는 것을 알게 된다. 학생들끼리 과제로 해 온 사진을 보고 대화를 나눔으로써 사진을 창작 활동의 도구로 어떻게 사용할지 아이디어를 얻어 간다.

학생들과 '아름다움'에 관한 기준, 즉 미적 가치의 기준, 변화, 그리고 의미에 대해 대화를 나눈다. 대화에서는 이미지 편집을 통해서 멋지고 새롭게 단장하려는 의도가 보였다. 어떻게 생각하면, 그런 학생들의 반응은 옳다. 싱가포르는 미국이나 유럽처럼 국토가 넓어서 대륙 횡단을 시도하며 바뀌는 풍경을 촬영할 수도 없고 동북아시아처럼 사계절이 있는 것도 아니라서 계절의 변화도 경험할 수 없다. 하지만 몇몇 학생들은 창의적인 촬영 방법을 사용함으로써 자신의 상상에 의한 싱가포르 풍경을 나타내기 시작했다. 대화와 토론을 통해서 학생 개인이 사진을 통해 표현하고자 하는 주제를 학생의 생활 주변에서 찾도록 도와주고, 어떤 부분이 사진 작업의 주제로 적합한지에 대해 토론해 본다. 사진 작업에서 중요한 점은 '사진을 통해 무엇을 표현하려고 하는가?' 그리고 '사진을 얼마나 자유롭게 표현할 수 있는가?' 등이다. 다른 모든 예술 활동과 마찬가지로, 사진은 작가의 의도, 개인의 생각과 느낌을 어떻게 창의적으로 표현했는지가 중요하지, 어떠한 테크닉을 사용했는지는 중요하지 않다.

미술교육에서는 테크닉을 제시하기보다 문제 해결 능력을 키워주는 것이 강조되어야 한다. 문제 해결 능력을 키우기 위해서는 문제를 파악하는 능력이 앞서야 한다. 사진을 보고 어떤 부분이 어떻게 잘못 되었는지를 파악할 수 있는 능력을 갖추어야 한다. 그러므로 바로 컴퓨터 앞에 앉아 소프트웨어를 열어 사진 편집 테크닉을 설명하기보다는, 학생들과 사진을 보며 토론하고 어떻게 수정할지 생각해 보는 토론의 기회를 만들어 주어야 한다. 그런 토론을 통해서 학생들은 사람마다 미적 감성이 다르다는 것을 인식하게 된다. 그리고 사진 편집 테크닉을 일률적으로 사용할 것이 아니라 개인의 의도에 따라 응용하는 방식이 다르다는 것을 알게 된다. 사진 촬영, 필름 현상 및 인화를 위한 테크닉이 별개의 문제가 아니라, 이런 테크닉을 각 작가가 응용해서 만든 사진이 주는 감성이 다르다는 것을 알게 된다. 그리고 단지 사진을 어떻게 만들었느냐가 중요한 것이 아니라 사진 작업 과정에서 작가의 의도와 테크닉의 연관성을 파악하고, 또한 완성된 사진을 보며 관중이 어떻게 받아들이며 사진의 의미를 파악하는지, 대중과 어떠한 면에서 감성적·지성적으로 연결할 수 있는지에 있다.

집단 토론을 주도할 때에는 우선 한두 가지 포인트를 머릿속에 정리하고 대화를 이끌어 가는 것이 중요하다. 그리고 학생들의 토론에서 그들이 수업 과제를 어떻게 이해하고 받아들이는지를 자세히 들어 보는 것도 중요하다. 학생들에게 한 가지의 같은 과제를 내주어도 학생들은 각기 다양하게 그 과제의 내용을 이해하고 시행한다. 그런 다양한 결과는 결국 학생들의 다양한 의견을 반영하는 것이다. '아름다움'에 관한 정의를 떠올릴 때, 대부분의 학생들은 개인의 입장은 생각하지 않고 막연히 모든 사람이 공감할 거라고 생각하는 외형적인 아름다움을 떠올린다. 그래서 외형의 아름다움을 강조하는 사진을 계속 촬영하게 되고, 그러는 과정에서 작가는 왜 그 이미지가 자신에게 있는지에 대한 사실을 잊게 된다. 그런 외형적인 강조는, 아름다움은 언뜻 시선을 끌기는 하지만 그 사진을 촬영한 작가의 내면적 의도, 그와의 연관성 등을 알기에는 부족한 경우가 있다. 그런 개인적 의미 부여 없이는 사진은 예술 작품으로서 의미를 잃게 되고 그저 사실을 기록한 이미지에 불과하게 된다. 사실을 그대로 사진에 담기보다도 사실에 근거하여 미지의 세계를 상상해 보고 자신의 의도대로 표현하는 것도 사진 활동의 일부다. 어떤 학생은 사진을 사실성에 근거하여 진실을 나타내어야 한다고 믿고 있고, 또 다른 학생은 사진을 창작의 수단으로 여기고 이미지 편집 테크닉을 이용하거나 자신이 설치한 정경을 촬영하여 예술적 요소를 강조하기도 한다. 카메라를 예술 활동의 한 도구로 생각하면 된다. 화가는 물감으로 자신이 의도한 대로 그림을 그린다. 카메라를 손에 쥐고 있는 작가도 자신이 표현하고자 하는 것을 카메라를 이용해 촬영하면 된다.

사진 수업 과정에서는 아이디어가 먼저 있어야 촬영을 실시하는 경우도 있고, 사진을 만들어 가는 과정에서 새로운 아이디어가 계속 떠오르는 경우도 있다. 사라의 경우, 그녀의 끊임없는 실험 정신이 새롭고 창의적인 이미지 만들기의 원동력이었다. 그녀는 새로운 테크닉을 배우고 그런 테크닉을 이용해서 자신의 작업 주제에 응용하려는 의지가 뚜렷했다. 사진이나 테크놀로지를 이용한 수업에서는 지식의 습득과 창작 표현 활동이 동시에 이루어져야 한다. 학생들은 최근의 고도화된 테크놀로지에 대한 정보 그리고 연구적 배경에 관한 지식을 수업을 통해서나 연구 프로젝트에 참여함으로써 지식과 정보를 얻게 된다. 하지만 최종 목표는 최신 테크놀로지를 이용해서 어떠한 의미 있는 작품을 만들어 내느냐에 달려 있다. 최근에는 촬영한 사진을 단지 편집하는 데 그치지 않고 사진을 인터넷 공간에서 찾아서 재구성하거나, 구글 이미지(google image)로 실시간 일어나는 사건을 관찰하면서 촬영하여 작품을 만든다. 또한 정지된 순간을 포착하는 것이 사진이지만, 디지털 카메라에 내장되어 있는 비디오 영상 기능을 살려 사진의 일부 배경이 움직이도록 조작하기도 한다. 물론 이런 사진은 모니터에 보인다. 테크놀로지의 개발 그리고 작가들의 끊임없는 연구에 의해서 사진 창작 활동의 영역은 한없이 넓어지고 있다. 한걸음 더 나아가, 예술작가들의 새로운 테크놀로지의 응용이 또 다른 원동력이 되어 다른 학문 분야 연구에 도움이 되면 이상적일 것이다.

디지털 시대에 급속히 바뀌고 향상하는 테크놀로지를 등한시한 채 디지털 미디어나 디지털 사진 작업을 하는 것은 일단 일을 효율적으로 진행할 수 없다. 그리고 예술 활동도 타 학문 연구와 같이 새로운 것을 창출하고 연구하여 학문의 영역을 넓히는 데 그 목적이 있다. 그러기 위해서는 타 학문과의 끊임없는 교류가 필요하다. 작가는 테크놀로지를 배우는 것이 목적이 아니라, 21세기를 사는 주도자로서 우리의 현재 디지털 환경에 맞게 예술 표현 활동을 하며, 자신의 아이디어를 어떻게 잘 표현하는 데 있다.

4

디지털아트와 문화정체성:
재미 현대작가의
작품을 통한 이해

송보림

테크놀로지의 발전과 함께 사람들이 자신을 바라보는 시각, 즉 문화정체성과 그와 관련된 담론들도 끊임없이 변해 왔다. 미술교육 역시 이 변화에 신속하게 반응하고 발전해 왔으며, 디지털 테크놀로지는 현대 미술교육계의 중요한 재료이자 도구가 되었다. 디지털아트가 담은 현재의 문화와 문화정체성은 오늘날 미술교육계에 어떤 의미를 지니고 있는가? 디지털 테크놀로지를 미술교육에 활용함에 있어, 이는 더 이상 컴퓨터의 새로운 역할과 가능성에 기대기보다는 좀 더 비평적이고 자아성찰적인 관점으로 다가가야 한다. 이는 학생이 컴퓨터를 통해 얻을 수 있는 미술 학습 효과를 깊이 있게 고찰하기 위해서다. 다양한 방향성과 깊이 있는 주제를 가지고 테크놀로지를 활용하는 미술교육 방법론을 논하는 시도의 하나로서, 이 장에서는 디지털아트 안에서 이해되고 새롭게 해석될 수 있는 문화정체성에 대해 다루고자 한다.

컴퓨터 테크놀로지를 미술 작업에 활발히 활용하는 재미 현대

작가인 김신일과 정순옥의 작품활동을 살펴봄으로써 현대의 다양한 기술을 미술에 적극적으로 끌어들인 미술 창작에서 문화정체성이 어떻게 이해되는지 고찰한다. 또한 시시각각으로 변화하는 학생들의 문화적 경험을 위한 미술교육 교육과정 개발에 이 주제가 어떤 의의를 주는지에 대해 논하고자 한다.

디지털아트와 문화정체성

테크놀로지의 발전과 함께 급속하게 변해 온 현대 디지털아트의 위치는 특별하다. 새로운 기술과 도구가 사회와 사람의 다양한 면을 반영하고 또한 새로운 문화의 영역을 창조해 왔다. 미술교육자들은 1980년대 초부터 미술교육을 위한 컴퓨터의 활용에 대해 연구해 왔다(DiBlasio, 1983; Ettinger, 1988; Husdon, 1985; Perry-Wilson, 1988; Sontag, 1987). 특히 최근 10년 동안은 이 주제에 관한 논문의 수가 급격히 증가하였고, 그 내용과 깊이 면에서도 큰 발전을 보여 줬다. 이는 미술교육자들이 디지털 테크놀로지를 미술교육에 활용함에 있어서 더 이상 컴퓨터의 새로운 역할과 가능성에 기대지 않고 좀 더 비평적이고 자아성찰적인 관점으로 다가가고 있다는 것을 의미한다(Burnett, 2004; Feedman, 2003; Garorian, 2002; Goodman, 1996; Levy & Weber, 2011; Stokrocki, 2002; Unrath & Mudd, 2011). 터클(S. Turkle)에 따르면, 컴퓨터는 우리의 생각과 꿈을 반영하는 새로운 재료이자 이 사회를 들여다보는 유리 같은 역할을 한다(Turkle, 1995). 컴퓨터를 이용해 미술 작업을 하는 미술가와 학생도 예외는 아니다. 학생들의 컴퓨터 미술 작업에 관한 연구를 한 프리드먼(K. Freedman)은 학생들의 문화정체성과 민족성에 따라 테크놀로지의 경험 역시 달라진다고 밝혔다. 지금의 문화는 다양한 문화정체성이 서로 혼합되고 지속적으로 영향을 주고받는 과정에서 변화하고 발전한다(Freedman, 2003).

현대사회에서 테크놀로지가 문화를 변화시키고 새로운 정체성을 드러나게 한다는 점을 생각할 때, 디지털아트 작업 과정 안에서 예술가의 문화정체성은 어떻게 형성되고 해석될 수 있을까? 이 질문의 답을 찾기 위한 한 방법으로, 미국 뉴욕에서 활동 중인 두 명의 우리나라 작가의 작품을 고찰해 보고자 한다. 김신일과 정순옥은 우리나라에서 태어나고 성장하였으며, 1990년대에 대학원 과정을 위해 미국으로 이주한 후 지금까지 꾸준히 뉴욕에서 작업하고 있는 현대작가들이다. 이들은 비디오, 애니메이션, 디지털 프린트 등 다양한 컴퓨터기술을 활발히 작업에 활용해 왔다.

김신일: 문화적 다양성을 통해 발현하는 미술적 조화를 지향하는 비디오아티스트

김신일은 회화적 감수성을 비디오아트에 놀랍도록 섬세하게 녹여 내는 작가다. 그는 보이는 것과 보이지 않는 것 사이의 미묘한 조화를 찾음으로써 새로운 의미를 창조하고 특별한 이미지를 만들어 내는데, 이 과정을 컴퓨터 애니메이션과 비디오 작업을 통해 이끌어 낸다. 김신일이 다른 비디오아티스트와 구별되는 점은, 그가 테크놀로지의 현란함보다는 창작자의 호흡과 제스처를 수작업으로 직접 나타낸다는 데 있다. 그의 작품이 가진 또 다른 특징은 절제미다. 김신일은 자신이 찾고 싶은 의미와 개념을 보여 주기 위해 시각적 장애물을 의도적으로 설치함으로써 제한성 안에서 드러나는 시각미를 강조한다. 이 때문에 폭스(C. Fox)와 같은 미술평론가들은 김신일을 비디오아티스트나 디지털아티스트라기보다는 개념미술가로 불러야 한다고 주장하기도 한다(Fox, 2005). 실제로 그는 다양한 철학 이론에 관심이 많아, 불교나 서구 현대 철학자의 이론에 직접 영향을 받은 작품을 많이 창작하기도 했다. 하지만 미니멀리즘 계열의 타 작품들이 갖는 성향과는 달리, 김신일의 작품에는 관람자의 흥미를 즉시 불러일으키는 시각적 힘이 있다. 이는 그의 작업이 감상자에게 이미 익숙한 이미지를 새롭고 창의적으로 보여 주기 때문일 수 있다. 그의 작품에서는 로댕(Auguste Rodin)의 〈생각하는 사람〉 같은 유명한 미술 작품, TV 등의 대중 매체에서 흔히 보이는 이미지, 또한 무언가를 바라보고 문을 열고 손을 씻는 등의 일상적인 동작들이 작가의 특별한 시각적·기술적 필터를 통해 재현되고 재창조된다. 이처럼 감상자의 일상 경험과 과거의 기억, 그리고 작품 사이에 개인적인 연결고리를 효과적으로

그림 4-1

김신일(2004). 〈Invisible Masterpiece〉. 비디오 프로젝터, DVD.

만들 수 있는 능력은 김신일이 작가로서 가진 큰 힘 중 하나다.

우리나라의 문화와 미국의 문화를 모두 경험하며 살아온 김신일이 자신의 문화정체성을 어떻게 이해하고 그 이해가 어떻게 작품 안에서 발현되는지 알아보기 위해 그와 대화를 나눴다(Song, 2008). 그는 정체성이란 단지 과거의 역사와 전통 문화에만 의존하여 형성되는 것이 아니라, 과거, 현재 그리고 가능하다면 미래까지 포함하는 맥락에서 폭넓게 이해되어야 한다고 주장했다. 즉, 정체성은 시간이 흐름에 따라 계속 변화하고 발전한다는 것이다. 김신일은 문화정체성의 진화를 테크놀로지의 등장과 연결시켰다. 특히 인터넷의 발달로 세계화가 급속히 추진되고 국가 간의 문화적·철학적 경계가 허물어진 것에 주목했다. 테크놀로지를 적극 활용하는 디지털아트 안에서 이해되는 문화정체성에서 이 특징이

김신일(2003). 〈Invisible Masterpiece〉([그림 4-1]의 밑바탕이 된 이미지). 종이에 옮겨진 비디오 이미지, 26×40inches.

크게 드러난다. 다양한 문화가 공존하며 성장하는 과정에서 혼합된 문화 가치를 바탕으로 하는 새로운 문화정체성이 생성된다는 것이다. 밑바탕에는 항상 과거로부터 이어진 전통적 문화와 개념이 깔려 있기 때문에, 김신일은 디지털아트가 과거, 현재 그리고 미래가 서로 문화적 가치를 끊임없이 주고받는 과정을 잘 보여 준다고 믿었다.

또한 비디오 작업 과정 중에 스스로의 문화정체성에 대해 생각하는가에 대해, 미술 창작을 통해 자신의 관심 분야의 깊이를 더하고 확장하고 싶기 때문에 자기 발견의 여정 안에서 문화정체성은 굉장히 자연스럽게 드러난다고 설명했다. 즉, 문화정체성을 작품 안에 일부러 드러내려는 노력을 하지는 않는다. 하지만 작품을 창작하는 과정에서 자신의 생각과 테크놀로지 그리고 시각적 결과물 사이에서 계속 되새김질하는 상호작용 안에서 자신을 둘러싼 문화, 그리고 문화 안에서 살아나는 정체성이 유기적으로 발현된다는 것이다. 그런데 김신일은 우리나라의 문화 가치를 깊게 이해하는 작가이기 때문에, 자신의 비디오 작업에서는 동양과 서양의 문화적 가치가 계속 혼합되며 서로 섞이는 과정에서 새로운 문화정체성이 작가의 손끝에서 창조된다고 설명했다.

정순옥: 회화작가의 수작업과 호흡을 극대화해 보여 주기 위해 활용하는 디지털 도구

또 다른 재미 현대작가인 정순옥은 조금 다른 방식으로 미술 창작에 컴퓨터를 활용한다. 드로잉 작업을 바탕으로 해서 비디오 애니메이션을 만들어 내는 김신일에 비해, 정순옥은 주로 캔버스를 바탕으로 하는 회화 이미지를 만드는 과정에서 다양한 디지털 도구를 사용한다. 흥미롭게도, 컴퓨터와의 만남은 그의 화가로서의 정체성 형성에 큰 영향을 미쳤다.

1990년대에 우리나라에서의 공무원 생활을 청산하고 뉴욕으로 가서 미술가로서의 새로운 인생을 시작한 정순옥은 대학원 학업을 하며 사용하게 된 컴퓨터에 처음에는 큰 두려움을 느꼈다 (Song, 2008). 잭슨 폴록(Jackson Pollock)과 추상표현주의에 크게 영향을 받은 그녀는 남성 중심의 사회에서 겪은 개인적 경험을 추상적 이미지를 통해 표현하려고 노력 중이었는데, 특히 '선'의 표현에 중점을 두었다. 사회 안에서 이해되는 개인적 존재와 가족

정순옥(2006). 〈Internal Landscape〉. 믹스미디어 전시 설치.

및 혈연을 통한 관계를 얽히고 설킨 복잡한 선과 그 안에 드러나
는 색으로 표현하고 있던 그녀에게, 컴퓨터와의 조우는 큰 충격이
었다. 동양의 음양사상에서도 개념적으로 영향받았던 정순옥은
자신의 내적 우주를 시각적으로 표현하기 위해 다양한 선 구조를
만들었다. 또한 테크놀로지에 의해 변화하는 사회에 반응하는 개

인적인 경험을 통해 선 구조가 더욱 복잡한 거미줄 같은 모습으로 변하고 튜브 같은 형태가 새롭게 등장했다고 설명했다. 이 과정에서 현대사회의 면면뿐만 아니라 미래 사회에 대한 호기심과 두려움을 작품 안에서 함께 녹이는 노력도 하게 되었다.

뉴욕에서 경험한 새로운 테크놀로지는 정순옥 작품의 개념과 주제뿐만 아니라 회화를 창작하는 과정과 재료도 변화하게 만들었다. 캔버스, 유화, 아크릴 등의 전통적 재료로 주로 작업하던 정순옥이 좀 더 기계적인 이미지를 위해 금속과 플렉시글라스 등의 재료를 함께 사용하게 된 이유다. 컴퓨터를 두려워하던 뉴욕 생활의 시작점과 대조적으로, 그녀는 복잡 다단한 형태와 선으로 이루어진 드로잉과 유화 작업에서 태블릿 펜과 포토샵 소프트웨어를 적극적으로 활용하는 디지털아티스트로 변화했다. 전통 회화에 대한 애정을 지니고 테크놀로지의 가능성을 빨리 이해한 작가의 시각에서, 정순옥은 자신만이 만들어 낼 수 있는 특별한 이미지를 창조해 냈다. 이 변화에는 전통 사회에서 시작해 디지털 중심의 세계화 사회로 가는 과도기에서 겪은 개인적 경험이 단단하게 녹아 있다.

정순옥은 자신의 작업에 특별히 '한국적'인 상징 이미지가 드러나지는 않지만, 최근의 미래적이고 유기적인 이미지에 집중하는 작품에 이르기까지 경험한 예술적 여정의 시작점에는 우리나라의 고유 문화와 사회의 경험을 통한 '정체성'이 있었다고 밝혔다. 그 시작점에서 지금까지 진행된 미술적 경험은 '변화'라는 개념으로

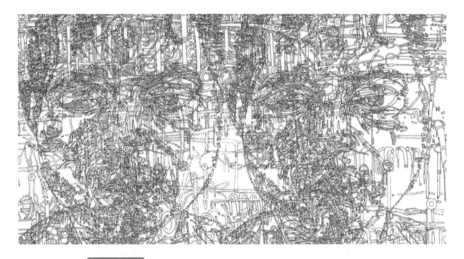

정순옥(2005). 〈Chemical Response: Evolving Emotion by Conflicted Cell〉. 90×165inches, 믹스미디어.

설명되는데, 이는 사회의 변화, 문화의 변화 그리고 테크놀로지의 발달과 세계화를 통한 현대사회와 미술계의 변화다. 이러한 변화는 우리나라나 미국이라는 국가적 경계를 바탕으로 설명할 수 없는, 혼합 문화와 혼재된 문화적 가치를 생성시켰다. 그래서 정순옥은 자신의 작품이 전통적인 국가적·지역적·문화적 경계를 넘어서야 한다고 의도적으로 계속 생각했다. 자신의 생각과 문화적 가치가 사회 변화를 통해 계속 변해 왔기 때문에, 이 점을 잘 보여 줄 때 예술로서의 진정성이 드러날 수 있다고 믿었기 때문이다. 또한 그 경계를 넘음으로써, 새로운 생각과 표현이 가능한 예술가만이 누릴 수 있는 자유를 얻게 되는 것 같다고 이야기했다.

다양성과 혼합성을 드러내는
새로운 문화정체성의 등장:
현대 미술교육에 대한 의의

　김신일과 정순옥은 작품의 성격과 작가의 내면세계의 성향 면에서 서로 다르다. 하지만 표현의 자유로움을 중시하는 작가로서 바라본 디지털아트 안의 문화정체성을, '혼합성과 다양성을 통해 새롭게 진화하고 형성된 정체성'이라 정의하는 데 의견을 같이했다. 특히 이 두 작가는 서로 다른 국가 간의 문화가 조우하고 섞이는 과정에서 디지털 테크놀로지가 큰 역할을 하고, 문화의 이러한 진화가 디지털아트를 창조하는 작가들에 의해 적극적으로 표현된다고 밝혔다. 이러한 생각은 에커(D. W. Ecker), 밸런지-모리스(C. Ballengee-Morris)와 스터(P. L. Stuhr)가 컴퓨터 사용을 통한 문화와 지역사회의 변화가 미술 창작과 미술교육의 내용과 방법에도 큰 영향을 미친다고 강조한 것과 일맥상통한다(Ballengee-Morris & Stuhr, 2001; Ecker, 1990). 또한 디지털 도구를 사용하는 현대작가들은 전통적 문화 가치와 현대사회의 새로운 문화 현상의 적절한 조화를 시각적으로 보여 주기 위해 노력한다.

　특히 문화의 혼재성은 웹, 소프트웨어, 휴대폰, 앱 등 시시때때로 변해 가는 소셜 미디어의 이용을 통해 더욱 가속화되고 있다. 이 중심에는 오늘을 살고 있는 학생들이 있다. 따라서 현대작가들의 디지털아트 작업은 현대 미술교육 교육과정 개발에 많은 시사점을 제공한다. 새롭고 매력적인 디지털 이미지를 창조하는 과정의 밑바탕에는 전통적 사상과 문화를 중시하고 과거의 가치를 새로운 시각적 방법과 도구를 통해 재해석하고 재창조하려는 노력이 있음을 배우는 학생들은 큰 교훈을 얻을 수 있다. 이것이 현대 작가들의 작품이 초·중·고등학교 미술 수업에 의미 있게 활용될 수 있는 이유다.

'전통'과 '혁신'의 절묘한 조화를 추구하는 현대작가들의 디지털 작업에 대한 이해는 미술교육자들에게도 큰 힘을 실어 줄 수 있다. 디지털아티스트들은 사회적 가치와 문화정체성을 의도적으로 시각화하는 것이 아니라, 자유로운 생각과 미술적 표현을 통해 이 시대의 혼재된 문화를 유기적이고 자연스럽게 보여 준다. 유연한 문화적 진화의 과정은 이론과 실제의 조화를 중시하는 미술교육자들의 교육과정 개발 과정에서 미술교육적으로 의미 있는 '재료'와 '자료'가 될 수 있다. 또한 이 과정을 통해, 버넷(R. Burnett)이 강조한 '테크놀로지를 통해 새롭게 형성되고 이해되는 새 시대의 지역사회'를 앞으로 살아가야 할 이 시대의 아동과 청소년에게 의미 있고 깊이 있는 미술교육을 제공할 수 있을 것이다(Burnett, 2004).

5

다르게 보기: 시각장애 학생과의 미술 활동을 통해 다시 생각해 보는 '본다'는 것의 의미

이 진

2012년 11월, 뉴욕의 '시각장애인을 위한 예술(Art Education for the Blind)' 단체와 메트로폴리탄 미술관(The Metropolitan Museum of Art)이 개최하는 '학습에의 복합감각적 접근'이라는 국제학술대회(Multimodal Approaches to Learning International Conference)에서 기조 연설자였던 오페라 감독 피터 셀러스(Peter Sellars)는 "가장 큰 거짓말은 정상적(normalcy)이라는 단어다."라는 말로 연설을 시작했다. 그의 연설은 모든 사람은 특별(extraordinary)한데, 몸이 불편한 사람을 정상(normal)이나 보통(ordinary)이라는 범주에서 제외함으로써 보통을 우리의 지향점으로 여기도록 하는 이 단어가 이상하지 않느냐는 질문을 내포하고 있다. 또한 셀러스는 장애를 뜻하는 'disability'의 'dis-' 역시 마찬가지의 오해를 야기할 수 있다고 했다. 'dis'라는 접두사는 원래 '멀다' '아니다'와 같은 부정을 만들지만 사실 눈이 안 보이는 것은 다른 종류의 능력(ability)이지 능력이 없다는 말이 아니라는 의미다. 이 학회에서는 시각장애를 결핍이 아니라 오히려 세상을 다른 눈으로 보도록 하는 특별한(extraordinary) 능력(ability)일 수 있다는 점에서 예술과의 관계를 논의하였다.

'사단법인 우리들의 눈1)'의 프로그램은 1996년부터 시각장애 아동·청소년 미술교육을 지원해 왔으며 시각장애를 또 다른 창의적 가능성으로 바라보며 시각장애인에게 미술로 세상과 소통하는 방법과 기회를 제공하고 있다. 이곳에 소속된 티칭 아티스트들은 활발하게 작업하는 미술가들로서 시각장애학생들과 수업도 하면서 '본다'라는 것이 무엇인가 하는 질문을 작품 활동을 통해서도 끊임없이 해 오고 있다. 디지털 미디어의 발달로 시각 정보를 처리하는 방법에 대한 교육의 중요성이 점점 더 중요해지고 있는 이 시점에서 미술 활동의 기본이 되는 '본다(see)'의 의미를 재고해 보는 이유는 시각의 중요성이 점점 더 강조될수록 다른 감각을 통한 인지 활동이 소홀해질 수 있는 현실에서 점점 무뎌질 수 있는 다른 감각들의 계발을 미술교육 현장에서 담당할 수 있다고 믿기 때문이다. 시각 외의 다른 감각을 세상을 읽어 내는 데 적극적으로 활용하는 시각장애 학생들과 미술 수업을 하는 티칭 아티스

---

1) '우리들의 눈'은 시각장애인들과 예술가들이 함께하는 아트 프로그램이다. '본다'라는 것은 과연 무엇인가라는 질문으로 시작하여 시각장애를 또 다른 창의적 가능성으로 바라보며 시각장애인이 미술을 만나는 다양한 기회를 함께 찾아가고 있다. 1996년 충주성모학교 미술워크숍으로 시작하였고, 지난 18년 동안 맹학교에서 정기적 워크숍을 진행하면서 시각장애인이 창조의 주체자로서 미술 활동을 할 수 있는 지속적인 환경을 마련하는 데 노력하고 있다.

5 다르게 보기: 시각장애 학생과의 미술 활동을 통해 다시 생각해 보는 '본다'는 것의 의미

트들과의 대화를 통해 미술교육에서 시각 외의 다른 감각 활용의 중요성과 조금 다른 각도에서 바라본 의미를 짚어 보고, 그에 기반한 미술교육의 또 다른 가능성에 대해서 논의해 보고자 한다.

관람자, 관찰자, 참여자

"시각장애 학생과 시각예술 활동을 한다."라고 말하면 대부분의 사람들은 의문을 갖는다. "눈이 안 보이는데 어떻게 그림을 그리지?" 이 즉각적인 반응을 통해 '시각장애'와 '시각예술'에 대한 우리가 가진 몇몇 편견들을 확인할 수 있다. 첫째, 시각장애인은 보지 못한다. 둘째, 시각예술에서 시각은 절대적이다. 셋째, 전맹, 특히 태어나면서부터 보지 못한 사람은 시각적 요소들을 전혀 이해하지 못하기 때문에 시각예술 활동을 못할 것이다. 이러한 기존의 생각이 우리에게 "시각장애 학생이 그림을 그려?"라는 의문을 즉각적으로 갖게 만든다.

시각장애라고 하면 일반적으로 전맹을 떠올리지만, 사실 법적으로 판명된 시각장애인 중에 85% 정도는 어느 정도 사물을 식별할 수 있는 시각이 있는 정도부터 빛만 겨우 감지할 수 있는 정도 사이의 약시이고, 약 15%의 법적 시각장애인만이 완전히 아무것도 보지 못한다고 한다. 아마도 선천적 전맹은 비율적으로 아주 낮은 정도일 것이다. 시야가 너무 좁거나, 흐리게 보이거나, 점 같은 것들이 시야를 가로막고 있거나, 빛 정도만 구별할 수 있는 정도의 약한 시력이라 하더라도 세상을 어느 정도 시각적으로 지각할 수 있으며, 단지 다소 불편하게, 다르게 볼 뿐이다. 프랑스의 작가이며 정치 운동가인 자크 루세랑(Jacque Lusseyran)이 말한 것처럼, 시각장애는 '시각의 소멸'이 아니라 '변화된 시각'이라 부르는 것이 더 맞을지도 모른다(Lusseyran, 1999). 물론 시각예술에서 시각이 가장 중요한 것은 맞겠지만, 절대적이 아닐 수도 있다고 전제했을 때 시각장애인도 미술을 할 수 있을까? 잘 본다 혹은 제대로 본다는 것은 단순히 시각이나 시력, 관찰력의 문제인 것일까?

세상을 '본다'라고 했을 때, 보는 주체의 자세를 세 가지로 구분해 생각해 볼 수 있다. 이미지를 수동적으로 수용하는 관객으로서 바라보는 관람자(spectator)의 자세, 주변 상황과 특수성을 고려해서 적극적으로 시각적 경험을 이끌어 내는 관찰자(observer)의 자세 (Crary, 1992), 그리고 세 번째로 참여자(participant)로서의 자세 (Dewey, 1934)다. 여기서 관람자는 눈을 통해 들어오는 정보를 수동적으로 받아들여 알고 있는 지식과 연결하는 자세를 가진 관람자를 의미하고, 관찰자는 감각으로 경험한 주관적인 것과 객관적인 외부 세계의 관계를 다시 정의하려는 근대적 주체로서의 관찰자를 의미한다(Crary, 1992). 더 나아가, 미적 경험은 경험이 일어난 순간뿐 아니라, 그후에도 지속적으로 그 사람을 성장시키고 변화시키는데, 이러한 미적 경험은 보는 이가 새로운 경험을 하고 능동적으로 지각에 참여했을 때 만들어진다(Dewey, 1934; Weddington,

2004). 이런 경우에 그 학습자를 적극적인 참여자라고 부를 수 있을 것이다(Dewey, 1934). 시각장애인이 미술을 한다고 할 때 필자는 여기서 보는 주체를 단순한 관람자가 아닌 관찰자와 참여자의 역할이 강화된 보는 이로 상정하고 논의를 한다. 파울 클레(Paul Klee)는 "예술은 보이는 것을 만들어 내는 것이 아니다. 우리가 보게 만드는 것이다."(Klee, 1920)[2]라고 정의를 내렸는데, 이때 첫 번째 문장의 '본다'라는 의미가 관람자로서 보는 것을 말한다면, 두 번째 문장의 '본다'는 관찰자와 참여자로서 적극적으로 '본다'라는 의미를 말하는 것으로 보인다. 가지고 있는 시각의 문제 때문에 시각장애인은 관람자로서 '보기'를 할 수 있는 경우는 드물고, 각자 대상을 다양한 감각을 이용해 적극적으로 경험하고 주관적으로 해석해서 받아들이는 시각 경험을 할 수밖에 없는 경우가 많다. 이러한 시각장애인들이 시각 경험을 구축해 갈 때와 같은 과정적이고 탐구적인 태도는 참여자로서 보는 자세가 어떠한 것인지를 예로 보여 주는 듯하다.

평범을 넘어 바라보기

또한 세상을 다르게 보는 눈은 한편으로 민감하게 세상을 보는

---

2) "Art does not reproduce what we see. It makes us see."

눈이다. 시각장애인이 어떤 이유로든 크고 작게 받았을 상처가 세상에 대해 민감한 눈을 갖도록 만들었을 수 있고, 그것은 세상을 다르게 보도록 하고, 또 다르게 만들 수 있는 강력한 힘이 될 수 있을 것이다(Sellars, 2012). 사실 예술 또한 이러한 상처와 마찬가지로 우리가 세상에 민감하도록 하고, 세상을 다른 관점으로 바라보고, 또 우리가 각자의 다름을 표현하라고 격려하지 않는가. 예술 교육 철학가이자 사회운동가인 맥신 그린(Maxine Greene)은 계속해서 "평범주의의 물결을 넘어서서"(Greene, 1987, 2001, p. 147) 보라고 강조하는데, 특별한 눈으로, 참여하는 자세로, 민감하게 세상을 받아들이려고 해석하려는 노력으로서의 '본다'는 것은 어떤 것인가? 어떻게 하면 세상을 다르게, 민감하게 창의적으로 볼 수 있을까? 그린은 'aesthetic'의 반대말은 미적이지 않은 게 아니라 'anaesthetic'이라고 자주 말하곤 했다. 'aneaesthetic'은 감각이 둔감하도록 만드는 마취제라는 뜻이다. 원래 사전적으로는 미적 규범을 벗어난다는 'inaesthetic'이 미학적(aesthetic)이라는 말의 반대말이지만, 맥신 그린은 존 듀이(John Dewey)가 교육에 있어 학생의 적극적 참여와 감정이 충만한 경험을 강조함에 영향받아 민감함이 미적 활동과 미적 체험에 필수적이라고 보고 강조한 것이다(Greene, 1987).

미술 활동에서 현실적 조건이 참여적 체험과 민감한 감수성 그리고 보는 방법의 특별함을 전제로 하게 하는 시각장애 학생과의 미술 수업은 교사로 하여금 미술 수업을 통해 성취하려는 목적을 일반 미술 수업과 다른 것으로 가져가게끔 한다. 학생의 경험을 확장시켜 줄 것, 자기만의 방식으로 표현할 것, 불균형적인 인지 발달로 퇴화된 듯한 신체 기관이 있다면 미술 활동을 통해 민감하게 하고 힘을 길러 주는 훈련이 미술 활동 안에 포함되게 할 것, 그리고 즐겁게 몰입할 수 있도록 일대일로 대화하며 도와줄 것 등이 그것이다. 조형적인 아름다움과 객관적으로 보이는 법칙 같은 것도 물론 학생들에게 설명되지만, 이 수업의 평가에서는 가장 덜 중요시하는 요소로 작용한다.

시각장애라는 것을 그저 조금 불편하지만 변화된 시각, 그리하여 새로운 시각인 것으로 보고, 그것이 오히려 또 다른 창의성 발현의 바탕이 되지 않을까 질문한다. 시각장애 학생과 시각예술 활동을 하는 티칭 아티스트들이 보기에 시각장애 학생은 아무래도 '불편한 시각'을 갖고 있으므로 시각 외의 다른 감각에 많은 의존을 하게 된다. 그래서 그들의 예술 작업이나 감상은 사실 근본적으로 복합적인 감각을 요구할 수밖에 없다. 시각장애 학생들과 미술 활동을 하며 시각과 예술에 대해 질문을 던지고 가르치는 다섯 명의 티칭 아티스트들은 시각이 가장 기본인 미술 현장에서 '본다'는 것의 의미를 다양한 맥락에서 다시 생각해 보고 진정으로 보는 것이 무엇인가 하는 논의의 필요성을 연구했다. 이들은 시각장애 학생들과 미술 작업을 하면서 끊임없이 보는 것이 무엇인가를 질문하며, 독특한 시각을 가진 학생들과의 작업을 통해 더욱 다양한 시각으로 세상을 보고 해석하려고 노력해 왔다. 이들이 각자 정의 내리는 바는 조금씩 다르겠지만, 모두 공통적으로 말하는 것은 보는 것이 단지 눈의 영역뿐은 아니라는 것이다. 그린은 "상상력은 고정된 것으로 당연시 여겨지는 것들에 도전할 수 있게 하고, 더 나은 세상에 대한 실제적이고 개방된 비전에 대한 창을 열도록 한다."(Greene, 1997, 2001, p. 196)라고 했다.

사실, 시각장애 학생과 미술 수업을 하겠다는 생각이나, 시각장애 학생에게서 '본다'는 게 무엇인지를 배울 수 있지 않겠냐는 티칭 아티스트들의 호기심은 엄청난 상상력의 발현이라 할 수 있다. 또한 개인마다 다른 시각장애 학생의 시각을 이해하는 과정이, 그들과 미술 활동을 하기 위해 필수적인 요소이기 때문에 끊임없이 발생하게 되는 학생과 교사와의 밀접한 상호작용은 결국 이 아티스트들의 '본다'는 것에 대한 질문에 답을 주기도 하고, 또 오히려 미처 생각하지 못했던 다른 중요한 질문을 이끌어 내기도 한다. 이와 같은 학생과 교사 간의 의미 있는 상호작용은 미술 수업을 통해 끊임없이 일어난다. 미술교육 학자인 로웬펠드(Victor Lowenfeld)가 시각장애 학생들과 작업을 하면서 촉각형, 시각형에 대한 이론을 확립한 것처럼, 다른 시각을 가진 학생과의 시각예술 작업이 조각가, 화가, 설치 예술가인 티칭 아티스트들에게 예술적, 교육적, 인지적인 면에서 많은 연구 거리를 던져 주곤 했다 (Lowenfeld, 1957, 1982).

보는 것은 미술의 시작이자 끝이 된다. 눈이 잘 보이는 사람이 시각장애인보다 잘 보고 잘 표현한다는 것은 너무나 당연하다. 그런데 다섯 명의 아티스트들이 시각장애 학생들에게 보는 것에 대해 물어보고 그것을 통해 일반 학생을 대상으로 적용할 수 있는 것은 무엇일까?' '결국 어떻게 보라고 가르쳐야 할 것인가?' 등 그들이 보는 것에 대해 연구한 것들을 함께 알아본다.

이 글의 목적은 우리가 시각장애에 대해 연구하는 것이 우리가 '본다'는 것을 이해하는 데 어떻게 도움을 주는지 알아보는 것이다. 시각예술 교육의 대상에 대한 어떤 편견을 벗어나서 미술교육을 바라봤을 때 시각은 많은 구성 요소와 얽혀 있는 종합적 감각이다. 이 장에서는 '본다'는 것을 단지 눈에 들어오는 주변의 이미지를 받아들이는 수동적인 수용이 아니라, 가지고 있는 모든 능력을 동원해서 파악하려는 적극적인 행위로 해석하며 재정의한다. 다섯 명의 아티스트들이 시각장애 학생들과 미술 수업을 하며 떠오른 생각들을 바탕으로 우리의 '본다'라는 개념이 어떻게 만들어졌는지, 그리고 시각 중심의 시각에 대해 어떤 논의와 비판이 있어 왔는지, 시각과 다른 감각들의 관계에 대한 이론들 그리고 미술과 시각장애인의 관계에 대해 조금은 다른 관점으로 살펴보고자 한다. 또한 우리가 다른 감각이나 그 이상의 요소들에 대해 살펴보는 것이 시각예술과 그 교육에 어떤 의미를 가질 것인가를 생각해 보고자 한다.

시각장애와 시각예술

시각장애와 미술에 대한 편견 1:
시각장애인은 앞을 보지 못한다

시각장애(blindness)는 사실 아무것도 안 보이는 상태가 아니라 시지각 능력이 부족한 상태를 말한다. 그 정의는 개인의 시력의 정확성과 시야의 폭의 한계가 그에게 얼마나 잘 세상을 볼 수 있게 하느냐에 달려 있는데, 미국의 경우 법적 시각장애인의 정의는 다음과 같다.

안경을 썼을 때 두 눈 중 더 잘 보이는 눈의 시각의 정확성이 20/200이거나 그보다 낮다. 이것은 이 사람이 안경을 쓰고 6.1미터 정도 떨어진 물체를 보았을 때 시각장애가 없는 사람이 61미터 정도 떨어진 곳에서 그 물체를 보는 것과 비슷하게 보이는 상태를 의미한다. 그리고 보통 사람이 눈으로 감지 할 수 있는 폭이 180도라면 법적 시각장애인은 시야가 20도 이하로 좁다.

간단히 말해, 안경을 쓰고 나서도 보이는 시각이나 시력은 어느 정도 한계가 있는 것임을 말한다. 앞서 언급했듯이, 이 중에 아예 아무것도 보지 못하는 시각장애인의 비율은 15% 이하를 차지하

5 다르게 보기: 시각장애 학생과의 미술 활동을 통해 다시 생각해 보는 '본다'는 것의 의미

며, 법적 시각장애인의 대부분인 85%에게는 사실 어느 정도의 시력이 남아 있다. 그리고 개인이 가진 눈 문제의 스펙트럼이 너무 다양하고 정도 또한 각기 다르기 때문에 시각장애인이라는 한 단어로 그 전체를 단순히 지칭하고 이해할 수는 없을 것이다. 그래서 시각장애 학생과 시각예술 활동을 시작할 때 티칭 아티스트들이 가장 오랫동안 시간을 들여 노력하는 것이 각 학생들의 시각과 그 정도를 제대로 파악하고 이해하는 것이다. 그 학생만의 특별한 시각을 고려하면서 상호 관계를 이끌어 낼 수 있어야 비로소 수업의 방향을 제시할 수 있는데, 일반적으로 오해하듯이 만약 시각장애라는 것이 단순히 눈이 안 보이는 상태라면 차라리 이들과의 미술 활동은 오히려 쉬운 일일 수도 있다. 그냥 눈을 감으면 그들의 시각을 조금이나마 경험할 수 있을 테니까 말이다. 하지만 현실에는 항상 흑과 백으로 설명할 수 없는 다양한 스펙트럼이 오히려 주를 이룬다. 시각장애 학생이 각자 다른 방법으로, 다른 정도로 보기 때문에, 그 각각의 시각을 그리고 인지발달 정도를 제대로 이해하고 상호작용을 시도해야 미술교육이 이루어질 수 있다. 이것은 시각적 경험을 다각도로 바라볼 수 있도록 연구해야 하는 이유가 되기도 한다.

버밍햄 대학교(University of Birmingham)의 종교교육학 교수인 존 헐(John M. Hull)은 심지어 전맹에도 시각의 차이가 있다고까지 말했다(Hull, 1992). 헐은 두 눈이 빛도 식별하지 못하는 전맹이지만 두 눈 중 한 눈은 전혀 아무것도 못 느끼는 반면 나머지 한 눈은 어떻게든 외부의 변화에 반응해서 소리 쪽으로 향하려는 것을 느낀다고 했다. 안무가 피나 바우시(Pina Baush)에 관한 빔 벤더스(Wim Wenders)의 다큐 영화 〈피나(Pina)〉(2011)에는 바우시가 눈을 감고 춤을 추는 장면이 나오는데, 영화 속에서 눈을 감고 춤을 추는 장면이 계속 맘에 들지 않던 바우시는 고민 후에 안무 중 눈을 감았을 때 눈동자를 아래로 향하는 것과 앞을 향하는 것에 차이가 있다는 것을 깨닫고 다르게 인지해서 구별해 낸 후, 눈동자를 아래로 향하고 춤을 췄을 때 비로소 만족해하는 모습을 보여 주었다. 심지어 눈을 감았을 때조차도 세상과 자신과의 관계를 바라보고 이해하고 참여하는 데 차이가 있을 수 있다는 것이다. 이처럼 시각장애는 완전히 안 보이는 상태가 아니라 무수히 많은 '다르게 보이는' 단계가 있는 것이고(Lowenfeld, 1951), 근원적으로는 어떻게 세상을 대하느냐 하는 태도의 문제에 닿아 있다. 시각의 문제를 오직 눈을 통해 보이는 광경으로 정의하고 만다면, 본다는 것의 다른 스펙트럼에 대해 전혀 이해하지 못할 것이다. 우리가 아는 화가들의 작품들은 실제로 그 다른 스펙트럼을 현실로 보기 위해 치열하게 노력한 결과인 경우도 많다.

시각장애와 미술에 대한 편견 2: 시각예술에서 시각은 절대적이다

시각예술에서 시각은 절대적인가 하는 질문은 그렇다 혹은 아니다라고 말할 수 있는 결론이 존재하는 게 아니라 해석에 따라 다를 수 있는 사항이므로 차후에 좀 더 구체적인 논의를 통해 알아볼 수 있겠다. 하지만 예술의 개념이 확장되면서 예술가들의 작업과 미디어를 만드는 사람들은 우리에게 시각이 아닌 다른 감각을 통해 경험할 수 있는 작업 세계를 보여 주기도 한다. 시각을 배제하고, 소리나 다른 감각적 경험을 이끌어 내거나 특히, somatic한 감각[촉각, 운동감각, 고유 수용감각(proprioception)3) 등]을 적극적으로 이용하기도 한다. 예를 들어, 소리를 매체로 작업하는 아티스트인 자넷 카디프(Janet Cardiff)는 시각적 요소가 아닌 소리만을 매개로 이용해서 관람자의 마음속에 이미지를 떠오르게 하는 작업을 하였다. 또한 개념미술가인 로버트 모리스(Robert Morris)는 "아티스트가 작업하는 과정에서 머릿속에 갖고 있던 아이디어와 심상이 작업의 결과물로 나왔을 때 작품의 본질은 그 과정에 있을 뿐 결과물은 완전히 다른 것이다."라는 비판을 하며, 눈을 일부러 가리고 새롭게 인지된 시간을 표현하는 〈Blind Time Drawing〉 시리즈를 20여 년 동안 작업해 왔다.

그런가 하면 시각장애로 앞을 전혀 보지 못하지만 화려한 색채로 표현하는 구상 회화를 하는 작가도 있다. 존 브램블릿(John Bramblitt)은 색마다 다른 질감의 돌가루를 섞어 색마다 촉감이 다

---

3) 자신의 신체 위치, 자세, 평형감 및 움직임의 정도, 방향, 자세, 압박감에 대한 정보를 수용하여 중추신경계로 전달하는 감각

르게 만들어진 물감을 가지고 손의 감촉과 색의 배합에 대한 지식을 이용하여 인물화와 풍경화를 정확히 표현한다. 미쓰시마 다카유키(光島貴之)는 만져서 이해할 수 있는 부분은 그대로 그리고 나머지 부분은 상상을 이용한다. 연필로 종이에 그린 선은 자신이 볼 수가 없으니 계산과 상상에 맡기고, 제도용 테이프 같은 것을 이용하여 선화를 그리고 만져 봄으로써 생각 속에 심상을 만든다.

메를로 퐁티(Maurice Merleau-Ponty)가 "나는 더 정확히 보고 싶다. 하지만 더 정확히 보는 사람이란 없다."(Merleau-Ponty, 1964, p. 36)라고 말했듯, '본다'는 것은 우리가 생각하는 만큼 더 좋은 시력을 요구한다거나 혹은 절대적으로 시각만 관계 있는 것은 아닐 것이다. 시각예술이 단순히 본 것을 그대로 재현하는 것만을 말하지 않는다면, 시각장애가 있다고 해서 시각예술 활동을 못할 것이라고 규정하는 것 또한 편협한 시각이다. 실제로, 모네(Claude Monet)는 말년에 백내장으로 잘 보이지 않는 것에 대해 불만을 토로하기도 했으나 눈 이상이 심화되었던 1915년 이후 작품을 통해 새로운 시각을 보여 주었고, 드가(Edgar De Gas) 또한 중년기인 1860년 이후 이미 망막에 이상이 생기기 시작해서 그 후 50년 동안 고심했으나 조각품을 비롯한 새로운 작품 세계를 만들었다. 르누아르(Pierre-Auguste Renoir)는 "만일 드가가 50세에 죽었다면 아마 훌륭한 화가라는 명성만을 남겼겠지만, 50세 이후에 남긴 작품들은 드가를 드가로 알리게 했다."(Vollard, 1937 재인용)라는 말을 남겼다고 하는데, 드가는 사실 30대부터 황반변성이 진행되어 화

5 다르게 보기: 시각장애 학생과의 미술 활동을 통해 다시 생각해 보는 '본다'는 것의 의미

면의 중심부를 잘 보지 못했다. 〈발레수업〉과 같은 그림들에 중심부를 여백으로 두면서 구석에 인물을 배치한 것이 시각장애 때문이었다는 주장도 있다. 드가나 모네의 그림을 보면 선이 거칠어지거나 색감이 선명하지 않아진 것을 확인할 수 있으나 대부분의 사람은 그저 예술가의 스타일 변화라고만 느꼈을 수 있다. 시각이 불편해졌다고 해서 예술가로서의 가치가 줄어들었다고는 여기지 않은 것이다. 시각장애인을 눈이 보이지 않는 사람이라는 말로 단순히 분류해 버린다면, 어쩌면 우리도 단순히 한 시점으로만 시각적 경험을 하는 습관에 익숙해져 버린 다른 종류의 시각장애를 갖고 있다고 말할 수 있을지도 모른다. 이처럼 예술 활동에서 시각이나 시각적 요소가 필수불가결한 것은 아닐 수도 있고, 또 다르게 보는 눈을 갖는다는 것은 관점을 적극적으로 변화시키려는 태도를 전제로 할지도 모른다. 시각장애 학생은 자신의 시각이 남들과 다르다는 것을 알기에 적극적으로 더듬어 보고 가까이 가져가고 물어보고 상상하며 소통을 하려 하는데, 자신의 시력의 한계를 알고 다른 가능성들에 의지하여 세상을 보려고 하는 이러한 태도가 더 창조적인 눈을 만들어 내는 것일 수 있다.

2008년 토탈 미술관에서 열린 〈thisAbility vs Disability〉라는 전시는 눈만으로는 다 볼 수 없는, 오히려 눈을 감아야 제대로 감상할 수 있는 오감 예술 작품들을 보여 주었다. 오감과 멀티미디어를 활용한 작품들은 눈에 안 보이는 바람을 이용해서 손을 대서 만져 봐야만 그 이미지를 파악할 수 있거나, 촉감과 소리가 우리에게 다른 경험을 제공하는 등 시각 없이도 충분히 감상할 수 있는, 아니 시각에 의존하는 태도에서 벗어나야 더 제대로 감상할 수 있는 것들이었다. 예술의 중요함은 사실 '시각 너머'에 있을지도 모른다. 그리고 또한 예술의 본질은 인간의 상상력을 자극하고 사고의 틀을 확장하는 있는 것이지 무감각한 눈으로 쳐다봤을 때 파악할 수 있는 일면은 그 본질이 될 수 없을 것이다.

시각장애와 미술에 대한 편견 3:
선천적 시각 장애인은 시각적 요소들을 이해하지 못한다

맹인화가라는 말이 어떻게 들릴까? 일반적으로 '화가'와 '맹인'이라는 말이 함께 쓰여 한 사람을 지칭한다는 것 역시 이상하게 들릴 수 있다. 아마도 반대어처럼 느껴질 이 두 단어의 조합이 필자의 관심을 끈 것은 터키의 선천적 전맹 화가인 에스레프 아르마간(Esref Armagan)에 대한 연구를 접했을 때였다. 그는 평생 눈으로 무언가를 본 경험이 없음에도 불구하고 시각적 세계를 시각적 표현 기술을 가지고 잘 그려 내었다. 35년 동안 그려 온 그의 유화 작품들을 보면 특히 시각의 전유물인 원근감이나 앞으로 뻗어 있는 막대를 정면에서 보면 단축되어 보이는 현상(foreshortenings) 등 한 시야 내에서 왜곡되어 보이는 이미지의 특성까지도 개념적으로 제대로 이해하고 그리고 있다는 것을 볼 수 있다(Kennedy & Juricevic, 2006). 이 화가가 그림을 그릴 때 대뇌의 시각피질이 활성화되는 것이 fMRI를 이용한 실험으로 확인되기도 했다(Amedi et al., 2008). 시각장애인이 촉각을 이용하여 이미지를 이해하는 과정을 연구하는 인지심리학자인 케네디(M. S. Kennedy) 박사의 연구 결과가 증명하듯이, 세상을 평생 한 번도 눈으로 지각하지 못했던 사람들의 뇌도 시각적 이미지를 이해할 수 있으며, 그때 뇌의 시각 정보를 담당하는 부분이 활성화된다. 물론 모든 시각적 요소들을 보지 않고 이해한다는 것이 불가능할 수 있으나, 미술을 하기 위해 모든 시각적 요소들을 다 이해해야만 하는 것이 아닌 것도 사실이다. 이처럼 태어날 때부터 눈이 보이지 않았던 사람도 시각 예술 활동을 하고 있다면, 그것은 다른 감각과 언어적 설명을 통해서 시각적 이미지를 이해하고 상상하고 만들어 내는 것은 누구나 가능하다는 뜻이 아닐까? 머리로 이해하고 안다는 것과 실제로 체득해서 아는 것은 물론 다르나, 그런 맥락으로 보면, 우리도 세상을 볼 때 배운 대로 보고, 알기 위해 볼 뿐, 경험이 지양된다면 우리가 오히려 제대로 보지 못하고 있는 것일 수도 있다.

시각과 다른 감각

시각 중심의 전통

사람의 활동에서 시각의 역할은 중요하다. 시각은 미술 분야뿐 아니라 모든 감각 사이에서도 가장 중요한 감각으로 순위 매겨져 왔다. 특히 고대로부터 시각은 이성과 가깝게 연결된 개념으로서 인지, 도덕, 미학 영역 모두에서 다른 감각보다 우위에 놓였는데, 서구의 그 편견이 지금까지 계속 되어 오고 있다(Levin, 1993). 그리하여 우리의 생각과 관련된 단어는 시각 혹은 빛과 관련된 단어가 많다. 예를 들어, 통찰력(insight), 깨달음(illumination), 총명한(bright), 깨우치다(enlighten), 알다(see) 등 시각과 관련된 비유가 앎과 관련되어 널리 쓰이고 있음은 시각이 인간의 이성과 밀접하게 연관되고 모든 감각 중에 우위를 차지하고 있었던 통념을 강조한다. 반대로, 로크(John Locke)가 말한 대로 후각에 대한 수식어가 많지 않다는 것이 후각의 낮은 위치를 설명한다고도 할 수 있다(Duncum, 2012). 특히, 플라톤(Plato)이나 아리스토텔레스(Aristoteles) 같은 그리스 철학자들은 시각이 정신, 이성, 합리성, 논리와 연관되어 있다고 생각하여 가장 객관적이고 믿을 만한 앎을 가져온다고 여겼고, 촉각은 감정, 비합리성, 마음과 관련되어 있으며 몸의 접촉은 도덕적 타락을 가져올 수 있다고 하여 한층 낮은 감각으로 평가하기도 했다.

르네상스 때 체계화된 원근법이나 데카르트(René Descartes) 이후 과학적 실증주의 경향은 시각 중심을 더욱 강화했다. 시각의 근대적 정의를 만들었다고도 볼 수 있는 데카르트는 이성의 힘을 강조하기 위해 앎에 있어서 명징성을 추구했기 때문에 우리가 더 정확히 잘 볼 수 있도록 해 주는 안경이나 망원경 같은 과학 광학 기구들에 매료되었으며, 굴절 광학의 발달이 우리가 볼 수 있는 능력, 즉 지적 능력을 더 강화시켜 주었다고 주장했다. 데카르트적 사상은 기본적으로 주체와 대상을 분리하는 또 다른 종류의 대립적 이원론을 강조하게 되었는데, 이에 근거를 둔 주지주의적 인식론이나 인식론의 문제를 시각적인 틀로 바라보는 경향이 시각 중심으로 세상을 인식하는 풍조로 확대되었다. 시각만이 준다고 생각했던 명징한 앎을 제공한다고 생각했기 때문에 19세기 중반까지 카메라옵스큐라(cameraobscura) 같은 수동적인 감지 체계가 시각을 이해하는 기본 개념으로 작용했다. 시각 중심의 패러다임이 객관적 진리만을 추구하는 철학적 패러다임과 뗄 수 없는 관계라는 것은 감각을 무시하고 객관적인 진실을 추구했던 시류를 설명한다.

이후에 쌍안경과 같이 두 눈이 보는 두 가지 다른 시각(stereo vison)의 가능성에 대해 연구가 이루어지면서 시각 정보를 처리하는 데 있어 수동적으로 받아들이는 것만이 아니라 눈으로 보고 받아들인 정보와 자극을 어떻게 처리하느냐, 어떻게 이해하고 해석하느냐에 개인의 선택이 작용한다는 사실을 깊이 생각하게 되었다. 19세기에 빛과 눈과의 관계를 연구하는 생리광학의 연구가 시작되면서 보는 이의 관점과 능력이 지각을 형성한다는 것이 더욱 확실해진 것이다(Arnheim, 1956). 특히 생리학의 발달에 따라 물리적·인지적 착시 현상에 대한 가설들이 제기되었고, 눈으로 본 것이 절대 진리가 아니라는 것이 증명되었다. 객관성을 대표했던 눈의 주관성이 드러난 것이다(Crary, 1992). 이처럼 다른 감각의 복권

(reinstatement)이 어느 정도 일어났고, 눈 또한 육체의 그저 여러 감관 중 하나일 뿐으로 인식하게 되었는데, 결국 눈은 외부를 그대로 재현하는 감관이 아니라 해석과 의미를 생산하는 곳으로서, 관찰자라는 새로운 주체성 속에 자리 잡게 되었다(Crary, 1992).

그런데 지금은 디지털 기술과 미디어의 발달로 우리의 시각 환경이 급속도로 변화되고 있다. 미디어의 발달은 또 다시 인간의 감각들 사이의 균형을 조금씩 바꿔 왔다. 인쇄술의 발달이 근대의 시각 중심 문화를 이끌었고, 라디오의 발명이 청각이라는 감각을 좀 더 살아나게 한 것처럼, 지금의 디지털 미디어는 시각과 청각, 그렇지만 그중에서도 역시 시각을 다시금 대표적인 신체적 감각으로 강조한다. 모니터나 스마트 기기의 화면을 통해 대부분의 소통과 정보 교환이 이루어지는 요즈음은 철학을 떠나서 실제적인 생활을 할 때도 때때로 말보다도 시각적인 이미지로 내용 전달과 소통이 용이할 때가 있을 정도로 시각이 중요하고, 또 미디어를 통해 이미지의 형태로 제공되는 정보를 해석하는 능력인 비주얼 리터러시(visual literacy, 시각적 문해력)가 미술교육의 중요한 과제가 된 것이다. 세상은 빠르게 변화하고 있고, 20년 혹은 30년 후에 지금의 아동이 도태되지 않고 변화에 적응해서 생존하게 하려면 어떻게 교육해야 맞는 것일까 하는 불안감을 느낄 때도 있다. 미국의 교육학자이자 교육개혁가인 마크 프렌스키(Marc Prensky)가 말한 것처럼, 우리 세대는 이미 컴퓨터를 외국어처럼 나중에 배운 세대(Digital Immigrants)이고, 우리 다음 세대는 컴퓨터를 모국어처

럼 태어나자마자 접하는 세대(Digital Native)라고 했을 때, 미디어
를 다룰 수 있고 미디어를 통해 보는 이미지를 해독할 수 있는 능
력(digital literacy, 디지털 문해력)이 앞으로 더욱 강조될 것임은 분
명한 일이다(Prensky, 2001).

　모니터나 스마트 폰의 화면을 통해 대부분의 지식을 접하는 시
각 문화가 절대적인 지금, 디지털 시대에 항상 다른 감각보다 우위
를 점해 온 시각은 그 중요성이 또다시 어떤 때보다도 더 강조되고
있다. 니콜라스 미르조에프(Nichoas Mirzoeff)가 얘기했듯이, "시각
문화는 우리 일상의 일부가 아니라 우리 일상 그 자체"(Mirzoeff,
1999, p. 1)가 되었다. 모든 감각이 접목된 예술 작품을 볼 때도 우리
는 사실 그 작품의 시각적 요소들을 주로 받아들이고 또 더 오래 기
억하게 된다. 하지만 그것이 애초에 시각이 가장 중요하기 때문인
것일까? 아니면 혹시 우리가 시각에 너무 큰 비중을 둔 환경에서
이미 시각적으로 경험한 것에 너무 의존하도록 길러진 것은 아닐
까? 우리가 모니터를 통해 받아들이는 시각적 경험은 정보로서의
의미가 더욱 강조되고, 결과적으로 우리의 시각적 경험의 영역이
너무 좁아짐으로써 본다는 것의 정의 또한 편협하게 만들 수 있다.

　실제로 많은 연구가 주장하는 바는, 우리의 뇌 작용은 환경의
영향에 따라 바뀌기가 쉽기 때문에 이 디지털 미디어가 모국어인
세대의 학생들이 세상을 감지하고, 정보를 처리하고, 읽는 과정과
방식 자체가 기존 세대와 완전히 달라졌다는 것이다. 그렇다면,
디지털 원주민이라고도 불리는 다음 세대에는 그 현상이 더욱 강

화되는 것은 아닐까? 만일 그러한 시각 중심의 헤게모니가 다시 강화된다고 가정했을 때 문제점이 무엇일까? 미디어가 주는 자극적인 정보들에 수동적으로 반응하도록 적응된 우리의 감각적 경험들은 의미 있는 내용으로 받아들여지기 어렵도록 되어 있다. 게다가, 미술교육에서도 디지털 시대의 변화에 맞추어 정보와 시각 이미지의 해석에 주로 중점을 두게 되고, 미술교육 현장에서 이루어질 수 있는 오감 체험과 교사-학생, 학생-학생 그리고 학생-작품 간의 상호작용이 결핍되기 쉽다. 결과적으로 다른 감각들이 복권되긴 했으나, 디지털 환경에 적응해야 한다는 의식 때문에 시각과 청각 외의 다른 몸의(somatic) 감각으로 얻어지는 앎이 또 다시 우리의 지적 활동에 그다지 의미 없는 요소로 받아들여지게 될 수도 있게 되었다.

시각장애 학생들과의 미술 작업

시각장애 학생과 함께 다르게 보기

몸의 감각으로 얻어지는 앎에 대해 좀 더 알아보기 위해, 그리고 어떻게 보는 것이 다르게 보는 것일까라는 질문을 가지고, 몇몇 맹학교에서 초등학교 3학년부터 고등학생까지를 대상으로 시각장애 학생들과 미술 활동을 하는 티칭 아티스트 다섯 명과 인터뷰를 하였다. '사단법인 우리들의 눈'과 함께하는 티칭 아티스트 들은 길게는 18년, 짧게는 2년 동안 시각장애 학생들과 미술 작업 을 해 오고 있는데, 이들은 공통적으로 '본다'는 것이 무엇인가에 대한 질문을 다각도로 던지며 시각장애 학생들과의 미술 작업을 통해서 그 질문에 관한 시각을 상호 간에 넓히려 애써 온 작가들 이다. 필자도 티칭 아티스트 중 한 명으로서 2년째 시각장애 학생 들과 미술 수업을 하고 있다.

'본다'라는 것에 대한 대답을 찾기보다 학생들과 서로 보는 경 험을 나누고 공유하면서 새롭게 떠오르는 질문들을 대답으로 가 져가며 시각에 대해 연구하고 있는 다섯 명의 티칭 아티스트들이 공통적으로 정의해 온 '본다'라는 것은 오감, 육감, 공감각, 또는 그 이상을 통해 경험하는 것을 바탕으로 한 적극적인 참여를 전제 로 하고 있다. 또 주관적 개념이나 고정관념을 깨고 인지하는 태 도, 즉 이미 가지고 있는 지식의 틀을 깨고 대상을 처음 보는 것처 럼 경험하려는 자세, 시각에 들어온 이미지 이상의 어떤 것을 파 악하려는 태도 등이 '본다'는 의미에 모두 내포되어 있다고 말한 다. 눈이라는 감관보다 보는 대상과의 관계나 그것을 향한 태도에 대한 이야기들을 주로 하고 있는 것이다.

보는 것은 변모다

시각장애 학생들과의 미술 수업에서는 정확히 그리는 법이나 우리가 보는 방식을 가르쳐 주는 것이 아니라 먼저 학생들이 어떻게 보고 있나를 교사가 물어보고 관찰하고 끊임없이 파악하는 것이 가장 큰 전제가 된다. 우리가 세상이 어떻게 생겼나를 그들에게 가르쳐 주는 것이 아니라, 그들이 세상을 어떻게 보느냐를 우리도 듣고 배우는 것이다. 그 상호작용 안에서, 티칭 아티스트들이 공통적으로 느끼는 것은 모든 학생들이 각기 다르고, 각자가 너무도 다르게 본다는 것이다. 그 각각의 시각을 그대로 인정함으로써 보는 관점이 풍부해진다. 왜냐하면 그들의 눈으로 보는 세상을 일단 이해해야 함께 미술 활동을 할 수 있고, 그 과정에서 그들의 눈으로 보는 세상이 또 교사의 것이 되어 버리기 때문이다. 이 과정에서 티칭 아티스트들의 보는 눈도 달라져 새롭게 느꼈던 관점이 오히려 일상적인 느낌이 되어 버리고 마는 것이다. 결국 보이는 대상에 대해 선입관을 버린 채 있는 그대로 대상을 수용하는 것인데, 이처럼 고정관념을 버리고 본다는 공통된 깨달음을 통해서 새롭게 보는 법을 함께 터득한다.

일례로, 참관으로 들어간 한 수업 시간에 흙으로 만드는 수업을 하다가 교사가 한 시각장애 학생에게 환조가 아닌 부조를 만들자고 제안했다. 그때 전맹인 그 학생의 질문은 "선생님, 부조로 하면 치마는 어떻게 만드나요?"였고, 교사는 학생의 질문을 이해하지 못했다. "응? 그냥 치마 모양으로 만들어서 붙이면 되지."라는 정도의 대답을 하고 넘어갔는데, 학생이 갸웃거리다 만든 치마의 모양은 그냥 원통이었다. 그 속이 빈 원통을 흙으로 애써 만든 후 부조판 위에 뭔가 맘에 들지 않는 듯 형태를 이리저리 바꿔 보았다가

반을 잘라 붙이는 것을 보고, 치마 모양을 자동적으로 사다리꼴의 평면 모양을 생각했던 참관 교사들은 잠시 놀랐다. 치마를 부조로 만든다고 했을 때 한 시점에서 본 치마의 평면적인 모습만을 생각했지, 치마의 본질인 실제로 입는 경험은 생각지 않은 것이다. 교사들이 보는 법은 치마를 입은 사람을 정면에서 본 모습과 선입관이 합쳐진 결과였고, 시각장애 학생이 보는 법은 촉각과 경험이 합쳐진 현실과 더 가까운 모습에 가까이 다가갔던 것이다. 우리의 지식이 우리의 눈을 오히려 가리고 있는 것은 아닐까, 그리고 내가 보는 데 눈의 문제가 있다고 인정하면서 사물을 관찰하려고 다각도로 파악하려는 시각장애 학생들이 실제로는 더욱 제대로 세상을 바라보고 있는 것은 아닐까라고 질문해 보게 한 순간이었다.

'본다'는 것은 메커니즘, 즉 생물학적 눈의 작용에 불과한 것이 아니라 변모(metamorphosis)를 이끌어 내는 것이다(Elkins, 1996). 제대로 본다는 것은 거기에 있는 것을 있는 그대로 주목하여 감지한다는 것이지, 우리가 보고 싶어 하는 것을 지식적으로 아는 대로 적용해서 본다는 것은 아닐 것이다. 시각장애 학생과 작업해 온 티칭 아티스트들이 인터뷰를 통해 공통적으로 이들과의 작업과 관련하여 시각에 대해 다시 생각해 본 바를 다음과 같이 나누었다.

"그들의 눈으로 보는 세상을 나의 것으로 만들려고 함으로써 나도 그들의 관점으로 보게 되었는데, 더 현실을 제대로 바라보는 법을 알게 된 것 같다."

"다양한 것을 경험하고 알게 되어야, 그리고 그 과정에서 이미 가진 지식의 틀을 깨는 것이 보는 것이다."

"한계를 가짐을 인정한 후에 대상 혹은 상대의 감춰진 상태를 이해하려고 찾아내려는 것이 보는 것이다."

"일단 그 대상에 대해 모른다고 생각하고 시작하면서 점점 경험하는 과정에서 다각적으로 알아가는 과정이 보는 것이다."

이처럼 고정관념을 버리는 생각의 전환이 필수적이다.

사람은 일생 동안 세상을 보는 눈, 즉 일어난 일을 해석하고 이해하는 눈을 형성한다. 세상을 보는 법은 가치 판단, 믿음, 세상이 돌아가는 방식에 대한 가정에 근거하는데, 한편 생의 한순간에 갑작스러운 일이 일어나거나 자신의 관점과 너무 다른 시각을 접했을 때 사람은 잠시 멈춰서 생각하고 근본적인 질문을 하게 된다고 한다. 이때 드는 생각과 질문 그리고 비판적인 성찰이 가치 판단, 믿음, 가설 그리고 관점을 수정하도록 이끌게 될 때 전환적인 학습이 일어난다(Cranton, 2006).

하버마스(Jürgen Habermas)의 지식에 관한 이론에 토대를 두고 메지로우(J. Mezirow)가 발전시킨 전환학습 이론에 따르면, '학습'이라는 것은 경험을 재해석하고 의미를 새로 만들어 가는 과정인데, 특히 기존에 갖고 있던 관습이나 인식의 큰 '전환'이 일어나도록 하는 것이 전환학습이다(Mezirow, 1991). 사실 성인은 더 성장하고자, 혹은 전문적이거나 실용적인 학습이 필요하거나 아니면

5 다르게 보기: 시각장애 학생과의 미술 활동을 통해 다시 생각해 보는 '본다'는 것의 의미

인생에 큰 변화가 생겼거나 해서 자발적으로 교육을 필요로 하는 경우가 많은데, 이처럼 성인은 스스로 무언가를 배우겠다고 마음먹지 않으면 이러한 전환학습이 이루어질 수가 없다(Mezirow, 1999). 어떤 이유로든 믿었던 체계에 대한 의문을 갖게 된 후에 다른 사람들과의 대화나 논쟁을 통해서 혹은 서로 영향을 주고받는 과정을 통해 자아의 비판적 성찰이 일어나고 개별화하며 그것이 관점이나 인식의 전환을 가져오는 것이다. 이런 경우에 배우는 지식은 기술적 · 학술적 · 실용적 지식이 아니라 해방적 지식, 즉 무비판적으로 수용해 온 지식이나 전제에 대해서 비판적으로 성찰하는 지식이다. 미술 활동 등을 통한 창의적 표현을 통해(Dirks, 1998), 동료들과의 대화나 토론을 통해(Cranton, 2006; Mezirow, 1999) 자기성찰을 이끌어 내는데, 적극적이고 꾸준하고 신중하게 자신이 갖고 있던 개념에 대해 비판적으로 생각해 보고 의미를 되짚어 보게 되는 것을 말함이다(Dewey, 1934). 여기서 미술 활동 등의 창의적 표현은 세상을 바라보는 방법은 다양하다는 가정에 근거하므로 전환학습의 바탕이 된다. 탐구 형태의 창의적 표현은 상상력과 마찬가지로 우리 감각과 감정, 지식을 주변에 일어나는 일들을 이해 할 수 있도록 돕는다(Simpson, 2009).

니체(Friedrich Wilhelm Nietzsche)는 "보는 것은 원래 관점을 갖고 보는 것4)을 말한다. 모든 앎도 마찬가지다. 주어진 일에 대해

---

4) "There is only a perspective seeing, only a perspective knowing."

감정이 적용될 여지를 우리가 더 허용함에 따라, 그리고 우리가 각자 다른 눈으로 주어진 광경을 봄에 따라 그 개념이 완성되고 또 우리의 객관성도 커지게 된다."(Nietzsche, 1884)라고 말했다. 기존의 해석 체계와 다른 개체들이 갖고 있는 새로운 해석의 힘이 중요하고, 또한 이러한 주관성이 객관성의 반대가 아니라 객관성을 확립하기 위한 필수 전제가 된다는 것이다. 이와 마찬가지로, 전환학습은 주로 개별화 과정을 통해 주관성의 의미를 재발견하게 되면서 시작한다. 이러한 미적 경험을 통한 전환학습은 교육에 매우 중요한 역할을 한다. 왜냐하면 학습자로 하여금 예술을 통한 더 깊은 상호작용을 원하도록 이끌고, 또한 계속적인 전환적 성장을 기대하게 하기 때문이다. 전환학습을 이끌어 낼 수 있는 미적 경험에는 어느 정도의 감정적으로 그 학습에의 몰입이 필요한데, 감정이라는 것이 학생이나 교사의 개인적 경험, 지식 그리고 그 당시의 느낌을 하나로 결합해 주는 요소가 된다(Dewey, 1934). '사물에 대한 일상적인 감각'은 새로운 감각을 위해 쉴 새 없이 찾아 다니려는 젊은이들의 탐구를 뒷걸음질 치게 할 수 있다(Greene, 2001, p. 70). 일상적인 감각이 아닌 새롭게 변모된 눈으로 세상을 바라본다는 티칭 아티스트들은 시각장애 학생들과의 수업을 통해 계속해서 더욱 새롭고 창의적인 눈으로 세상을 보려고 계속해서 연구하고 학생들과 상호적으로 변모하고 있다.

보는 것은 모든 가능한 감각을 다 동원하여 파악하는 것이다

티칭 아티스트들은 '본다'라는 말을 오감, 공감각, 육감까지 포함된 개념으로 정의 내리고 학생들과의 상호작용을 통해 더욱 풍부하게 경험하고 확인한다. 시각장애 학생들은 시각이 아니면 대부분 촉각에 의존한다. 이미 앞서 말했듯, 'insight' 'I see' 'bright' 등과 같은 시각과 연관된 단어가 인간의 영리함, 통찰력, 발견 등의 의미를 담은 앎과 관련이 있다면 촉각 단어인 흡수하다(absorb), 움켜쥐다(grasp), 꿰뚫다(penetrate), 포착하다(seize) 그리고 붙잡다(catch) 또한 이해 혹은 앎과 관련되어 많이 쓰이는데, 말하자면 이런 촉각과 관련한 단어들은 더 깊고 강하게 각인되는 완전한 앎과 관련한다. 시각뿐 아니라 다른 감각까지 이용하여 보는 것은 더 깊이 이해하고 경험한다는 의미가 내포되어 있다고 이해할 수도 있을 것이다. 필자가 인터뷰한 티칭 아티스트들은 본다는 것에 대해 다음과 같이 말했다.

> "소리, 냄새까지도 포함된 종합적인 인지 활동이며, 보는 사람의 지각, 경험, 정서 모든 것이 결합된 것"
>
> "그 모든 기억과 정보를 머릿속에서 종합하고 해석하고 느끼는 것이 보는 것"
>
> "우리 앞에 있는 대상을 평면적이고 즉각적으로 접하는 것이 아니라 시간을 두고 깊게 생각함을 요구하는 행위이고, 절대적으로 몸이 연관되어 있다."

"모든 것을 한꺼번에 지각하는 공감각"

이것은 전맹 학생들이 대상을 부분부분 만져 보고 나중에 조각조각 받아들인 정보를 머릿속에서 퍼즐을 맞추듯 종합하여 이해하는 것과 비슷한 과정일 것이다.

시각은 물론 중요한 감각이고 기술을 빌어서 우리가 더 잘 볼 수 있다면 인류에게 더 좋은 일이 되는 것만은 분명하다. 하지만 소크라테스(Socrates) 이전의 철학자들은 시각의 우위를 언급하면서도 시각을 절대적으로 여겼을 때의 위험성도 강조하기를 잊지 않았다. 특히 헤라클레이토스(Heraclitus)는 눈의 정확성을 높이 여기면서도 그것을 보는 사람의 정신이 건강하냐에 따라 달라질 수 있다고 보고, 또한 사람들은 눈이 본 것에 속을 수도 있다고 경고하기도 했다(Hoxton & Hillman, 2001).5) 특히 헤라클레이토스는 시각에 과도하게 의존하는 것이 우리의 삶과 우리 사회에 오히려 위험이 될 수 있다고도 말하였으며, 근대에서는 우리가 더 잘 볼 수 있도록 개발된 테크놀로지의 도움을 받은 시각은 권력과 작용하여 어떤 대상을 지배하는 수단으로 이용될 수 있다는 비판도 나왔다(Foucault, 1995; Heidegger, 1977). 현대의 정신분석학자들은 그와 해석을 같이 하여 열, 노력, 가벼움, 무게, 속도, 공간감 그리고 운동성 등의 감각을 일반적인 오감과 분리하여 바라보기도 한다

••••••••••••••••••••••••

5) Heraclitus (B.C. 6th Century/2003). *Fragments.* (B. Haxton Trans.). New York: Penguin Books.

(Gibson, 1966, p. 3). 이는 소크라테스 이전 철학자인 데모크리토스 (Democritos)가 언급한 모든 감각은 오직 하나의 감각·촉각의 변형일 뿐이라는 말이 현대적으로 해석된 것으로 읽을 수도 있을 것이다.

대부분의 18세기 철학자들이 미적 경험은 시각과 청각에 의해 생긴다고 주장한 반면, 제1차 세계대전 이후에 프랑스 작가들 사이에서는 고의적으로 안대를 쓰고 시각을 배제하고 작업을 하며 시각의 한계에 대해 연구하는 경향도 있었다. 빛과 그림자 같은 시각적 요소이지만 한쪽에서만 바라본 조각품은 조각이라는 장르의 특성과 촉각적인 성질을 살리지 못한 것이라 생각했기 때문이다. 이들의 활동에 관심이 많았던 로웬펠드 또한 시각장애 아동들과 작업하면서 그의 이론에 중요한 역할을 담당하는 시각형, 촉각형에 대한 이론을 확립하기도 하였다 로웬펠드는 1924년에 시각장애인과 작업을 시작하며 다음과 같은 두 가지 질문을 가졌다고 한다. 첫째, 시각장애인의 미술 작업의 특징으로는 무엇이 있을까? 둘째, 어떤 정신적─미적 의미를 여기서 끌어내서 일반 학생에게 적용할 수 있을까? 그는 이 연구를 통해 시각장애의 유무와 상관없이 시각적 유형이 있고 촉각적 유형이 존재한다는 것을 알아냈다. 이 연구에서 로웬펠드는 관찰할 수 있는 능력이 상상력을 창조로 이끌어 내는 데 필수 요소는 아니라고 결론 지었으며, 반대로 촉각형인 시각장애인은 오히려 그의 한계가 특정한 창조성으로 발현될 수 있다고까지 생각했다. 이때 로웬펠드가 말한 촉각적 지각이라는 것은 단순히 손으로 세상을 만지는 것만을 말하는 것이 아니라 촉각으로 감지한 세상과 각자가 경험한 세상이라는 주관적 경험이 결합된 것을 말한다.

아른하임(Rudolf Arnheim) 또한 고의적으로 시각을 배제함은 이성이 아니라 신체로 감지되는(somatic) 앎이 드러나게 했다고 주장했고(Arnheim, 1956), 사실 시각장애라는 것이 오랫동안 시각문화 이론가들과 철학자들의 관심을 받아왔다. 특히 데리다(J. Derrida)와 엘킨스(J. Elkins)는 촉각이 시각만큼이나 중요하다고까지 말했다. 데리다는 우리가 대상을 볼 때는 종이를 볼 수 없고 종이를 보고 있을 때는 대상을 볼 수 없으므로 기본적으로 모든 화가가 어느 정도 의미에서 시각의 한계 혹은 장애를 경험하는 것인데 그것을 우리는 인식하지 못한다고 하였다. 결국은 모델을 보고 그릴 때조차 종이와 자신이 그리는 손을 바라볼 때는 모델을 안 보고 있으므로 이러한 순간적 시각장애는 대상자가 기억에 의존하게 하는 것이다. 또한 엘킨스는 모든 드로잉은 촉각적이라고 얘기했다. 왜냐하면 그림을 그릴 때나 감상할 때 모두 그 내용뿐 아니라 종이의 촉감, 선을 그을 때 종이에 따라 다른 느낌, 손의 힘, 속도, 작가의 감정, 심리상태 같은 것들이 다 느껴지기 때문이다(Elkins, 1996, p. 22).

예술가의 시각은 그에게 보통 사람이 보는 평범한 시각 이상으로 사물의 본질에 접근하기 위한 자신만의 특별한 시각이다. 앞서 말한 철학자들도 마찬가지로 직선 스펙트럼의 양끝 반대의 자리에 시각과 다른 감각, 혹은 시각과 촉각을 놓는 이분법을 따르지 않고, 그 스펙트럼을 원으로 보아 시각과 다른 감각들 간의 연속성을 바라보았다. 예술이 완전히 시각 중심이 되면서 '시각예술'이라는 단어 외에는 다른 분야, 즉 무용과 음악 같은 장르와 구분하는 지칭어가 딱히 없어 왔는데(Arnheim, 1990), 세잔(Paul Cézanne)의 말을 빌자면, 보는 것은 세상이 흘러가는 그 형상 그대로(in its passing form) 파악(catch)하는 것이다. 메를로 퐁티(Maurice Merleau-Ponty)가 "나의 지각은 시각, 촉각, 미각 등이 각각 그대로 합해진 것이 아니다. 나는 나의 모든 감각을 가지고 한번에 전체적으로 지각한다. 사물의 독특한 구조나 존재하는 것들의 독특함 등이 나의 모든 감각에 동시에 말하는 그대로 나는 파악한다."(Merleau-Ponty, 1945)라고 한 말은, 세잔의 말처럼 마치 선험적인 지식이 없는 사람처럼 오감이 동시에 받아들이는 것을 그대로 지각한다는 것을 뜻한다. 눈에 들어오는 이미지를 수동적으로 받아들이는 것이 아니라 쓸 수 있는 모든 감각을 이용해서 주목해서 감지한다는 뜻이고, 이것은 보는 대상과의 상호적인 작용이며(Dewey, 1934), 이때 보는 사람은 세상을 바라보는 사람이 아니라 그 안에 들어가 참여하는 자인 것이다(Merleau-Ponty, 1945). 감각은 따로따로 정보를 입력하더라도 우리의 의식세계(consciousness)는 감각중추로 전달된 후 종합적으로 인식되고 해석하는데, 시각은 다른 감각들과도 서로 연결되어 있다. 몸과 정신 그리고 몸의 감관들까지 상호 보완적으로 의식을 향상시켜 즐거움을 발견하고 추구하는 데 도움을 주므로, 보는 것은 시각뿐 아니라 모든 가능한 감각을 다 동원하여 파악하는 것이라는 말이다.

본다는 것은 주변을 적극적으로 탐험하고 경험을 확장하는 즐거운 경험이다

'우리들의 눈' 티칭 아티스트들이 공통점으로 말하는 미술 수업 방향과 목표는 재미있는 경험을 제공하는 것이다. 시각장애 학생은 생활 반경도 한정되어 있고 손으로 파악할 수 있는 환경부터 다른 사람 도와줘야 갈 수 있는 반경까지로 경험의 폭이 아주 좁아서 새로운 자극들이 부족하고 새로운 경험에 상당히 민감하게 반응한다. 불편하고 두려운 마음도 크고, 손으로 더듬으며 파악하다가 화들짝 심하게 놀라기도 하며, 신선한 공기를 마시며 하는 산책에서는 매우 즐거워하는 모습들을 흔히 보여 준다. 우리가 하는 말의 표현력은 경험의 폭에 따라 결정되곤 하는데, 새롭고 즐거운 경험이 제공되면 그들이 하는 말의 표현도 다양해진다. 실제로, '우리들의 눈' 미술 수업에서 시각장애 아동들 중 자폐 증상을 갖고 있는 아이들이 쓰는 반향어를 들어 보았는데, 이들이 부정적인 표현들을 많이 쓰다가 미술을 통해 즐거운 경험을 한 후로 즐거움, 기분 좋음, 기대감 등을 많이 표현하는 패턴으로 바뀌는 과정을 자주 목격했다. 그들이 쓰는 언어의 표현도 그들의 한정된 경험의 폭만큼이나 좁지만, 미술 활동을 통해 즐거운 경험도 상당히 많이 하고 몸으로 하는 경험의 폭도 커지면서 새로운 도전의식도 생기고 미술 수업에 즐겁게 몰입하게 되어 좋은 순환의 패턴을 만들어 내게 된 것이다. 듀이는 "오래되고 친숙한 대상이 경험을 통해 새롭게 탄생할 때 여기에 상상력이 있다. 새로운 것이 창조되면 과거에 자신과는 거리가 멀게 느껴지고 이상하게 여겨진 것들이 세상에서 가장 자연스러운 것처럼 여겨지기도 하고 필요불가결한 요소가 되기도 한다. 여기에는 언제나 마음과 세상이 만나는 일정한 모험적인 요소가 있는데, 이러한 모험이 바로 상상력이다."(Greene, 1980, 2001, p. 267 재인용)라고 했다. 누구든지 미술 수업을 통해 경험을 폭을 넓혀 가며 미적 경험을 하며 상상력을 키울 수 있다.

이에 대해 티칭 아티스트들은 진정으로 본다는 것에 대해 다음과 같이 표현했다.

"보는 것은 경험을 통해 보려는 의지를 갖는 것인 듯하다. 의문을 갖고 관심을 갖고 상호작용하려는 의지. 그리고 그것을 통해 외부를, 자신의 주변을 이해하려는 마음을 가지게 된다. 경험을 다양화하고 경험들을 이용할 수 있도록 학생들에게 재미있고 즐거운 경험을 만들어 주려고 노력하는데, 본다는 것은 무엇보다 이 모든 것이 종합적으로 한번에 작용하여 기존의 생각을 넘어서 자신만의 방법과 시각으로 반응하고 점차적으로 지각을 넓혀 가는 것인 것 같다."

"본다는 것은 상대를 알려고 하는, 많은 것을 파악하고 이해하려는 마음을 가지는 의지."

"현실적으로 객관적으로 파악하는 것도 중요하지만, 자신이 어떤 감성을 갖고 볼 수 있고 어떤 취향이 있는지를 스스로 살펴볼 수 있는 다음에 그 과정 안에서의 경험과 기억까지를 다 포함한 것, 그래서 서로의 다양함을 인정하고 새롭게 보는 것."

이런 티칭 아티스트들이 이끄는 수업에서는 학생들이 표현과 감상 활동을 통해 심미적 경험에 즐겁게 몰입하고 외부를 탐구할 수 있도록 새롭고 다양한 체험 활동을 할 환경이 제공되는데, 더 나아가 교사는 학생들 각자가 개별적으로 만든 작품들이 모여 하나의 큰 공동작업을 이루도록 유도하여 자신이 더 큰 사회 안의 한 사람임을 인식할 수 있게 한다.

니체가 말하길, 회색의 찬 눈동자는 사물의 가치를 알지 못한다. 회색의 눈동자로 본다는 것은 먼 거리의 외부에서 감정 없이 사물을 바라보는 것이며, 단순히 쳐다보는 정도일 뿐이지 지각의 수준으로 승화되지 않는 시선이며, 가능성 있는 사물들에 대해 눈 먼 상태를 말하는 것인데, 적극적으로 흥미를 가지고 인지할수록 상상력이 발휘될 수 있는 장은 더 넓게 열린다는 뜻이다(Nietzche, 1884: Greene, 2001 재인용). 평소에 기술교육과 필수 교과, 점자 등의 수업에 주로 집중해야 하고, 혼자서 밖으로 나가 새로운 경험을 만들어 낼 수 없는 맹학교 학생들에게 작품들 안에서 즐기는 경험의 가능성이 확대될 때 '미적 체험에 대한 연속성'이 일상생활에서 회복되고, 미술 활동에 몰두하면서 경험하고 상상한 것들을 자신의 일상 삶과 연결할 수 있게 된다. 그들이 살면서 당면하는 새로운 문제들을 다른 방식으로 적극적으로 관여하게 하는 것이다(Greene, 2001, p. 193). 이러한 즐거운 경험의 지속적 확장이 심미적 교육커리큘럼 안에서 추구되어야 하므로(Greene, 2001), 티칭 아티스트들 역시 시각장애 학생들과 일대일로 미술 활동을 하면서 일상적이고 굳어져 버린 반응에서 벗어나 열린 마음을 갖고 사물을 관찰하고, 가능한 다른 방법에 대해 생각해 보는 태도를 견지한다. 학생들과 교사는 계속해서 상호 간에 새로운 관계를 만들고, 서로의 보는 법을 배우는 예술 활동을 통해 경험을 확장해 가며 사물을 보는 눈을 변모시켜 나가고 있다.

보는 것은 공감하는 것이다

경험을 넓히는 창의적 활동은 우리의 조화로운 성격 형성에 도움이 되며, 다른 사람의 감정에 민감하게 반응하고 공감할 수 있는 유동적인 마음을 길러 주기도 한다. 이러한 개인의 민감함은 감각적 · 지적 · 경제적 경험을 조화로운 전체로 통합되도록 하기 때문에 모든 감각이 세상과 조화적인 관계를 이룰 수 있도록 하는 것이 교육의 목적이 된다(Lowenfeld, 1957). 이러한 교육을 통해 길러진 민감성과 감각의 풍부함은 사람들과 대화하고 상상력을 발휘하는 표현 활동을 통해 발현되고 강화된다. 그리고 상상력의 잘 알려지지 않은 한 모습이 이 공감 능력인데, 이 상상력이 다른 사람의 입장을 이해하는 감정이입을 가능하게 한다(Greene, 1995/2001). 앞서 셸러는 시각장애 학생들이 사실 민감성과 공감 능력이 길러질 수 있는 상황하에 있다고 하였는데, 그들과의 창조 활동을 통해 티칭 아티스트들의 공감 능력과 상상력 또한 지속적으로 강화되는 것을 본다. 로웬펠드는 상상력이 풍부한 활동은 사물을 보는 능력에 의존하지 않는다고 했다(Lowenfeld, 1957, p. 276). 우리가 자유롭고 유연한 마음을 가지고 개인적인 의미를 표현할 때 그에 따라 경험, 생각, 감정이 모두 함께 작용하여 창조적 지능이라는 것을 형성하고, 그것이 우리의 상상력을 발휘하게 하는 것이다. 티칭 아티스트들이 시각장애 학생들에게서 흔히 발견하고 배우는 태도가 공감하는 태도이며, 또한 티칭 아티스트들이 시각장애 학생들과 미술 활동을 시작하게 한 중요한 요인 또한 학생들의 시점에서 같이 바라보려 하는 상상력을 기반으로 한 공감 능력이다. 듀이는 이런 식으로 상호적으로 전환학습이 일어나게 하는 조건은 인간이 열린 마음을 가지고 상호작용에 적극적으로 참여할 때라고 하였는데(Lowenfeld, 1934), 이를 '지적 환대(intellectual hospitality)'라고 부른다(Weddington, 2004). 이러한 지적으로 타자를 환대하는 마음은 기본적으로 자신이 믿는 체계가 틀릴 수 있다는 인식, 그리고 다른 가능성에 대해서도 관심을 크게 두기 때문에 다른 사람의 의견에 적극적으로 듣고 가담하는 태도를 가질 수 있게 된다.

시각장애 학생과 교사 간에 가장 기본이 된다고 볼 수 있는 이러한 관계, 상상력, 공감 능력, 다시 말해 지적 환대는 미술 활동

안에서 심미적 경험을 이끌어 내는 조건이 된다. 심미적 경험은 우리가 감정적인 투자를 할 때 비로소 따라오기 때문이다(Dewey, 1934). 시각장애인 학교 수업에서 티칭 아티스트들은 기본적으로 학생과 일대일로 관계하는데, 몇 번의 수업을 통해 감정적으로 가까워진 학생들과 친밀감을 쌓아 간 이후에 심미적 경험이 더 강화됨을 느끼므로, 기본적으로 한두 학생과 친밀한 관계를 형성하는 것을 수업 내용만큼 중요하게 여긴다. 학생과 교사 상호 간의 관계나 진행하는 미술 활동에 감정을 투자할 환경을 유지시켜 나가는 것이다. 이처럼 일대일 관계를 통해 서로 간에 관계를 가져 가는 것, 특히 교사가 의무 이상으로 자율적으로 자신을 학생과의 관계에 투자하는 것을 듀이는 지적 책임감(intellectual responsibility)이라 불렀다. 이는 상호 간에 책임감을 갖게 되는 이러한 수업 상황이 서로 표현하고 함께 성장하는 촉매제가 되는 공간을 제공한다. 결국 인간이 감각을 이용한 활동을 통해 상호적으로 교감하는 것이 교육이며, 교육을 통한 진정한 면모를 위해 관심과 책임감, 감정적인 투자, 상처를 받더라도 열고 상대를 대하는 마음과 같은 것들이 필요하다는 것이다. 그러므로 교육은 일반 수업을 넘어서며, 창조적인 표현을 중심으로 한 미술 활동이 더욱 의미를 가지게 된다(Weddington, 2004).

미학적으로 활발히 관여한 사람은 다른 사람의 의견에 관심을 가지며, 어떤 사안에 대해 또 다른 가능성에 집중하려 하고, 다른 사람과의 관계에 있어 자신을 헌신할 줄 안다(Burton, 2009). 시각장애 학생들과 미술 활동을 하는 작가들은 이와 같은 학생과의 상호 간의 성장을 추구한다. 시각에 관해 말한다면, 이들은 미술 활동을 오래 해 오고 본다는 것에 대해 진지한 고민을 해 온 작가들이고, 학생들은 앞을 잘 보지 못하는 학생들이므로 티칭 아티스트들이 누구보다도 더 잘 이해하고 있다고 생각할 수 있다. 하지만 오히려 학생들로부터 '보는' 것이 무엇이라고 하는 것에 대한 통찰(insight)을 얻을 것을 기대하는 이유는 심미적 경험을 함께 추구하는 사람들과 서로 헌신하고 공감하는 마음을 갖고 민감하게 세상을 바라본다는 것은 결국 상상력의 눈으로 세상을 보게 된다는 것인데, 그렇게 함께 세상을 볼 때 그것이 결국 세상을 제대로 보는 방법이 된다는 것이다. 이러한 방법은 우리가 익숙하지 않기에 또한 세상을 새롭게 보는 법이 되기도 한다.

본다는 것의 의미 재고

하이데거(Martin Heidegger)가 지적하듯이, 라디오와 영화의 발달로 인해 우리가 보고 듣는 능력은 더 저하되었을지도 모른다 (Heidegger, 1997, p. 48). 왜냐하면 미디어의 발달은 세상을 감지하기 위해 다른 감각들을 활용하는 능력을 줄어들게 하고, 결국에는 우리가 느끼기에는 기술의 도움으로 더 잘 보는 것처럼 느끼지만 실제로는 (광의의) 우리가 보는 능력이 퇴화되었을 수 있다는 것이다. 예술은 시각예술이라는 이름으로 더욱더 시각에 지배되어 있고, '시각예술(visual art)'이라는 말이 다른 춤이나 음악과 선을 이미 긋고 있다(Arnheim, 1990). 많은 현대의 철학자들은 사실 모더니즘 이후에 시각의 헤게모니에 대한 수정안을 내놓아 왔다.

먼저 하이데거는 시각을 인식론적 시각(epistemological vision)과 존재론적 시각(ontological vision)으로 설명했다. 이 두 방법의 중요한 차이는 전자는 보는 이와 세상과의 물리적 거리가 전제된 것이고, 후자는 보는 이가 세상 안에 있고 세상과 연결되어 있는 존재로서 본다(embeddedness)는 것이 전제되어 있다. 시각에의 집중을 이 시대의 병리학적 현상이라 비판하는 철학자인 레빈(D. M. Levin)은 하이데거의 이 정의를 해석해서 다시 풀어 단언적 응시(assertoric gaz)와 진리적 응시(aletheic gaze)라고 설명하기도 했다(Levin, 1988). 단언적 응시는 분석적이고 과학적으로 관찰하는 행위로서의 봄을 말하고, 반면에 진리적 응시는 해석하면서 진리를 찾는 행위로 나눌 수 있다. 다시 말해, 단언적 응시는 정확만 추구하는, 외눈의, 딱딱하고, 배제적인 시선이고, 진리적 응시는 종합적이고, 맥락 중심의, 내포적이고, 세심한 시각이다(Levin, 1988). 시카고 대학교의 영문학과 교수이자 미술역사학 교수인 미첼(W. J. T. Mitchell)은 자신의 논문 「There Are No Visual Media」(Mitchell, 2005)에서 예술 활동 자체가 모든 감각과 관련이 있는데, '시각적(visual)'이라는 말 자체가 쓰인다는 것이 혼란을 불러일으킬 수 있다고까지 주장했다. 전통적으로 시각은 다른 감각보다 항상 우위에 있었고, 이성을 중시했던 전통에서 시각은 이성과 항상 짝을 이루어 논의되었는데, 포스트모던 시대 이후 철학자들은 근대 이전의 이러한 이성–감정 이분법을 벗어나려고 노력해 오며 시각 중심 헤게모니를 비판해 온 것이다. 이때 시각 그 자체를 비난한 것은 아니고 그것이 근대 문화에서 변형된 형태, 즉 'monocular', 경직된 그리고 배제적인 인식론적 시각과 단언적 응시로서의 시각을 비판했다. 절대 진리와 이성을 대표하는 배제적이고 가부장적이며 독단적인 시선을 말한다.

그런데 중요한 지식은 눈으로 보는 것처럼 수동적으로 받아들이는 것이 아니라 손으로 낚아채는 것처럼 적극적으로 가져와야 하는 것이라 주장하며, 듀이는 이러한 이분법을 부정했다. 다시 정리하면, 본다는 것은 상당히 적극적인 행위이고, 눈뿐 아니라 다른 지각이 모두 포함된 행위가 되는 것이다(Dewey, 1925). 얼마 전 한 세미나에서 "서너 살 때 본 것을 아직도 기억하는 사람들은 거의 없죠?"라는 단언에 가까운 질문을 들었을 때, 사실 필자는 기억나는 장면이 한 개 생각났다. 서너 살 정도였을 때인 것 같은데, 동네 놀이터에서 색색으로 칠한 원기둥 형태의 돌계단식 놀잇감을 뛰어 건너면서 왔다갔다 했던 경험이다. 햇살이 강하게 내리쬐는 날이었고, 가족과 함께 했었고, 봄날이었다는 기억이 있다. 하나의 정지된 고정된 시선을 통한 이미지가 아니라 눈에 들어온 광경들, 몸의 움직임, 같이 있던 사람, 주위의 온도, 청명, 그리고 내 기분까지 모두가 포함된 어떤 하나의 경험이 그 놀이터를 본

광경과 떼어 낼 수 없이 통합적으로 기억 내에 그대로 존재하고 있었던 것이다. 그 경험으로부터 시각적 이미지만을 따로 떼어 기억할 수는 없다. 메를로 퐁티의 말대로, "모든 감각을 가지고 한 번에 전체적으로 한, 그리고 사물의 독특한 구조나 존재하는 것들의 독특함 등이 나의 모든 감각에 동시에 말하는 그대로" 파악한 약 1분의 시간이었던 것이다. 이처럼 본다는 것은 외부를 객관적으로 읽고 정확히 표현하는 목적을 위한 행위가 아니라 나와 대상, 관계, 모든 감각을 동원한 파악, 느낌, 기억, 시간 등 모두를 포함하는 일이다.

데카르트는 우리에게 주요한 일차적 감각과 이차적 감각이 있다고 하고 시각을 가장 중요한 감각으로 규정했지만, 메를로 퐁티는 모든 감각이 일차적 감각이라고 말했다. 메를로 퐁티가 주장하듯이, 우리는 세상을 원초적으로, 말하자면 아무 선입견, 편견이 될 지식을 아직 알지 못하는 사람처럼 지각해야 한다고 하지만 그것은 이미 불가능하다. 그렇다면 어떻게 해야 하는가? 우리는 세상을 우리도 포함되어 있는 대상이며 장소로 해석하고 바라봐야 한다. 그리고 다른 사람의 관점을 인정하고 허용하고 받아들이는 것도 우리가 선입관 없이 대상을 바라보는 한 방법이 될 것이다. 우리가 이미 알고 있는 지식이 우리가 현실을 보지 못하도록 눈을 가리고 귀를 막게 하는 역할을 하고 있을지도 모르며, 어떤 것을 배우기 위해서는 이처럼 우리가 안다고 생각하는 것을 일단 버렸을 때 가능한 일이라고 한다(Dewey, 1925; Emerson, 1903). 뉴욕 컬럼비아대학교 철학교육과 교수인 한센(David Hansen) 또한 아는 방법은 잊는 법을 아는 것이라고 강의하였고,6) 하버드대학교의 심리학자 랑거(Langer, 1998) 역시 깨어 있는 교육(mindful learning)을 위해서라면 이미 배운 것을 '잊는 것'은 나쁜 것이 아니라 오히려 필요한 것이 될 수 있다고 말했다. 이처럼 본다는 것은 우리가 무엇을 잊고 살고 있나, 다시 말해 우리가 못 보고 있는 것이 무엇인가를 감지하는 것을 전제로 하고 있다. 시각장애 학생이 세상을 보는 법을 옆에서 돕고 배우면서 새롭게 '본다'는 것에 대해 재정의 내려 보려 한 '우리들의 눈' 프로그램의 몇몇 티칭 아티스트들의 시도는 이런 이유에서 의미가 있다고 보인다.

영국의 시각문화 학자인 이릿 로고프(Irit Rogoff)는 눈으로 보이는 것을 잘 식별하는 것이 좋은 눈이 아니라, 호기심이 있는 눈이 좋은 눈이라고 했다(Mirzoeff, 1999 재인용). 호기심이 있는 눈은 이미 알려진 것이 아닌 숨겨진 의미를 찾으려는 눈이다. 비슷한 맥락으로 머독(I. Murdoch)과 루세랑은 관심을 갖고 집중해서 보는 것이 좋은 눈이라고 하였고(Lusseyran, 1999; Murdoch, 1970, 2001), 엘킨스와 메를로 퐁티 그리고 한센은 우리가 보고 싶어 하는 것을 보는 게 아니라 대상에 참여해서 그 본질을 관심 있게 감지하려는 눈이 제대로 보는 눈이라고 했다. 이 철학자들이 공통적으로 정의 내리는 바는, 보는 눈은 혼자서 기계적으로 작용하는 것이 아니라

---

6) 데이비드 한센의 'Way of Knowing'이라는 수업 중에서 인용하였다.

우리가 이용할 수 있는 모든 감각 기관을 이용하여 대상과 상호작용을 한다는 넓은 의미를 가지며, 열린 마음으로 호기심을 갖고 공감하며 볼 때 새로운 눈으로 세상을 제대로 볼 수 있다는 것이다. 시각장애 학생들과 미술 수업을 하는 다섯 명의 티칭 아티스트들은 따로 이론적으로 연구를 하지 않았어도 '보는 눈'의 지향점을 비슷하게 정의 내린다. 볼 수 있다 혹은 없다의 대립적 구도에서 벗어나 다른 쪽의 시선으로도 공감하며 바라보려 했던 이들의 혁신적 시도는 시각장애 학생들뿐 아니라 이들 스스로도 함께 성장하는 눈의 변모를 이끌어 내고 있기 때문일 것이다.

6

비판적인 사고의 함양이
미술관 교육의 목적으로
지향되어야 하는가

올가 허버드

현재 교육 현장에는 학생이 예술 작품과 함께하는 의미 있는 교육 활동이 턱없이 부족한 실정이다. 따라서 미국에서는 많은 미술관이 이러한 상황을 변화시키기 위해서 노력하고 있다. 하지만 예술이 도외시된 교육적인 환경에 예술 작품 감상[1]을 편입시키려면 미술관 에듀케이터[2]는 지속적으로 미술관 교육 프로그램의 교육적인 가치를 밝혀야 한다. 이때 예술 작품 감상 활동의 효용성을 입증하는 가장 일반적인 주장은 이러한 감상 활동이 학생의 비판적 사고능력을 향상시킨다고 하는 생각이다. 실제로 미국의 많은

1) 여기서 예술 작품의 감상이라는 용어는 저자인 허버드가 사용한 'art viewing'을 번역한 것이다. 저자는 art viewing을 감상자와 예술 작품 사이에 일어나는 활발하고 의미 있는 상호작용이라고 보았다. 여기서 상호작용이라 함은 한쪽에서 일방적으로 주도하는 감상 활동이 아니라, 감상자와 에듀케이터가 서로 주고받는 적극적인 활동을 뜻한다. 즉, 강좌 위주로 정보나 지식을 전달하는 감상자에게 수동적인 교육 활동과는 구별된다.

2) 미술관 에듀케이터(museum educator)는 미술관과 박물관에서 교육을 담당하는 교육자를 뜻하며, 줄여서 에듀케이터(educator)라고도 한다. 학교와 같은 전통적인 교육 현장에서의 교육자와 구별해서 사용되고 있는 용어다.

미술관은 교육 프로그램의 목적을 학생들의 비판적인 사고를 기르는 것으로 보고 있다(Herz, 2007).

이러한 주장은 오늘날 날로 증가하고 있는, 예술 작품과의 교감이 비판적으로 사고하는 능력을 향상시킨다는 이론을 증명하는 연구와 맥을 같이 하고 있다(Adams et al., 2007; Curva et al., 2005; Herz, 2007; Housen, 2002; Korn, 2007; Tishman, 2003). 윌링햄(D. T. Willingham)에 따르면, 비판적 사고는 "한 문제의 양면을 보고 자신의 생각에 위배되는 새로운 증거를 받아들일 수 있으며, 객관적으로 추론해서 새로운 증거로 자신의 주장을 번복하는 한편, 여러 가지 가능한 사실을 조합해서 결론을 이끌 수 있는 능력"을 뜻한다(Willingham, 2008, p. 21). 이러한 정의를 따라3) 여러 가지 연구는 미술관 에듀케이터가 이끄는 예술 작품에 대한 적절한 대화가 관찰과 의문, 조합, 추론 그리고 여러 가지 다른 관점의 수용을 돕는 능력을 향상시키는 데 기여한다는 사실을 보여 준다.

이처럼 예술 작품 감상 프로그램과 비판적 사고의 향상 사이의 연관성은 의문을 가질 여지가 없다. 하지만 이러한 연관성을 인정하는 것과, 예술 작품의 감상이 단지 비판적 사고를 향상시키기

----

3) 비판적 사고라는 개념은 교육에서 충분히 이슈가 되고도 남는다. "왜냐하면 그에 대한 서로 상반되는 여러 가지 개념이 존재할 뿐만 아니라, 실전에서의 적용에도 논란이 존재하기 때문이다."(Wright, 2002) 또 다른 참조할 만한 논문으로는 Herz의 「From the Guest Editor」가 있다. 이 논문을 집필하는 데는 윌링햄의 정의를 참고하였다. 그의 정의는 미술관 교육 관련 연구에서 나오는 비판적 사고의 개념과 일치하는 면이 있기 때문이다.

때문에 중요하다고 주장하는 것은 또 다른 이야기다. 따라서 이 장에서 필자는 미술관 교육 프로그램이 단지 학생들의 비판적 사고를 기르기 위하여 중요하다는 사실에 대해 의문을 제기하고자 한다. 이러한 주장에 내재한 몇 가지 문제점을 제기하여, 궁극적으로 미술관 에듀케이터들에게 미술관 교육이라는 그들의 업무에 대한 더욱 폭넓은 시각을 가질 것을 촉구하고자 하는 것이 필자의 작은 바람이다.

첫 번째 문제 제기

예술 작품의 감상이 비판적 사고 향상에 기여한다는 사실을 증명하는 연구는 주로 학생들에게 작품에 대한 질의를 통하여 작품을 감상하도록 유도하는 교육 프로그램을 위주로 한다. 오뎃(B. H. Audet)과 조단(L. K. Jordan)의 연구에 따르면, 질의를 통하여 교육을 이끄는 방법은 주로 과학에서 쓰이는 교육 방법이다. 미국 국립과학교육표준(National Science Education Standards)은 다음과 같은 사실을 인정하며 이러한 교육 방법을 뒷받침해 준다(Audet & Jordan, 2005). 즉, "과학을 가르치는 데 가장 주요한 전략은 학생들의 경험으로부터 나오는 정확하고 적절한 질문을 통하여 질의를 이끌어야 한다는 사실이다."4)

질의를 통한 학습에서 학생은 자신만의 지식을 만들고 발견하게 된다. 그러한 학습을 이끌어 내기 위해서 교사는 학생이 직접 자신의 주변을 주시하고 특별한 점을 관찰하여 질문을 하고, 의미를 추론하며, 때로는 대안이 되는 설명을 찾아내고 결론을 이끄는 한편, 지속적으로 자신의 사고를 심사숙고하도록 유도할 수 있어야 한다(Audet & Jordan, 2005). 따라서 과학교육과 질의를 통한 학습은 아주 밀접한 관련이 있는 것으로 보인다. 지식은 관찰과 증거를 기초로 한 적극적인 추론의 결과라는 사실이 과학적인 방법론의 중심에 있기 때문이다. 그럼에도 불구하고, 질의를 통한 교육은 사회, 언어, 수학, 철학과 같은 여러 가지 교과 과목에서도 유용하게 이용되고 있으며, 학생은 여러 과목에서 동시에 비판적으로 사고하도록 고무되고 있다.5)

질의에 기초한 예술 작품 감상 프로그램에서 학생은 한 작품에 많은 시간을 할애하게 된다. 학교 교사나 미술관 에듀케이터와 같은 안내자는 학생이 작품을 관찰하고, 자신에 관련된 일상에 연결시켜 해석하며 작품과 연관될 수 있는 글을 떠올리게 하면서 자신

<hr />

4) 'inquiry-based'와 'education'이라는 검색어로 연구 검색을 하면 과학교육에 관한 어마어마한 자료가 검색이 된다. 이것은 질의(inquiry)와 과학(science)과의 밀접한 관계를 보여 주는 일례라고 볼 수 있다.

5) 다른 과목에서 질의를 통한 교육에 관한 예를 보고 싶다면, 다음을 참조할 만하다. Akmal & Ayre-Svingen, 2002; Bishop, 2002; Brown, 2004; Klein, 2004; Memory et al., 2004; Meyerson & Secules, 2001; Rekrut, 2002; Stonewater,, 2005; Wilen, 1989. 비판적인 사고에 관한 글은 다음과 같다. Bailey, 2008; Buck, Hildebrand, & Marden, 1991; Cianciolo, 1990; Court, 1991; John, 1987; Knopp, 1997; Laverty & Gregory, 2007; Leming, 1998; Martin, 2007; Morgan, 1990; Priest, 2000; Wright, 2002.

6 비판적인 사고의 함양이 미술관 교육의 목적으로 지향되어야 하는가

들이 보고 있는 작품에 근거해서 나름의 의미를 찾도록 도와준다 (Museum of Modern Art, 2008; Guggenheim Museum, 2007; Yenawine, & Housen, 2001). 이러한 과정 속에서 학생들은 자연스럽게 관찰, 연상, 해석뿐만 아니라, 그 밖에 감상 활동에 수반될 수 있는 다양한 능력을 연마하게 된다.

하지만 앞에 언급했듯이, 관찰이나 연상, 해석 등은 질의 과정과 밀접한 관련이 있는 능력이다. 즉, 과학이나 그 외 다른 학과에서 바람직한 가르침으로 인정되는 교육과정에 주로 수반되는 교육 방법이다. 따라서 학생이 예술 작품 감상 프로그램에서 질의 중심 교육을 받음으로써 비판적인 사고를 함양할 수 있다는 점이 사실이라고 하더라도, 우리는 감히 이것이 예술 작품 감상 프로그램만의 고유한 특징이라고 말할 수는 없다. 관찰이나 연상과 같은 능력은 시각적인 사물—그 사물이 예술 작품이든 아니든—에 대한 활발한 질의가 이루어질 때 길러질 수 있기 때문이다. 비판적인 사고의 함양이 미술관 교육에서 나타날 수 있는 장점이라는 사실이 모두에게 인정받는다고 가정해 보자. 그렇다 하더라도 학교에서는 학생이 예술 작품과 교감을 하든 하지 않든, 다른 학과에서라도 지속적으로 질의 중심 교육을 받는다면 분명 그들의 비판적인 사고가 향상될 것이라는 사실은 자명한 것이다.[6]

---

6) 대부분이 그렇듯이, 예술 작품 감상 프로그램이 질의 중심 교육 방식을 학교에 처음으로 도입하였다고 볼 수 있다. 하지만 아직도 학생이 새로운 작품 감상 프로그램을 통해 기르

그렇다면 또 다른 대안적 변론은 여러 과목 간의 융합의 유용성을 강조하여 예술 작품 감상을 통하여 다른 과목에 유용한 능력을 향상시킬 수 있다고 주장하는 것이다. 하지만 이것은 아이즈너(E. W. Eisner), 헤틀랜드(L. Hetland)와 위너(E. Winner) 같은 미술교육 학자들이 주장하였듯이 매우 설득력이 없는 주장이다(Eisner, 2003; Hetland & Winner, 2004). 이러한 논리의 단점은 그 논점을 뒤집어서 생각하면 극명해진다. 과연 과학이나 사회, 언어교육의 목적이 학생이 예술과 더 교감할 수 있도록 돕는 비판적인 사고를 향상시키는 것이라고 말하는 것이 합당한가? 사실 여러 과목에서 유용한 능력이 한 과목에서 길러질 수 있고, 또 다른 과목에 유용하게 적용될 수 있다는 사실은 맞는 말이다. 하지만 사려 깊은 교사라면 통합 교육에서 여러 과목 간에 가장 바람직한 상호 관계가 어떤 것인지 알 것이다. 한 과목이 존재하는 목적이 다른 과목을 뒷받침하기 위해서 있어서는 안 된다는 점이다. 여러 과목 간에 여러 가지가 겹치는 것이 사실이라 할지라도, 한 과목에서는 그만의 인간 경험에 관한 하나의 일면을 조명하고, 그것에 관한 이해를 도모하는 고유한 인식의 틀을 제공하기 마련이다. 바로 학생에게 세상에 대한 더욱 폭넓은 깊은 인식을 갖게 하는 고유한 인식의 틀을 제공하여야 하는 것이다. 따라서 각각의 과목에는 학생이

기 시작한 기량은 예술이라는 그 내용적인 것보다는 질의라는 교육 방법에 초점이 맞추어져 있다고 본다.

세상에 대한 더욱 폭넓고 깊은 인식을 돕는 고유한 시간이 필요하다. 아이즈너와 여러 학자들이 주장한 것을 다시 한 번 상기하자면, 이처럼 다른 학과를 뒷받침하는 데서 미술교육의 가치를 찾는 것은 그 시작부터 예술의 고유한 의미를 평가절하하는 것이라는 사실이다.

두 번째 문제 제기

미술교육에서 내용적인 측면보다 방법론인 것에 비중을 둠으로써 우리는 비판적인 사고가 학생에게 예술 작품 감상의 영역 안에서는 어떠한 의미를 가지는지를 고찰하는 데 실패하였다고 볼 수 있다. 예술 작품 감상의 목적이 단지 학생에게 비판적 사고를 함양시켜 준다는 것에 국한된다고 해 보자. 그렇다면 누구든지 이미 비판적 사고능력을 충분히 갖춘 사람은 더 이상 예술 작품을 접할 이유가 없다는 말이 된다.

미술관 에듀케이터는 미술관 교육 프로그램이 전통적인 설명 중심으로 작품에 대한 강좌를 하기보다는 학생에게 능동적인 활동을 통해 자발적으로 할 수 있는 능력을 길러 주어야 함을 강조하곤 한다. 전형적인 강좌에서는 에듀케이터가 전달할 내용을 결정하여 학생에게 그 내용을 전달하게 되며, 아무런 질문도 받지 않을 뿐더러 그들에게 작품에 대한 개인적인 관찰이나 해석의 여지를 주지 않는다. 반대로, 기량 중심 교육 프로그램에서 학생은 스스로 작품에 대한 개인적인 의미를 만듦으로써 비로소 미리 정해진 내용으로부터 자유로워진다. 물론 이러한 과정, 즉 작품에서 자신만의 의미를 찾는 과정에서 학생에게 비판적 사고가 절실히 요구된다는 사실은 두말할 필요도 없다. 하지만 문제는 예술 작품을 감상하는 행위 자체의 목적이 단지 이러한 기량의 함양으로 보아서는 안 된다는 점이다. 비판적 사고는 그 자체로서 가치 있는 것이 아니라, 그것으로서 비로소 학생이 도달할 수 있는 작품의 의미나 이해 그리고 경험 때문에 중요하다는 사실을 간과하여서는 안 된다. 학생 지도의 관점에서 보면, 예술 작품 감상의 목적이 단지 학생에게 비판적 사고를 함양시키기 위한 것이라고 말하는 것은, 곧 악기 연주를 배우는 것의 목표가 손가락을 움직이는 속도와 세기 그리고 정확성을 기르는 것이라고 말하는 것과 다름없다. 악기 연주의 레슨을 통해서 손가락을 움직이는 속도, 세기나 정확성이 길러지는 것은 사실이다. 하지만 이러한 훈련의 궁극적인 목적을 생각해 보자. 이러한 기량을 갖춘 학생이 예술과의 교감을 통해서 얻는 것은 결국 무엇인가? 이러한 능력과 기량의 너머에는 과연 무엇이 있을까? 학생이 거쳐야 하는 이해, 의미, 경험은 도대체 무엇일까? 이러한 과정은 과연 왜 필요한 것일까?

미술관 에듀케이터는 전통적인 설명 중심 프로그램에서 작품에 대한 이미 결정된 내용을 전달하는 것을 피하려다가 오히려 일련의 모든 내용적인 것의 중요성을 간과하게 되는 과오를 저

지르기 쉽다. 그들이 간과하는 내용에는 때로는 학생들이 작품과 개인적인 교감을 통해서 만들어 내는 내용까지도 포함된다. 하지만 우리가 작품 감상에서 학생이 비판적 사고를 통해서 얻어내는 의미, 경험 그리고 이해를 놓친다면, 미술관 교육 프로그램의 목적이나 중요성에 대한 우리의 논쟁은 그저 미완성으로 남을 뿐이다.

세 번째 문제 제기

질의 중심 학습에 빠지지 않는 논리적인 추론의 과정은 작품에서 의미를 찾아내는 데 매우 중요한 방법 중에 하나다. 하지만 글이라는 매체와 달리, 예술 작품은 우리가 생활하는 공간에 우리와 똑같이 물리적으로 존재하는 시각적인 실체다. 시각예술 작품은 우리의 눈이 인지하는 이미지로 구현되어 있으며, 우리가 직접 만질 수도 있는 사물이다(Merelau-Ponty, 1964). 그러므로 감상자가 예술 작품을 처음 바라볼 때는 어떠한 직접성이 존재하기 마련이다. 때로는 작품에 내재한 어떠한 개념적인 이성을 넘어서 예술 작품은 개인에게 물리적·감각적·감정적 교감을 선사하는 것이다(Hooper-Greenhill, 1999; Langer, 1953; Sontag, 1982).

하지만 그렇다고 해서 예술 작품이 개인에게 오직 육체적으로 그리고 정신적으로만 다가간다고 말할 수는 없다. 앞에서 짐작할 수 있듯이, 예술 작품은 감상자에게 이성적인 추론 과정을 통해서 해석을 하도록 유도하기도 하기 때문이다(Barrett, 2003; Hooper-Greenhill, 1999; Housen, 2002; Mckay & Monteverde, 2003). 이처럼 예술 작품을 경험한다는 것은 개념적이면서 동시에 경험적인 면을 가진다고 말할 수 있다. 개인에게서 이성뿐만 아니라, 감각, 감정, 움직임의 반응을 동시에 유발하기 때문이다(Hubard, 2007).

사실 많은 교육 전문가들에게 인지 면에서 경험론적 인식이라는 개념 자체가 의심스러울 수 있다. 이것은 역사적으로 교육계에 팽배한 데카르트 학파의 논리 때문이다. 데카르트 사상은 계몽사상에서 시작되어 오늘날 교육계에 만연하였으며, 육체와 정신을 분리함으로써 논리적인 추론이야말로 진실된 진리에 이르는 유일무이한 길이라고 보았다. 만약 어느 미술관 교육 프로그램에서 작품의 의미를 개념적으로 찾아내는 이성적인 기량을 기르는 것을 강조한다면, 이것은 바로 데카르트 학파의 논리를 따르는 교육 방법이라고 볼 수 있다. 그러나 20세기를 지나면서, 여러 휴머니스트, 과학자, 교육철학자는 지식을 인식하는 데에서 몸과 감정의 의미를 다시 고찰하기에 이르렀다(Anttila, 2006; Arnheim, 1969; Bresler, 2004; Dall'Alba & Barnacle, 2005; D'Amasio, 1994; 1999; Freedberg & Gallese, 2007). 라코프(G. Lacoff)와 존슨(M. Johnson)이 주장하듯이, "정신은 몸과 다른 것이 아니며, 열정적이며, 사회적인 것"[7)]

7) 인식에 관한 조금 더 폭넓은 이해를 위해서는 Eisner(2002), *The Arts and the Creation of Mind*를 참조하라.

이다(Lacoff & Johnson, 1999). 따라서 "무엇이 실제로 존재하는가를 파악하는 우리에게 감각은 우리의 몸과 함께 비로소 시작될 뿐만 아니라 궁극적으로 몸과 밀접하게 관련된다."(Lakoff & Johnson, 1999)

예술 작품과 교감을 하면 단순히 이성적인 사색 능력이 좋아진다고 말하는 것은 인간이 세계를 인지하는 데 수반되는 심오하고 다면적인 과정을 간과하는 것이다. 특히, 미술교육에서 이러한 주장을 하는 것은 역설적인 것으로 보인다. 왜냐하면 예술 작품을 이해 및 해석하는 과정에는 인식의 다양한 방법이 모두 수반되기 때문이다(Csikszentmihalyi & Robinson, 1990). 실용적인 관점에서 보면, 뚜렷한 이성적인 기능을 향상시키려는 목적을 가진 예술 작품 감상 프로그램은 예술 작품으로부터 우리가 얻을 수 있는 가장 중요한 면을 잃게 될 위험이 있다. 언어에 기초하여 이성적인 질의 과정으로 예술 작품을 감상하는 과정이 과연 논리적인 추론뿐만 아니라 심지어는 언어조차로도 표현할 수 없는 작품과의 교감보다 더 교육적이라고 할 수 있는가? 그 이유는 무엇일까? 이 질문에 대답하려면 단순히 예술에 대해서 생각하는 것을 넘어서 인간의 바람직한 내적 성장을 위해서 어떠한 경험이 가치가 있는지를 모색하는 것이 필요할 것이다(Higgins, 2008).

맺음말

이 글의 원래 논점으로 돌아가서, 현재 교육적인 환경을 고려하여 바람직한 미술관 교육의 목적을 생각해 보자. 예술 작품과의 교감을 통하여 학생에게 이성적인 역량을 길러 주고자 하는 것이 과연 학교교육과 미술관 교육 프로그램이 연계하여 자리 잡기 위한 가장 이성적인 방법일까?(Burchenal et al., 2008)[8]

미술관 교육에 대하여 정확히 알지 못하는 교육 실무자라면, 단순히 그렇게 결론을 내려 버릴지도 모른다. 마케팅이 목적이라면, 적어도 우리가 만드는 프로그램을 위한 철학보다는 뚜렷한 마케팅 근거를 마련하여야 하기 때문이다. 실제로, 경험이 풍부한 어떤 사람이 학생을 위한 다면적인 예술적 경험을 만드는 사이에 미술관 교육의 목적에 대한 논쟁은 이러한 방향으로 끝나버릴지도 모른다.

하지만 조금 이상하게 보일지라도, 그에 대해 충분히 효과적인 대안은 존재한다. 즉, 교육에 관한 더욱 넓은 시각을 진작하기 위한 노력을 기울이자는 것이다. 예술의 풍요로움을 인정하고, 정확하게 측정하는 것보다는 어떠한 여지를 주는 것이 필요하다. 이러

---

8) 미술관 교육 마케팅에 있어서 비판적 사고에 관한 더 많은 정보는 Herz(2007). From the Guest Editor. *Journal of Museum Education, No. 2*를 참조하라.

한 방법에 우호적이지 않은 사람에게는 아마 교육에서 지금까지 매우 절대적으로 인정받아 왔던 제한적인 방식을 바꾸는 것 자체가 의심스러울 수 있다. 이러한 회의는 물론 맞을 수도 있고 그렇지 않을 수도 있다. 하지만 우리가 이러한 변화를 위하여 노력하지 않는다면 문제가 되는 현재 상황이 결국 계속 이어져 교육이 학생이 학습하는 내용과 학습하지 않는 내용까지 모두 세세하게 결정하려는 오류를 범하게 될 것이다.

7

미술 작품과의 깊은 조우:
학습자의 창조적 성장을 위한
미술관 교육

정혜연

이 장의 내용은 21세기에 박물관과 미술관의 교육적 역할과 성격이 확장되고 다변화되고 있음에도 불구하고 그 교육의 내용과 방법적인 측면에서 체계적인 운영 전략에 따른 운영이 부족하다는 현실을 배경으로 하고 있다. 특히 박물관·미술관의 교육적 역할을 가장 적극적으로 실천하는 박물관·미술관의 교육 프로그램은 양적으로 무척 확산되었으나, 그 질적 향상과 다양화가 부족한 실정이다. 이러한 현실에 반응하여 필자는 현재의 박물관·미술관 교육 프로그램의 새로운 형식을 제안하면서 교육 프로그램의 궁극적 목적을 미술관과의 관계력 발전에 두고자 한다. 박물관·미술관의 교육 프로그램은 각 박물관·미술관의 특징에 기초하며 여러 다른 종류의 박물관·미술관에 동일하게 적용하기 어렵기에, 이 제안은 다른 박물관을 제외한 미술관만으로 한정한다. 미술관의 관람자에게 교육적 경험을 일어나게 하는 방안의 이론적 근거를 로웬펠드(Victor Lowenfeld)의 『창의적 지능(*Creative*

Intelligence)』(Lowenfeld, 1960)과 이를 오늘날의 시각으로 재해석한 버튼(Judith M. Burton)의 『창의적 지능, 창의적 행위: 다시 읽는 로웬펠드(Creative intelligence, Creative practice: Lowenfeld redux)』(Burton, 2009)에 두고 있다. 이 두 글은 미술 작품과 만나는 감상자의 창조적 행위의 중요성을 설명할 뿐 아니라 감상자의 전인적 발전 가능성에 새로운 시각을 부여하고자 하는 목표를 갖고 있기 때문이다.

박물관·미술관의 교육 기능

현재 대부분의 박물관·미술관에서는 교육적 기능을 가장 중요한 미션으로 인식하고 있으며, 따라서 박물관·미술관의 모든 활동이 교육적 목적에 부합하려 노력하고 있다(AAM, 2005). 2007년 새로 개정된 세계박물관협회(International Conference of Museums: ICOM)의 박물관·미술관의 기능에 대한 정의를 보면 교육적 기능이 보존이나 연구보다 우선시된다고 명시되어 있다. 우리나라의 경우 1980년대 말부터 많은 국공립 박물관·미술관에 교육 섭외과가 신설되어 박물관·미술관의 교육적 기능을 인지하기 시작하였으며, 1990년대에 들어서면서 평생교육의 중요성에 대한 인식과 함께 많은 박물관·미술관에서 성인을 위한 강좌와 아동 관람자를 위한 교육 프로그램이 생겨나기 시작했다. 박물관·미술관의 교육 프로그램은 2000년 이후 급속히 증가하였는데, 특히 2005년 세계박물관협회의 학술대회가 우리나라에서 개최되면서 박물관·미술관의 교육적 기능은 국공립은 물론 사립 박물관·미술관도 적극적으로 인지하고 있다. 사회적 영향으로는 「문화예술교육진흥법」 제정과 문화예술교육진흥원의 설립 그리고 「박물관·미술관법」 개정 등을 배경으로 교육적 기능이 박물관·미술관이 존재하는 이유이자 필수 불가결한 기능으로 명시되게 되었다. 현재 우리나라의 박물관·미술관은 그 기관이 주체가 되어 진행되는 모든 소통의 활동이 교육적 미션을 띠어야 한다는 인식이 공통적으로 확립되어 있다고 할 수 있다(백령, 2007).

이러한 정책과 인식의 변화는 박물관 교육인력 지원 사업 실시와 더불어 관련 사업을 지원하면서 박물관·미술관의 교육적 기능을 적극적으로 인식하고 교육의 장으로 활용하고자 하는 대중의 요구로 이어지고 있다. 적어도 어느 규모 이상의 대형 박물관·미술관의 경우 평일은 학교나 보육시설 단위의 단체 관람자들로 갤러리가 가득 차고 있으며, 주말은 가족 단위 관람자들로 넘쳐 나고 있다. 관람자의 적극적 요구는 사회적 지지와 맞물려 박물관·미술관의 교육 기능 중 가장 적극적 행태인 교육 프로그램의 놀라운 증가를 불러일으키고 있다. 과거 박물관·미술관의 교육 프로그램이 생겨난 초기에는 가족, 학교 연계, 성인 정도로 프로그램이 진행되었다. 그러나 현재의 가족 프로그램은 아동의 연령에 따라 더욱 세분화되고 있고, 학교 프로그램은 학년은 물론,

연관된 과목으로 더 많이 개발 운영되고 있으며, 일반 성인 프로그램의 관람자의 다양한 관심사와 배경에 따라 더욱 세분화되고 있다. 또한 문화소외계층을 위한 교육 프로그램에 대한 지원과 계획은 최근 박물관·미술관 교육의 가장 큰 특징으로 볼 수 있다.

이러한 박물관·미술관 교육 프로그램은 그 숫자 및 종류의 다양화에 있어서 놀라운 증가를 보이고는 있는 것에 비해 그 질적 변화는 미흡하다는 지적이 많이 있다. 전 국립중앙박물관 관장인 신광섭(2013)에 따르면, 2013년 현재 우리나라 어느 박물관에서라도 교육은 박물관의 핵심적인 영역으로 자리 잡았으며, 수많은 교육 활동을 진행하고 있으나, 그 활동이 단편적이고 산발적으로 이루어지고 있다. 양건열(2011)은 박물관·미술관 교육 활동이 프로그램의 숫자적으로는 큰 증가를 보였음에도 불구하고 박물관·미술관 교육의 인식 부재로 관람자나 교육 프로그램의 수요 확충을 위한 수단으로만 여겨지며, 교육 프로그램의 기획력 부족으로 인해 박물관·미술관의 건립 목적과 관련이 없는 프로그램의 성과 위주의 양적 성장만이 이루어지고 있다고 지적하고 있다. 다시 말해, 현재 박물관·미술관의 교육 프로그램은 각기 박물관·미술관의 존재 목적에 정확히 부합하지 못한 채 박물관·미술관만의 독자적 프로그램의 개발이 이루어지지 못하고 있고, 숫자적 증가와 참여자 숫자로만 평가되고 있으며, 산발적이고 단편적이어서 지속적 연구를 통한 프로그램의 개발이 이루어지지 못하고 있다는 것이다.

미술관·박물관 교육 프로그램의 현황

그렇다면 박물관·미술관 교육 프로그램이 양적 확산만 이루어진 이유는 무엇인가? 첫째, 필자는 교육 프로그램의 구분이 주로 대상별 구별로만 이루어진다는 점을 지적하고 싶다. 설명하자면, 현재 대부분의 박물관·미술관 교육 프로그램은 아동/가족, 청소년, 성인, 문화소외계층(문화희망계층 등 여러 가지 다른 표현이 존재한다), 전문인 등에 대한 대상별 구별과 교육활동과 연계된 전시의 성격에 따라 특별전시나 일시적 행사에 연관되어 있는지 상설전시를 그 주제로 하는지 정도로 교육 프로그램의 성격을 규정하고 있다. 이러한 구별은 교육 프로그램에 참여하려는 참여자에게 프로그램에 관한 기본적 정보를 준다는 점에서 당연한 구분이지만, 프로그램의 운영 개발자 측면에서는 프로그램의 성격을 단순히 규정하고, 따라서 프로그램의 질적 향상을 의도하지 못한 채 양적 증가만을 이루게 하는 직접적 요인으로 작용하고 있다. 현재 우리나라의 박물관·미술관의 상황을 살펴보면 수만 개의 유물을 가진 대형 국립박물관과 특정 종류로 한정된 소규모의 박물관도 개수와 종류만 다를 뿐 형식이나 참여 대상 면에서 비슷한 프로그램을 기획·운영하고 있다. 특히 이와 같은 구분은 박물관·미술관에서의 교육도 일차적 대상은 아동이어야 한다는 생각에 박물관·미술관의 주된 관람자 층과 관계없이 아동 대상 프로그램이 기본적 프로그램이어야 한다는 인식을 낳고 있다. 예를 들어, 국립족보박물관의 경우 주된 관람자가 60대 이상의 노년층임에도 불구하고 현재의 교육 프로그램은 초등학생을 대상으로 하고 있다.

둘째, 교육 프로그램의 인기 여부가 프로그램의 지속에 가장 큰 영향을 준다는 것이다. 참여자나 학습자인 관람자의 요구가 박물관·미술관의 프로그램의 영향을 주어야 한다는 것은 당위적이나, 현재의 평가는 참여자의 경험에 대한 숫자적 평가 조사에 의존하고 있다. 또한 만약 학습자의 경험에만 과도히 치중하면, 프로그램 내용의 전문화를 이루어 내지 못하고 현재의 유행만을 따라가는 결과를 낳을 수도 있다. 현재 대형 박물관·미술관에는 사교육 교사들이 아동들을 단체로 데리고 와서 활동지에 의존하여 관람을 하는 모습을 쉽게 찾아볼 수 있다. 박물관·미술관이 다른 체험 현장과 다르지 않은 활동의 영역으로만 인식된다면 우리의 박물관·미술관은 결국 사교육 현장과 다르지 않은 곳이 되어 갈 수도 있다. 김인회(2009)에 따르면, 교육의 양적 성장이 이루어진 현 시점에서 앞으로의 박물관·미술관 교육의 성장은 ① 참여자들과 박물관·미술관과의 의사소통이 이루어지는, ② 관람자 상호 간의 의사소통이 가능한, ③ 전시물과 관람자 개개인과의 교감과 소통이 가능한, 그리고 ④ 참여자들의 창조적 경험을 공유할 수 있는 프로그램의 질적 향상이 이루어져야 한다.

박물관·미술관 안에서 프로그램의 질적 향상이 요구되는 것이 당연해졌다면, 그 방법은 무엇이겠는가? 우선 다른 박물관·미술관 자체의 정체성을 파악하고 자신의 박물관·미술관의 프로그램을 개발하고 운영해야 한다. 다시 말해, 박물관·미술관 교육 프로그램이 각기 기관이 가진 특징, 즉 소장품의 성격이나 지리적 환경, 크기, 현재의 관람자, 잠재적 관람자 등을 파악하고 적극적으로 교육 프로그램의 대상과 성격을 구체적으로 규정하여 기획하여야 한다는 것이다. 역사박물관, 과학박물관 혹은 미술관은 그 소장품은 물론 주된 관람자의 분포도 다를 수밖에 없으며, 그 소장품의 성격과 종류도 다르다. 또한 어떤 종류의 박물관이나 미술관이라 하더라도 그 소장품의 숫자, 다양성에 따라 성격이 매우 다르며, 지리적 위치가 어떠한지에 따라 주 관람자의 성격도 다를 수밖에 없다. 이러한 박물관·미술관의 성격, 그리고 개별 박물관·미술관의 성격을 인식하고 차별화된 프로그램을 자신의 박물관·미술관 내의 인력으로 기획하고 운영하는 것이 가장 근본적 변화의 기초일 것이다.

미술관의 특별성

그렇다면 이 글의 대상이 되는 미술관은 과학 박물관, 역사 박물관 등과 어떠한 다른 성격을 지니고 있을까? 미술관은 그 소장품이 미술 작품이라는 특성에 따라 교육 프로그램의 궁극적 목표가 작품과의 동화된 미적 경험을 제공하는 것이 큰 비중을 차지한다. 다시 말해, 소장품의 이해는 역사적 유물이나 과학적 사실에 기초하는 전시물과는 다른 성격을 지닌다는 것이다. 맥신 그린 (Maxine Greene)은 미적 경험이라는 것은 인지적으로 어떤 작품을 이해하는 것과는 다르다고 했다. 어떤 작품을 인지적으로 배워서 그 작품에 관해 더 많이 아는 것과는 달리, 개인이 예술 작품을 감정적으로 느끼고 의식적으로 만나며, 작품의 여러 겹과 깊이가 마음에 들어오는 순간을 경험하게 되는 순간에 일어나는 경험을 의미한다. 이러한 경험은 작품 앞에 서 있다고 해서, 혹은 작가의 의도나 정보 등을 알게 되었다고 해서 오는 것이 아니라, 작품을 바라보는 사람이 의식적으로 작품과의 관계를 맺으려는 의도를 가지고 작품을 바라보는 어느 순간, 그 작품이 내 앞에 현존하게 되고, 자신과의 관계를 찾게 되며, 새로운 가능성을 모색하게 되어서, 작품의 의미가 무엇인지 찾고 싶은 순간을 맞이하게 되는 경험이라는 것이다. 이러한 경험은 우리의 의식에 변화를 가지고 와서 우리가 접하는 세상을 다르게 바라볼 수 있게 하는 힘이 있다 (Greene, 1980). 그런데 이러한 작품과의 개별적인 교류는 언제 어떻게 일어나는지 알 수 없으며, 작품에 관한 정보, 즉 작품이 생겨난 배경이나 작가의 의도나 미술 사조 등을 많이 습득하고 있다고 해서 개인적 친밀함이 늘어나는 것도 아니지만, 한 사람을 변화시킬 큰 힘을 가진다(Greene, 1980).

예술 작품에 대한 이해는 예술 작품 그 자체에서 나오는 것이 아니다. 동시대 미학자인 니콜라 부리오(Nicolas Bourriaud)는 미술 작품은 감상자와 만날 때 비로소 의미를 가진다고 했다(Bourriaud, 2013). 즉, 예술 작품을 이해하는 것은 작가가 예술 작품을 완성할 때 내재되어 있는 것이 아니라 감상자와 예술 작품이 만날 때 생겨나게 되므로, 예술 작품의 완성은 예술 작품이 감상자에 의해 감상되는 관계까지를 포함하고 있다. 이러한 관계가 형성되어 만들어질 때 감상자는 자신의 외부 세계와 관련되는 자신만의 의미를 찾게 됨으로써 자신만의 독특한 이해를 만들어 내고 이 과정이 미적 경험을 만들어 내게 된다. 그러므로 미적 경험은 지각적이며 인지적인 깨달음을 포함할 수밖에 없지만, 인지적인 배움이 이러한 미적 경험의 조건은 아니라는 것이다.

로웬펠드(Lowenfeld, 1960)는 『창의적 지능』에서 미술 작품을 감상하는 행위와 미술을 창작해 내는 행위가 모두 창의적 행위라고 주장하며, 창의적 행위로서 미술 작품을 감상하는 행위는 개인의 자주성을 향상시킴으로써 자아와 타인의 분리를 촉진하는 대신 자연스럽게 관계라는 개념의 확장 가능성을 제시할 수 있다고 믿었다. 그는 창의적 행위가 타인에 대한 반응을 보이는 행위로 이어진다고 주장했다. 다시 말해, 미술 작품에 대한 반응은 자신과 타인에게 반응을 보이는 행위이며, 다른 사람 앞에 자신을 드러내고 의견을 전달하고 자신이 세상에 실재한다는 사실을 확증하는 방법이라는 것이다. 버튼(Burton, 2009) 또한 『창의적 지능, 창의적 행위: 다시 읽는 로웬펠드』에서 이러한 로웬펠드의 주장을 재해석하며 미술 작품과 만나고 반응하는 행위는 감상자가 자아감을 쌓을 수 있으며, 알지 못하는 타인, 미처 경험해 보지 못했던 상황에 대해 공감할 수 있게 된다고 설명했다. 다시 말해, 미술 작품을 창작하고 감상하는 행위는 미술 작품과의 관계력이 그 핵심이며, 이 관계력은 바라보는 사람 자신이 누구인지를 알게 하며, 자신이 아닌 타인을 이해하고 공감하게 한다.

또한 미술 작품과의 '관계력'은 창조성을 정의할 때 사용되는 사회문화적 맥락과 상통한다. 칙센트미하이(Mihaly Csikszentmihalyi)는 창의성은 개인적 사고와 사회문화적 맥락 사이의 상호작용임을 주장했다(Csikszentmihalyi, 1996). 창의성을 '보고, 이해하고, 무언가를 하는 데 있어 새롭고 독특한 방식'이라고 정의한다면, 무엇이 새롭고 독특한 것인지에 대한 질문을 가질 수밖에 없고, 그 질문의 바탕은 기존의 사회적 구조를 가지고 새로운 재해석의 관점으로 대두되기 때문이다. 즉, 창의성은 현존하는 시대적·문화적 상징과 규칙, 절차 등에 의해 어떤 생각이 독특하고 참신한 창의성을 갖는지 그렇지 않은지를 결정하기 때문이다. 따라서 창조성은 현존하는 사회문화적 맥락 안에서 무언가 문제를 발견하고 새로운 눈으로 바라보는 과정에서 생겨나는 사회구조와의 관계적 맥락을 전제로 할 수밖에 없다(McKinnon, 1962). 창조성에 대한 각기 다른 정의와 논의가 있으나, 창조성 함양이 미술관 교육의 하나의 궁극적 목표라면 이러한 관계력에 더욱 주목할 수밖에 없다.

미술 작품과 관계를 만들어 나가는 것이 미술관 교육의 목표라면, 미술관의 교육 프로그램은 참여자가 미술관 전체와 미술 작품에 한발 더 다가갈 수 있도록 하는 것이 일차 과제일 것이다. 그럼에도 불구하고 미술 작품과 조우하면서 일어나는 미적 경험의 애매모호한 성격 때문에 현재 많은 미술관에서는 "알면 많이 보인다."라는 논리로 현재 미술계의 권위 있는 목소리를 얼마나 습득하고 있는지를 작품을 이해하는 원동력으로 이해하기도 한다. 미술 작품과 그를 둘러싼 정보들, 예컨대 미술 사조, 작가, 작품에 대해 많은 지식이 있으면, 즉 미술사적 정보의 습득의 정도가 깊어지면 미술 작품을 이해하는 것이 쉬워진다고 가정한다. 이러한 논리를 따라서 미술관의 교육 프로그램은 미술 작가와 사조와 관한 권위 있는 목소리 혹은 미술사적 지식의 획득을 그 목표로 하는 것을 흔히 볼 수 있다.

예를 들어, 가장 최근에 개발된 사립 미술관의 중·고등학생 대상 활동지와 인솔 교사를 위한 해설서를 살펴보면, 그 미술관의 소장품에 대한 미술사적 정보를 습득하도록 하는 것이 목표로 되어 있다. 빈칸 채우기식의 활동지는 마치 '옳고 그른' 답을 구별해 내야 하는 입시 문제를 방불케 한다. 정보에 대한 암기식의 학습 활동이 그 프로그램의 목표로 보인다.

또한 과거 미술관의 교육 프로그램 중 가장 흔한 형태인 아카데미라는 시리즈 프로그램을 살펴보자. 많은 미술관은 각기 다른 소장품의 성격과 상관없이 미술 아카데미라는 이름하에 미술 작가론이나 사조론의 시리즈로 구성된 교육 프로그램을 제공하여 왔다. 이러한 프로그램은 서양미술사 혹은 한국미술사에 기록된 작가나 사조에 대한 경향을 강의하며, 참여자에게 미술사적 지식을 획득하는 것이 미술관 교육 프로그램의 궁극적 목표라고 일깨운다. 과거의 이러한 프로그램은 실상 과거의 일이 아니며, 현재도 시니어 강좌 혹은 미술 아카데미, 미술관 대학이라는 이름으로 미술관의 전통적 프로그램으로 자리 잡고 있다.

종합하자면, 미술관 교육 프로그램의 궁극적 목표는 참여자가 미술 작품과 진정한 관계를 맺고 그 관계가 자신과 타인에 대한 반응으로 이어지며 결국 자신이 이 세상에 존재하는 존재감을 획득하는 것이어야 한다. 미술사적 지식, 큐레이터의 의도, 작가나 작품에 관한 다른 권위 있는 사람들의 의견을 습득하는 것이 아니라는 것이다.

미술관과의 관계력:
참여 단계에 따른 프로그램의 분류

이러한 미술사적 지식을 강조하는 미술관의 교육 프로그램들은 미술사적으로 권위 있는 작가와 사조를 다루기 때문에 미술관의 규모나 소장하고 있는 작품의 성격 등과 관계없이 미술관의 프로그램들은 비슷한 양상을 띠고 있다. 단토(C. A. Danto)가 제도 이론

이라 명명했듯이(Danto, 1998), 미술계 내의 기득권 세력이 만들어
낸 미술계의 중요한 작품과 작가라는, '배워야 하는' 내용이 비슷
하기 때문이다. 그렇다면, 다른 권위 있는 목소리가 만들어 낸 지
식적 작품의 배움을 넘어서서 미술 작품과의 관계력(關係力)을 발
전시키는 프로그램의 기획 방안은 무엇이 있을까? 물론 미술 작품
과의 관계력 생산은 개인의 내적인 경험이며 프로그램 참여자의
마음의 상태, 과거의 경험, 함께 참여하는 사람 등 영향이 절대적
이기 때문에 관계력 생산이 가능한 하나의 프로그램이 존재하기
는 거의 불가능하다. 하지만 미술 작품과의 관계력, 더 나아가 어
떤 미술관의 소장품 전체와 가까워지도록 유도하는 것이 미술관
교육 프로그램의 주된 궁극적 목표의 하나라고 인지한다면 그 유
도 방법을 연구하고 실천해야 할 것이다. 이러한 이유로 필자는
교육 프로그램의 새로운 구별 방법을 제시하여 다양한 관람자의
요구에 부흥하는 박물관·미술관 교육 프로그램의 질적 향상의
가능성을 모색하고자 한다.

앞서 말했듯이, 현재 미술관 교육 프로그램은 그 대상과 성격으
로 구별되어 있다. 즉, 박물관·미술관 교육 프로그램은 아동/가
족, 청소년, 성인, 문화소외계층, 전문인 등에 대한 대상별 구별과
교육 활동이 연관된 것이 특별전시인지 상설전시의 소장품인지
정도에 따라 교육 프로그램의 성격을 규정하고 있다. 필자는 미술
관 프로그램의 질적 향상을 위한 하나의 방법으로 프로그램의 구
분을 '참여자의 참여 단계'에 따라 새롭게 구분하자고 주장한다.

'참여 단계'라 함은 미술관에 찾아오는 현재 혹은 잠재 관람자와 교육 프로그램에 참여하는 참여자가 미술관을 친숙하게 인식하고 미술관의 소장품에 대한 전반적 이해를 가짐으로써 교육 프로그램을 비롯한 미술관의 각종 프로그램에 참여하고 싶어 하는 정도를 말한다. 다른 말로 하자면, 미술관과 작품에 대한 문해력이 높아지며, 그 기관을 자신과 연관시키는 정도라고 정의할 수 있겠다. 필자는 현재 혹은 잠재 관람자에게 다음과 같은 4단계의 구분으로 교육 프로그램을 제공하여 프로그램의 참여자가 미술관의 소장품과의 점차 깊은 관계력을 만들어 나갈 가능성을 높일 수 있다고 주장한다.

1단계: 관계력의 시작 ― 친구 대상의 확대

1단계는 미술관에 현재는 거의 오지 않는 가상의 관람자를 미술관에 첫걸음을 하도록 유도하는 프로그램이다. 다시 말해, 현재의 관람자가 아닌 잠재적 관람자를 대상으로 하는 프로그램이다. 잠재적 관람자는 모든 대중을 일컫는 것은 아니다. 어떤 미술관이든 방문할 의향이 전혀 없는 일반인 모두를 대상으로 하는 게 아니라, 그 미술관을 인식하고 있으나 적극적으로 전시를 관람하러 미술관을 찾을 가능성은 낮은 관람자를 가리킨다. 주로 미술이라는 분야를 어렵게 생각하여 미술관이나 미술 작품과의 관계를 맺는다는 인식을 가지지 못하나, 문화예술 전반에 대해 참여하고 싶은 잠재된 마음을 가진 대중이다. 이러한 잠재 관람자를 위해 상설/특별 전시 외에 미술관을 찾을 이유를 제공하는 것이 관계를 맺기 위한 시작이라 할 수 있겠다.

현재에도 문화 행사, 이벤트라는 이름으로 기획되는 미술관의 프로그램과 별반 다르지 않을 수 있다. 예를 들어, 많은 박물관·미술관에서는 어린이날을 위시한 가정의 달인 5월에 가족이 참여할 수 있는 이벤트성 문화 행사를 개최하고 있다. 또한 음악이나 무용 등 공연예술 행사도 많이 열리고 있다. 필자가 주장하는 것은 이러한 공연이나 문화 행사가 관람자를 위한 서비스 혹은 일회성 이벤트의 성격을 넘어 얼마나 교육적 기능을 인식하며 그 행사에 참여한 관람자에게 교육적 경험을 제공하려 목표하느냐는 것이다. 이러한 행사는 현재 교육 부서에서 기획하기보다는 다른 운영 부서에서 기획하는 것이 대부분이며, 교육 행사라고 인식되기보다는 관람자의 편의를 위한 서비스라고 인식되는 경우가 대부분이다. 그러나 이러한 행사가 그 미술관 소장품의 성격을 반영하고 참여자에게 그 미술관에서만 가능한 교육적 경험이 일어나도록 기획되어야 한다는 것이다. 다시 말해, 일회성 이벤트의 성격을 띠고 있는 프로그램이 단지 하루의 행사로만 끝나는 것이 아니라 미술관의 정체성을 적극 반영하여 미술관 전체에 대한 문해력을 높이고 참여자로 하여금 미술관과 친해질 수 있는 기회를 제공하여야 한다는 것이다.

이러한 행사적 성격의 프로그램이 교육적 기능을 인식하고 있는 하나의 대표적 사례를 살펴보자. 뉴욕 현대미술관과 합병 관계를 이루고 있는 P.S.1은 상설 소장품이 없어 상설전시 없이 특별전만으로 전시를 하는 미술관이다. 특별전을 고집하는 이유는 동시대 미술의 가장 적극적인 전위적 성격을 반영하기 위해서다. P.S.1은 원래 공립학교였던 곳을 기증받아 미술관으로 개조한 형태라서 넓은 학교 운동장을 가지고 있다. P.S.1은 매년 여름 DJ를 초청한 '웜업(Warm-up)'이라는 음악 공연 행사를 가진다. 이 공연은 1998년 시작되어 매해 7월에서 8월까지 여름에 갖는 행사로 거대한 무대와 젊은 음악 그룹의 전위적 성격의 음악 공연이다. 웜업은 '젊은 건축가(PS1 Young Architects Program)'라는 프로그램을 통해 그해의 공간 설치 미술 작품의 기획전이 기획된 이후 그해의 작품의 성격에 따라 공연 그룹이 선정된다.

이 음악 공연은 마치 거대한 클럽을 방불케 한다. 미술 작품을 전시하는 미술관과는 무척 다른 성격의 밴드로 여기에 오는 많은 참여자는 미술보다는 뉴욕의 문화나 전위적 음악을 즐기는 사람들이다. 그러나 이 공연은 매년 새롭게 전시되는 설치 작품 전시와 함께 하며, 그 설치 미술 작품의 성격을 반영하는 공연으로 기획된다. P.S.1 전체에 대한 친숙도와 설치 작품에 대한 거리감의 극복, 그리고 전위적 미술이라는 것에 대해 열린 마음을 갖게 한다. 그리고 거의 매년 아동 참여자를 위한 놀이 공간을 제공한다. 예를 들어, 2010년 전시는 젊은 건축가 아이덴버그 리우(Idenburg Liu)의 설치 미술 전시 〈Pole Dance by Solid Objectives〉 작품 자체인 그

물과 커다란 공을 관람자가 가지고 놀도록 유도된 것이었다. 이 작품과 함께 선정된 웜업은 작품의 성격을 반영하며 관람자로 하여금 춤추도록 유도하는 공연이었다. 이 공연은 전위적 음악과 현대무용에 관심 있는 대중에게 P.S.1의 전위적 미술 작품에게 다가갈 기회를 제공했다.

　이러한 문화 행사는 교육적 성격이 약하며 교육 프로그램으로 분류되는 것이 아니라 행사라는 형태로 구분된다. 현재 우리나라를 비롯하여 많은 세계의 미술관에서 이와 같은 행사를 개최한다. 이러한 행사가 궁극적으로 잠재 관람자가 미술관과 관계를 더욱 깊게 하기 위해서는 공연의 성격이 미술관의 소장품이나 전시의 성격을 반영하고 있어야 한다. 다시 말해, 공연이 미술관 전반에 대한 문해력과 연관이 있어야 한다는 것이다. 그래서 이러한 행사에 참여한 관람자는 미술관의 전시나 소장품에 대해 익숙하지 않더라도 다른 장르의 예술이긴 하지만 비슷한 성격을 내포하고 있어야 한다는 것이다. 반대로 생각하면, 문화 행사의 기획이 소장품과 전시의 성격을 구체적으로 반영하도록 기획되어야 한다. P.S.1의 웜업의 경우 음악, 음향, 공연예술 전문가로 이루어진 위원회(committee)를 구성하고 위원회 전문가들이 그해의 젊은 건축가의 시각/공간 예술의 성격을 반영할 수 있는 공연을 준비하여, 잠재 관람자에게 P.S.1 미술관의 전시 특성과 미술관의 성격을 이해하는 중재의 역할을 하는 것이다. 또한 공연이나 행사에 참여한 사람들이 전시와 소장품을 감상할 수 있도록 유도하여야 하는데,

이를 위해서는 공연이나 행사에 초대하는 공연 그룹이나 행사의 기획에 미술관의 큐레이터와 에듀케이터가 적극적으로 협력하여 행사의 기획과 실천에 참여하여 이루어져야만 한다. 특히 이는 관람자와의 소통의 중요한 방식이므로 에듀케이터가 구체적 기획을 주도해야만 할 것이다(Hein, 1998).

2단계: 관계력의 발전─ 미술관과 친구 되기

1단계를 넘어 잠재적 관람자가 실제적 관람자가 되었다면, 그 다음은 교육 프로그램에 참여할 단계다. 실제적 관람자가 된다고 바로 교육 프로그램에 참여하게 된다는 것은 아니지만, 참여 의사와 관심이 있는 관람자를 대상으로 일회성 프로그램을 제공하여야 한다. 현재 많은 미술관에서 제공하는 교육 프로그램이 이러한 형태일 것이다. 오늘날의 미술관 관람자의 관람 패턴을 살펴보면 이러한 프로그램의 수요는 엄청나다. 국립현대미술관의 경우, 2012년 관람자 수가 100만 명 정도였는데 그중 40만 명 정도가 교육 프로그램이라 할 수 있는 것에 참여했다고 한다. 미술관에 작품을 '보러'만 가던 관람자는 이제 무언가 배우고 싶어 하며 적극적으로 참여하고 싶어 한다. 어떤 미술관이나 박물관을 자주 찾은 경험이 있는 사람은 또 다른 미술관 프로그램에 관심을 보일 수 있기 때문에 미술관을 처음 찾은 관람자도 많이 있을 수 있다. 또한 현재 우리나라 미술관 교육 프로그램에 참여하는 참여자의 상황을 살펴보면, 자녀를 동반한 가족 단위의 관람자는 미술관에 대한 이전의 경험 없이 교육 프로그램을 신청하여 참여하는 경우도 많이 있다. 이와 같은 일회성 프로그램의 경우, 나이나 상황 등을 반영하는 현재의 구별 방식으로 분류가 가능하리라 생각한다.

분류의 방법은 대상과 전시 연계성을 위주로 하고 있는 현재의 구별 방식을 따른다 하더라도, 만약 '참여의 단계'를 고려한다면 이러한 일회성 교육 프로그램을 통해 참여자로 하여금 미술관의 소장품과 전반적인 성격에 대한 익숙도를 깊게 하고 미술 작품에 대한 친밀감을 높일 수 있을지 그 과도기 역할을 어떻게 하느냐가 그 중요한 의도가 될 수 있을 것이다. 다시 말해, 일회적 참여를 통해 하나의 전시나 몇 개의 대표 소장품을 잘 이해하도록 하는 것이 그 궁극적 목표가 아니라, 프로그램에서의 교육적 경험이 그 미술관의 소장품에 대해 더 많이 알고 싶어 하고 더 많이 보고 싶어 하도록 유도하는 역할을 하여야 한다.

교육 프로그램에서의 경험이 참여자의 학습 동기와 목표에 부합하기 위해서는 다양한 관람자의 연령과 특별성, 관심, 생활방식 등을 고려한 다양한 프로그램이 기획되어야 한다. 왜냐하면 학습자의 학습 동기와 목표는 개인별로 모두 다르고, 그 다름에도 불구하고 나이나 생활방식, 관심사에 많은 영향을 받기 때문이다. 그중에서도 학습 연령은 프로그램의 기본 골격이 될 수 있다. 예를 들어, 유아를 비롯하여 미취학 아동이나 저학년 아동을 위한 프로그램의 성격은 신체적인 탐구를 동반한 인터렉티브 전시가 대표적 성격일 수 있다. 인터렉티브 전시란 관람자가 수동적으로든 능동적으로든 전시물을 보고, 듣고, 그에 대해 생각하도록 유도된다는 의미로, 전시물은 '만질 수 없는 것(hands-off, 핸즈 오프)'이라는 개념과 반대되는 개념이라고 정의된다.

> 핸즈온 혹은 인터렉티브 뮤지엄 전시는 개인이나 집단 관람자가 스스로 선택할 수 있는 '신체적 탐구활동'을 통해 실제 소장품이나 현상을 이해하기 위해 함께 학습할 수 있는 환경하에 명확한 교육적 목적을 가지고 있는 전시다(Caulton, 1998, p. 2).

콜튼(T. Caulton)의 인터렉티브 전시를 정의하는 부분을 보면, 인터렉티브의 의미는 스스로 선택할 수 있는 신체적 탐구활동이라는 뜻이 강하다. 콜튼은 인터렉티브 전시는 특히 5세 이하의 어린 아동 관람자를 위한 공간이나 프로그램에서 반드시 필요한 성격이라고 주장했다. 최석영(2012)은 인터렉티브란 수동적으로 보고 느끼게 하는 것이 아니라 손과 여러 감각을 사용하도록 유도하는 핸즈온 형태의 전시이며, 유치원생에게 통제된 상황이 아니라 핸즈온 전시를 접하게 하는 것의 중요성을 언급하면서 어린 아동을 동반한 가족 단위 관람자가 함께 상호작용적인 경험을 공유하는 전시는 뮤지엄의 미래의 고객을 육성하는 일이며, 또한 '즐거운 학습'이 된다고 주장했다. 장화정(2010) 또한 체험적 전시란 관람자가 전시와 적극적으로 상호작용하면서 자기 스스로 자신의 행동 결과를 인식하면서 자발적인 학습이 일어나도록 유도하는 전시라고 정의하면서, 어린이 박물관의 전시는 신체적·감각적·체험적 성격의 인터렉티브한 성격이 핵심 요소이며, 이는 자발적 학습을 촉진한다고 했다.

이렇게 인터렉티브한 교육의 형태가 아동 관람자에게 중요함은 현재 우리나라의 많은 아동을 위한 교육 프로그램에서 발견된다. 다시 말해, 많은 유아동을 위한 미술관 프로그램에서 인터렉티브한 성격을 그 최우선의 특징으로 꼽을 만큼 중요성을 잘 인식하고 있다. 다만, 그 인터렉티브의 성격이 '체험'이라는 이름하에 미술 작품을 이해하고 더 친밀하게 하기보다는 프로그램의 일회성을 더하게 만든다는 것이다. 인터렉티브의 정의는 단순히 손으로 만들어 보고 그리하여 손대어 만질 수 없는 미술 작품이라는 미술관 소장품의 성격을 아동에게 친밀하게 유도하는 것은 아닐 것이다. 인터렉티브는 아동이 미술 작품과 더욱 강한 관계를 맺기 위한 손과 마음이 함께 작용하는 활동으로서의 상호작용이 되어야 할 것이다.

3단계: 관계력의 심화 — 경험의 공유

일회성 프로그램의 참여자가 미술관의 소장품에 대한 친밀도를 가지게 되었다면, 이제 그보다 높은 연관의 단계로 다회성 프로그램, 즉 시리즈 프로그램이 제공되어야 한다. 다회성 프로그램이라

함은 한 참여자가 몇 번의 방문과 교육의 기회를 갖도록 기획된 프로그램을 의미한다. 미술관 소장품들의 좀 더 깊은 이해를 창조해 낼 수 있어야 한다.

미술교육 학자이자 뉴욕 소재 고등학교의 교장이었던 바톨로네(S. Bartolone)는 자신의 학생들이 박물관·미술관 방문을 통해 어떤 학습의 결과가 나타나는지를 연구했다(Bartolone, 2005). 이 연구를 통해 바톨로네는 박물관·미술관 방문 학습은 학교 내에서의 여러 학습 교과의 단편적 지식들을 통합적으로 이해하도록 하여 학습자가 스스로 학습의 주제를 설정해 내고 여러 다양한 개념을 발달시킨다고 주장했다. 또한 그녀는 박물관·미술관에 일회성 방문보다 다수의 방문이 학생의 학습 교과에 대한 통합력을 더욱 깊게 발전시킬 수 있다고 하였다. 다시 말해, 다회성 프로그램은 소장품이라는 매개체를 통해 학습의 다양한 영역이 통합되고 심도 있게 연구할 수 있음으로써 어떤 특정한 주제에 관한 심화된 학습 경험이 이루어질 수 있어야 한다.

다회성 프로그램은 일회성 프로그램의 심화일 수도 있으나, 학습 주제에 대한 더 깊은 이해를 목표로 해야 한다. 뉴욕현대미술관(MoMA)의 경우 학교 방문 프로그램으로 'K-12 프로그램'이 있다. 이 프로그램은 인솔 교사가 사전 신청을 통해 학습 주제를 정할 수 있다. 이 주제는 초등학교와 중·고등학교에 다른 주제를 가지고 있다. 초등학교의 경우 인물(Characteristics), 공간과 장소(Spaces and Places), 일상의 오브제(Everyday Objects)라는 주제를 제공하며, 중·고등학교는 정체성(Identity), 미술의 새로운 정의 (Art Redefined), 미술 내에서의 이야기(Narrative in Art), 재료와 과정(Materials and Process), 사회와 정치(Society and Politics)를 선택하고 이에 맞는 작품들을 함께 감상하며 작품에 관해 토론하는 프로그램을 갖추고 있다. 이 주제 안에서 일회성 방문 혹은 3회로 구성된 프로그램을 선택할 수 있게 되어 있으며, 더 나아가 학교와 협력 관계를 맺을 가능성까지도 연계되어 있다. 1회 프로그램과 달리 3회의 프로그램은 주제에 관해 심도 있는 토론을 통해 그 주제가 미술 작품에서 어떻게 표현되고 있는지 첫 번째 시간과 두 번째 시간을 통해 함께 학습하며, 3회째에는 에듀케이터가 학교로 방문 수업을 진행한다.

이러한 다회성 프로그램이 반드시 고민해야 할 문제는 참여자들의 공유된 경험이다. 다회성 프로그램의 참여자는 이제 학습의 공동체 집단이며, 자신의 학습 경험과 다른 학습자의 이해가 어떻게 다른지 경험하고 이해하는 것이 핵심이다(정혜연, 2011). 로버트 (L. C. Robert)에 따르면, 미술관이나 박물관의 교육 프로그램에서 한 사람의 경험이 다른 경험과 공유될 때는 다수의 경험의 단순한 집합을 넘어선 집단의 유기체적 경험이 창조되므로 진정 의미 있는 교육 경험을 산출할 수 있다(Robert, 1997). 이 문제에 관하여 박물관·미술관 에듀케이터인 사이먼(L. Simon)은 이것을 "나의 경험에서 우리 경험으로"(Simon, 2010, p. 13)라고 일컬으면서, 관람자의 교육 경험이 나 중심에서 우리의 경험으로 함께 소통하게 되는 경험 주체의 확대라고 설명했다. 사이먼은 '우리 경험으로의 확대'가 나 중심의 경험을 하는 관람자보다 박물관·미술관에 관심을 가지고 관계를 맺게 되는 단계 중 더 높은 단계라고 정의했다.

로웬펠드는 『창의적 지능』에서 미술 감상과 창작 행위를 통해 "자아를 타인의 문제 안에 포함시키는 정신적 능력을 함양함으로써 상상력을 발휘하여 타인의 필요를 마치 자신의 필요처럼 자유롭게 시각화하는 법을 배워 나간다."(Lowenfeld, 1957, p. 36)라고 했다. 다시 말해, 로웬펠드의 주장처럼 미술 감상과 창작 행위가 다른 사람을 배려하고 이해하며 사회에 대한 관용과 이해를 가져올 수 있다면, 미술관 교육 프로그램 안에서 학습의 공동체가 작품을 통해 자신이 누구이며 다른 사람은 자신과 어떻게 비슷하거나 다른 의견을 가지며, 그 의견을 존중하고 다른 사람의 이해의 문제를 불러일으킬 수 있다는 것이다. 물론 모든 학습의 공동체가 미술관 교육 프로그램에서 이러한 경험을 하기란 쉽지 않을 수 있다. 하지만 다회성 프로그램에 참여한 학습의 공동체가 미술관의 작품을 더욱 친밀히 느끼게 할 수 있다면, 그 프로그램을 통해 이러한 '나의 목소리'를 넘어 '우리 경험으로의 확대'가 가능할 수 있으며, 그 프로그램의 근본적 목적이 되어야 한다는 것이다.

4단계: 관계력의 극대화 — 내적이자 공유된 경험

4단계는 '참여 단계'가 가장 깊어져 미술관과의 관계가 극대화된 단계다. 이 단계는 교육의 대상이 개인적이며, 에듀케이터와 교육 참여자의 교류가 이루어지며, 미술관의 소장품을 심도 있게 바라보고 연구할 기회가 주어질 수 있는 프로그램을 가리킨다. 흔히 발견되는 형태는 인턴십, 혹은 아동·청소년이 방과 후 프로그램을 통해 미술관의 해설사 역할을 수행하도록 기획되어 있는 프로그램이 이 단계에 해당한다고 생각한다. 우리나라를 포함하여 전 세계 어느 정도 규모 이상의 미술관에서는 흔하게 제공하는 교육 프로그램이다. 하지만 이러한 인턴이나 해설사를 교육하는 프로그램이 '교육'의 형태로 적극적으로 이해되고 있는지, 프로그램을 조사하는 사람들에게 '교육'의 카테고리에서 쉽게 찾을 수 있는지는 조금 의문이다. 다시 말해, 인턴십의 경우 특수한 대상만이 관심이 있다고 생각하거나 그래서 교육 프로그램으로 기획되어 있지 않고 종종 '채용 공고' 등으로 분류되기도 하며, 심지어 지원하는 사람도 교육이라기보다 미래의 일자리를 생각하는 경우가 더욱 많다. 브루클린 미술관(Brooklyn Museum of Art)은 이 단계의 교육 프로그램을 'Get Involved'라고 분리하여 교육 프로그램을 진행하고 있다. 'Get Involved'에는 여러 다양한 종류의 인턴십과 청소년이나 성인이 도슨트(docent)로 활동하도록 하는 프로그램을 소개하고 있다. 인턴이나 도슨트를 교육하는 프로그램은 현재 많은 미술관에서도 행하고 있는 교육 프로그램이다.

인턴십이나 해설사 같이 개인 대상의 한정적 교육과는 조금 다른 형태로 관계력이 극대화되어 있는 교육 프로그램이 있다. 이것은 필자가 가장 주목하는 프로그램의 발전 형태라고 할 수 있다. 앞서도 언급했지만, 관계력을 극대화한 프로그램을 통해 미술관의 특정 소장품 혹은 소장품 전반에 대한 이해가 깊어져 그 미술관을 평생의 친구처럼 친숙하게 되는 것을 의미한다. 하나의 예로 영국 내셔널 갤러리(National Gallery)의 'Take One Picture'를 통해 관계력의 심화가 어떻게 가능한지 살펴보자. 'Take One Picture'는 지속적 프로그램이지만 매년 참여 대상을 새로이 모집한다. 대상은 초등학교 교사와 그 학급의 학생이며, 교사가 주도하여 참여하여 1년간 지속되는 프로그램이다. 이 프로그램은 5단계의 단위로 구성되어 있다. 1단계는 내셔널 갤러리가 한 개의 작품을 그해의 작품으로 선정하고 이에 관심이 있는 교사는 여름방학 교사 교육 프로그램에 참여하여 이수증(certificate)을 받아야 한다. 이 교사교육이 주목하는 것은 교사가 작품을 가지고 학생과 대화하는 방식이다. 교사가 작품에 대한 해석이나 설명을 제공하는 것이 아니라 학급의 아동이 어떻게 협력하여 자신들이 이 작품을 통해 알고 싶은 지식을 찾아내도록 하느냐는 것이다. 다시 말해, 작품에 대해 잘 아는 것이 목표가 아니라 작품 안에서 학습 공동체가 함께 학습하고 싶은 주제를 직접 설계해 나가는 방법이다. 2단계는 교사 교육 프로그램에서 교육받은 것을 바탕으로 교사가 그해의 작품을 가지고 학생들과 창작의 사고를 어떻게 연습할 수 있을지 교육받은 대로 자신의 학급 학생들과 토론의 시간을 가지고, 이를 학급 단위의 창작 프로젝트를 만들어 내도록 교육한다. 이 프로젝트는 미술 작품이나 시각예술 성격의 작품으로 한정되는 것이 아니라, 미술 작품, 공연 등 여러 다양한 예술 작품의 집단 창작을 목표로 한다. 3단계는 그 프로젝트를 발전시키는 동안 교사는 자신의 프로젝트에 관한 정보와 학습 설계에 관해 미술관에 보내게 되고, 이렇게 받은 프로젝트를 미술관의 에듀케이터들이 선발하면 에듀케이터가 그 학교를 방문하여 프로젝트를 도와준다. 4단계는 선정된 집단의 교사와 학생이 자신의 프로젝트를 내셔널 갤러리에서 전시 혹은 공연의 기회를 가지게 되며, 5단계는 전시한 학생들이 모두 모여 자신의 생각들을 나누는 초청행사로 이루어진다. 그 결과물을 미술관에서 전시하고 공유할 수 있도록 해 주며, 인터넷 홈페이지를 통해 대중에게 공개한다.

그중 2010년 선발된 작품은 르누아르(Pierre-Auguste Renoir)의 〈우산들(the Umbrellas)〉이었다. 교사와 함께 참여한 학급은 이 작품을 함께 감상하고 '창의적 사고'라는 토론을 통해 학교/학급 단위로 학급 주제를 만들어 내었다. 예를 들어, 한 참여 학급은 가장 주목되는 등장인물인 여자가 입고 있는 드레스에 주목하여 코르셋의 역사를 통해 의상 디자인의 역사를 공부할 계획을 세우고, 드레스의 역사와 여성의 의복을 통한 여성 인권 운동에 관해 공부하고 새로운 의상을 창작하는 작품 프로젝트를 진행하였다. 같은 작품을 가지고 다른 학교의 학급은 우산을 통해 비가 오고 있는 작품 안에서의 상황을 생각하고 이 그림에 맞는 비 오는 소리를 창조해 내는 음악 공연을 만들어 내었다. 이 프로그램에 참여하여 미술관에서 자신의 작품을 전시한 학생들은 자신이 이 미술관과 얼마나 가까워졌으며, 자신들이 사는 동안 가능하면 많이 이 미술관을 찾고 싶다고 증언했다. 그리고 그해 자신들의 프로젝트의 기반이 된 작품은 1년 동안 거의 매일 접하고 얘기하고 창작 프로젝트를 따라서 그 작품과는 매우 가까운 관계를 맺을 수밖에 없다. 특히 작품을 접하고 처음 생각하고 토론하는 과정은 이 작품이 어떤 주제적 성격을 가지고 연결고리를 찾도록 하는 것이다. 다시 말해, 작품을 감상하는 것을 통해 자신의 학습이 학습하고자 하는 주제를 스스로 정해 나가는 것이다.

로웬펠드의 창의적·정신적 성장 이론에 따르면, 모든 아동과 청소년이 전문 예술가가 되지는 않지만, 개인적 의미를 구축, 표출하는 데 필요한 유연하고 자유로운 정신을 발달시킨다. 버튼은 로웬펠드의 생각에 대해 미술 활동의 중심이 되는 창의적 행위 과정이 아동과 청소년의 상상력을 활성화하고 이해와 의미의 새 세상을 여는 사고를 가능하게 할 수 있다고 내다보았다(Burton, 2009). 'Take One Picture' 교육 프로그램은 그림을 연구하고 학습자의 공동체가 함께 연구해 나갈 주제를 정해 나가며, 자신의 생각을 우리의 생각으로 발전시켜 결국 자신을 표출할 수 있는 자유로운 정신을 발달시켰다. 미술 작품과의 관계는 평생의 동반자 같은 형태가 되었으며, 이 관계는 앞으로 내셔널 갤러리와의 관계로 발전할 가능성이 충분할 것이다.

또 다른 예로는 파트너십이 극대화되어 있는 경우다. 뉴욕 시에는 박물관·미술관 고등학교(the New York City Museum School)라는 특수화된 공립학교가 있다. 이 학교는 모든 수업이 박물관·미술관의 소장품을 주제로 하여 스스로 학습 주제를 만들고 학과별로 프로젝트를 기획하여 학생 스스로 탐구학습을 하도록 설계되어 있는 특수한 학교다. 학생은 교사와 프로젝트를 기획한 뒤 파트너십이 맺어져 있는 뉴욕의 박물관·미술관에서 에듀케이터와 함께 이 프로젝트를 발전시킨다. 학생들이 스스로 만들어 낸 학습의 주제를 박물관·미술관의 소장품을 통해 공부하는데, 소장품에 담긴 미학적 의미뿐 아니라 역사, 사회, 정치, 문학, 과학, 수학 등 다양한 학문을 통합적으로 연구해 내는 프로젝트를 기획하게 된다. 교사와 박물관·미술관의 에듀케이터는 학생의 학년에 맞도록 신중히 프로젝트를 발전시키도록 돕는데, 프로젝트의 중심에는 한 개 혹은 몇 개의 소장품이 있다. 프로젝트를 진행하는 동안 학생은 그 소장품에 대해 전문적 지식을 쌓을 수밖에 없으며, 그 소장품과 비슷한 성격의 다른 소장품까지 함께 공부하게 되어 소장품의 전반에 대해서는 적어도 아주 친숙해질 수밖에 없다. 다시 말해, 자신이 선택한 학습이 되는 소장품 전반에 대한 문해력이 높아지며, 그 미술관이나 박물관은 매일 가는 학교가 된다.

이러한 관계력이 심화된 교육 프로그램은 참여자로 하여금 어떤 특정 작품이나 영역에 대한 지식을 많이 습득하도록 하는 것이 목표가 아니어야 한다. 학습 과정에서 작품의 학문적 연구 과정을 통해 지식을 많이 쌓는 것은 자연스럽지만, 그보다 작품 전반을 읽어 내는 문해력과 함께 특정 미술관을 가장 편안한 학습 공간이자 삶의 한 영역으로 받아들일 수 있다는 것이다. 필자는 모든 미술관이 이러한 관계력 심화의 프로그램을 제공해야만 한다고 주장하는 것이 아니다. 이러한 프로그램은 심도 있는 기획력과 예산, 준비 인력들이 필요하기 때문에 사실상 쉽게 기획되기 힘든 프로그램이기도 하다. 그러나 미술관은 교육 프로그램을 10년, 20년 같은 모습으로 일회성 프로그램 혹은 몇 가지의 미술사 정보 습득의 프로그램을 넘어선 프로그램의 심화 형태를 고민해야만 한다고 주장한다.

창의적 행위로서의 미술관 교육

국립민속박물관 관장인 천진기(2013)는 민속박물관에 관람하러 온 아동 관람자가 민속박물관에서 놀며 공부하며 즐기고 박물관을 편안한 놀이터이자 공부터로 생각하면서 교육 프로그램과 행사에 참여하고, 그리고 언젠가 민속박물관에서 일하는 직원이 되는 것을 꿈꾼다고 한다. 그러한 관람자가 5년에 한 명뿐일 수도 있으나, 한 번 민속박물관에 온 관람자가 여러 번 방문을 하고 여러 박물관 프로그램과 행사에 참여하고 언젠가 박물관의 일원이 된다는 의미로, 박물관이나 미술관과 심도 있는 관계를 맺게 되는 최극단의 예를 말하고자 한 것이다. 어떤 개인이 원할 경우 박물관과의 관계력을 심화시켜 나간다는 의미로, 필자는 교육 프로그램의 한 궁극적 방향성에 대한 비슷한 주장이라 생각한다. 즉, 현재의 우리 박물관·미술관의 교육 프로그램의 양적 확산이 질적 발전으로 나아가기 위한 방향이라는 것이다.

미술관과 관계가 심화된 개인이 미술 작가가 되어야 한다는 것도, 미술관 내부에서 일하는 전문가로 성장해야 한다는 것도 아니다. 미술 작품을 읽어 낼 수 있는 문해력의 향상은 개인에게 사물과 세상을 파악하는 능력의 향상을 가져다줄 수 있고, 교육 프로그램은 그러한 역할을 해야 한다. 로웬펠드는 개인, 특히 아동이 어떻게 미술적·예술적으로 발달하는지 뿐 아니라 성장 요소를 통합할 수 있는 가능성을 보았다. 그에게는 모든 사물은 관계를 통해 파악되는 것이었고, 세상에 존재하는 시각적 이미지는 그렇게 얻은 지식의 표현이었다. 결국 그는 창의적 행위가 지적·정서적·사회적·심미적·신체적·지각적 생활, 즉 그가 '성장 요소'라 명명한 것들을 통합하는 기능을 한다고 믿었다. 로웬펠드는 창의적 행위가 조화로운 인격 발달에 기여하며, 정체성, 인격, 인간관계의 형성과 관련된 창의적 지능이 육성된다고 보았다. 창의적 행위를 통해 다른 이들과 공감하는 능력이 생기고, 그래야 자신에 대한 정체성이 형성된다고 믿은 것이다. 그린(Greene, 2003)에 따르면, 예술은 사물을 변화시킬 수는 없지만 사람을 변화시킬 수는 있으며, 정작 그 사물을 변화시키는 것 또한 사람이다. 그녀는 가능성이 일어날 수 있는 곳, 고정적인 것을 거부하고 공개적인 것을 추구하는 장소로서, 우리가 불완전함을 즐기는 곳으로서의 상상력에 대해 이야기하고 있는데, 이는 여전히 그 앞에 무엇인가 여지가 놓여 있음을 나타내고 있기 때문이라는 것이다. 우리가 이러한 예술의 가능성을 믿는다면, 예술이 인간의 학습과 경험에 어떠한 역할을 하는지 믿는다면, 인간이 자신이 누구인지를 알아 가고 앞으로의 가능성을 모색하는 도구로서 예술의 본질적 가치를 인정한다면, 미술관의 프로그램은 하나의 '체험 학습'의 영역은 넘어서야 할 것이다. 단지 몇 개의 작품이나 하나의 사조나 경향을 이해하는 것, 혹은 즐거운 체험 학습 정도를 넘어 개인이 미술과 미술관과 어떤 관계를 형성해 나아갈 수 있는지 목표로 해야 한다. 이를 위해 각 미술관은 자기 기관만의 정체성을 가지고 관람자와 관계를 맺어 나가는 프로그램을 개발 운영할 것인지 미술관의 교육 프로그램에 양적 향상을 이미 이룬 지금의 시점에서 새로운 방향에 대해 구체적 고민을 해야 할 것이다.

8

미술관 교육:
사물 중심 교육을 통한
창의성 함양

이혜진

역사적으로 우리나라의 교육 현장에 박물관1)과 미술관이 포함
된 것은 최근의 일이다. 1950년대에 박물관으로서는 처음으로 경
주박물관이 아동을 위한 교육을 시작하였으며, 미술관으로는 국

---

1) 이 글은 박물관 교육보다는 미술관 교육을 주로 다루고 있지만, 초기 역사를 기술하기 이
하여 박물관 교육을 포함했다. 미술관은 박물관의 한 종류로서 크게 박물관에 포함되기
때문이다. 박물관을 처음으로 생긴 서양에서 박물관은 'museum'으로, 미술관은 'art
museum'으로 표기된다. 우리나라에서는 박물관과 미술관이라는 용어가 다르게 존재하
기 때문에 이 두 기관을 별개의 것으로 흔히 받아들이기 쉽지만, 그것은 옳지 않다. 'Art
museum'으로서의 미술관은 museum인 박물관에 포함되기 때문이다. 현대 우리나라에
는 과거 전통 예술품을 수집·전시하는 박물관(국립중앙박물관), 민속박물관, 역사박물
관 외에도 과학박물관, 자연사박물관 그리고 현대미술관 등 다양한 분야의 박물관이 존재
한다. 따라서 미술관은 이러한 다른 종류의 박물관을 모두 포괄하는 '박물관'이라는 용어
에 포함되는 것이다. 우리나라에서 (전통예술 박물관 혹은) 미술관은 20세기 초기에 생겨
났으며, 현대미술관은 1960년대 말에 설립되었다. 이 글은 포괄적인 박물관 교육의 효과
가 아니라, 예술 작품을 접하는 미술관 교육의 효과로 그 주제를 잡았다. 하지만 상대적으
로 역사가 짧은 우리나라 미술관 교육의 역사를 살펴보면, 미술관이 포함된 개념인 (전통
예술) 박물관 교육에서 시작되어야 한다. 그럼으로써 우리나라 미술관 교육의 초기 방향
을 가늠할 수 있을 것이다.

림현대미술관이 1978년 현대미술관회를 열어 당대에는 생소한 분야였던 추상미술 교육을 상류층을 대상으로 시행하였다. 그 이후로 국립중앙박물관이 운영한 박물관대학은 박물관 교육 프로그램을 일반인을 대상으로 확장하려는 노력을 보여 주었다. 1982년에 이르러서 문화체육관광부는 '평생교육'을 모토로 공공 박물관과 미술관에서 교육 부서를 만들어 일반인을 위한 교육 프로그램을 제공하도록 장려하기에 이르렀다. 하지만 이때까지만 해도 박물관과 미술관은 우리나라에서 일종의 교육기관으로 인정받지는 못한 것으로 보인다. 중앙 정부에서 적극적으로 박물관·미술관의 교육적인 기능을 주시하였다는 사실은 눈여겨볼 만하지만, 역시 단지 제한적이나마 박물관이나 미술관도 교육적인 역할을 할 수 있다는 정도로 받아들여졌다고 보는 것이 옳을 것이다.

박물관·미술관이 본격적으로 교육기관의 하나로 주시된 것은 2000년대에 들어서라고 말할 수 있다. 2003년 참여정부는 '문화예술 교육' 정책을 문화관광부 주도로 시행하였다. 문화예술 교육 정책에 따르면, 박물관·미술관은 일종의 교육기관의 하나로 학생을 포함한 일반인을 대상으로 한 프로그램을 운영할 것을 적극 장려하였다. 이 정책은 박물관·미술관은 기관 내에서 다양한 계층을 대상으로 한 프로그램을 마련해야 하며, 학교 측에서도 학생들의 교육기관으로 박물관·미술관을 이용할 것을 권하고 있다. 따라서 박물관·미술관 견학이 학교교육의 일환으로 권장되기에 이른 것이다.

우리나라에서 박물관·미술관 교육은 역사적으로 오랫동안 뿌리를 내린 분야는 아니지만, 현대에 이르러 기관에 의해 자발적으로, 그리고 중앙 정부에 의해 적극적으로 권장되며 발전된 분야로 보인다. 그렇다면 여러 가지 노력에 힘입어 박물관·미술관 교육 프로그램은 어느 정도까지 활성화되었는가? 필자가 굳이 자세하게 일일이 말하지 않더라도, 박물관·미술관 교육에 관심을 갖고 이 글을 읽는 독자라면 그 상황을 알 것이라고 믿는다.

미술관을 제외한 역사박물관, 민속박물관, 과학박물관, 자연사박물관은 상대적으로 교육 프로그램을 알차게 운영하고 있는 것이 사실이지만, 아쉽게도 미술관 교육 프로그램은 우리나라에서 아직 활성화되지 않았다. 중앙 정부가 문화예술 관련 정책을 만들어 장려하고 있음에도 불구하고 아직 제대로 자리 잡고 있지 못한 것이다. 단적으로 학교에서 단체로 오는 관람자들을 대상으로 하는 프로그램만 살펴보아도 이것은 자명하다. 양지연(2003)은 교사의 입장에서 미술관에 학교에서 단체로 오는 학생을 대상으로 한 교육 프로그램은 턱없이 부족하며, 있다 하더라도 학교의 교육과정과 연계성이 부족함을 지적했다. 필자의 관찰에 따르면, 혹여 미술관이나 박물관에 학교 방문 프로그램이 있다 하더라도 아무 이유 없이 없어지기 일쑤다. 박물관 내부적인 이유로, 또는 정부의 보조금 삭감 때문에 학생 단체를 대상으로 한 프로그램이 일정 기간 운영되지 않는 것이다. 정혜연(2006)은 우리나라 박물관·미술관 교육에 관한 의미 있는 분석을 하였다. 그에 따르면 우리나라의 박물관·미술관 교육 프로그램은 대부분 미술 콘테스트나 미술 실기 관련 프로그램이 주류를 이루고 있고, 박물관·미술관에 교육 관련 학위를 가진 전문적인 에듀케이터가 턱없이 부족함을 기술하였다. 김영주(2005)는 국립현대미술관을 방문한 관람자들을 분석한 결과 대부분이 여자 대학생이었음을 밝혔다.

이러한 여러 학자들의 견해를 볼 때, 20세기 중반부터 서서히 시작된 미술관 교육은 50년이 넘는 시간이 지났음에도 우리나라에서는 아직 제대로 자리 잡지 못한 것으로 보인다. 그렇다면 그 이유는 무엇일까? 필자는 이 글에서 우리나라에서 자생적으로 퍼져 나간 미술관 교육의 흐름을 짚어 보고, 그것이 유럽과 미국에서 시작된 미술관 교육의 핵심, 즉 그 철학적 배경과 어떻게 다른지 알아보고자 한다. 그리고 우리나라에서 미술관 교육 프로그램을 시작하여 운영하면서 놓친 그 핵심은 무엇인지, 또 그것이 우리에게 어떠한 의미가 있는지를 살펴본다.

이 장은 박물관·미술관 교육이 우리나라에서는 역사적으로 자발적으로 발생하지 않은 분야라는 것을 인정하고, 우리가 전통적으로 가지지 못한 그 철학적 배경을 알고자 하는 것이 그 목적이다.

우리나라: 문화유산 중심의 박물관 교육 프로그램 발달

역사적 배경

기록에 따르면, 우리나라의 박물관은 신라시대 귀비고와 천존고라는 왕립 박물관이 존재한 이래 고려와 조선에도 궁전 내에 박물관이 있었다(국성하, 2007). 하지만 이러한 왕립 박물관은 단지 왕실의 보물을 보관한다는 제한적인 의미를 가졌을 뿐이다. 최초의 근대미술관은 20세기 초 일제강점기에 일본인에 의해 설립되었으며, 이 이왕가박물관에는 미술관을 포함하여 동식물원도 함께 포함되었다. 이후에 경주, 부여, 개성, 평양에 국립 박물관이 설립되기에 이르렀다(국성하, 2007). 하지만 이 박물관들은 일본인에 의해서 우리나라의 열등한 문화예술을 알리고 한국인을 우민화하려는 목적으로 이용되었다(목수현, 2000). 따라서 이 박물관들은 뛰어난 우리나라의 미술 작품을 수집하기보다 저급한 우리나라 작품과 뛰어난 일본의 작품을 대비시키는 활동을 주로 한 것으로 보인다. 일제강점기에 이와 같은 국립 박물관의 활동에 반기를 들고 독립운동의 일환으로 사립 미술관이 건립되기도 하였다. 사립 미술관들은 일본인의 우리나라 미술 작품의 수집과 제한적인 교육을 막기 위하여, 우리나라의 우수한 예술품의 수집을 위하여 애썼다(국성하, 2007). 그러나 이들 기관은 한국인에게 문이 열려 있었지만, 주된 목적은 주로 예술품의 수집이라고 말할 수 있다.

일제강점기 이후 발발한 한국전쟁은 이전부터 이어 왔던 예술품의 수집이라는 박물관·미술관의 기능을 더욱 공고하게 하였다. 일례로 서울이 북한군에 함락되었을 때, 국립중앙박물관의 직원 일부가 남아서 작품을 지키기도 하였으며, 결국에는 전선에서 비교적 거리가 있는 부산으로 모든 작품이 옮겨지기에 이르렀다(이난영, 2005). 이러한 과정에서 귀중한 우리나라의 예술품이 훼손된 것은 물론 도난당한 것은 두말할 필요도 없다. 따라서 일제강점기에 시작된 우리나라의 훌륭한 예술품의 보존 및 수집은 한국전쟁을 거치면서 더욱 공고히 박물관·미술관의 중요한 과제이자 존재 이유가 되었다. 한국전쟁이 끝난 후에도 많은 박물관·미술관은 훼손된 작품을 복원하고 수집하는 일에 온 힘을 기울이느라, 상대적으로 관람자에게 신경을 쓸 겨를이 없었다. 국립중앙박물관의 경우 컨퍼런스를 개최하기도 하였지만, 이 프로그램들은 학술적인 프로그램으로만 남았을 뿐, 일반인을 대상으로 한 교육 프로그램으로 발전하지는 못했다(국성하, 2007).

교육 프로그램의 등장

우리나라의 박물관·미술관 교육2) 프로그램은 1950년대에 시작되었다. 1954년 경주박물관학교가 최초의 박물관 교육 프로그램이라고 할 수 있는데, 이것은 이후 우리나라의 박물관·미술관 교육 프로그램의 방향을 주도한 선구적인 프로그램이었다. 경주는 고대 신라 왕조의 수도로서 전체가 커다란 박물관처럼 신라의 유물로 가득한 도시다. 경주박물관학교는 당시 경주박물관장이었던 진홍섭 관장이 우리나라의 문화를 어린 학생들에게 가르치는 것이 무엇보다도 중요하다는 인식을 하여 시작한 교육 프로그램이었다(윤경렬, 1994). 하지만 당시 경주박물관의 건물이 열악한 상황이었기 때문에, 수업은 관장실이나 박물관 주변의 학교의 교실을 대여하여, 4~6학년 학생들을 대상으로 1년 동안 주말에 진행되었다. 수업 내용은 선사시대부터의 유물에 관해 강의를 하고, 학생들이 직접 작품을 만들어 보는 워크숍도 하였으며, 때에 따라서는 유적지를 견학하기도 하였다. 전체적으로 수업 내용은 학교 수업에 관련된 교육과정이라기보다는 우리나라의 문화와 역사적 유물을 주로 가르치는 것에 초점을 둔 수업이었다고 볼 수 있다. 경주박물관학교는 전통적으로 경주박물관에서 최근까지도 중·고등학생으로 그 대상을 확장하여 이어져 내려오고 있으며, 박물

---

2) 여기서 박물관·미술관 교육이라 한 것은 'museum education'을 뜻하려 함이다. 'museum education'에는 미술관(art museum)이 포함되지만, 한글로 박물관 교육이라 하면 미술관 교육과는 별개로 보이기 때문이다. 특히 우리나라의 초기 'museum education'은 우리가 흔히 박물관이라고 하는 경주박물관에서 시작되었기 때문에 독자가 미술관 교육과는 다른 것으로 받아들일 것을 우려하여 박물관·미술관 교육이라고 표기하였다. 하지만 경주박물관은 과거의 예술작품을 전시한 박물관으로 넓은 의미로 전통예술 미술관이라고 할 수 있기 때문에 미술관 교육의 연장으로 보았다.

관 청소, 정원 가꾸기부터 전시나 놀이 기획과 같은 다양한 활동을 하고 있다.

1950년대 경주박물관학교 이후에 1970년대와 1980년대에는 아동을 대상으로 하는 다양한 프로그램이 등장하였다. 1977년 국립중앙박물관에서 아동을 위해 진행한 워크숍, 1989년 국립민속박물관의 할머니와 함께하는 공예 수업이 그 대표적인 일반인을 대상으로 한 강좌다. 하지만 이러한 프로그램 역시 우리나라의 문화와 역사적 유물을 그 내용으로 하였다는 점에서 경주박물관학교와 일맥상통한 것으로 보인다. 이와 같이 우리나라의 박물관·미술관 교육은 문화유산의 보존과 밀접한 관계 속에서 생겨나고 발전되었다. 이러한 환경에서 박물관 교육 프로그램은 주로 문화 유물을 소장한 국립중앙박물관이나, 민속박물관 그리고 역사박물관 중심으로 활발하게 운영되었다. 현대에도 우리나라에서는 미술관보다는 이러한 박물관이 학교 교과, 즉 사회교과와 연계하여 활발하게 교육 프로그램을 진행하고 있다.

박물관(전통예술 미술관)의 경우는 이러한 역사적인 배경 아래서 활발하게 교육 프로그램을 마련한 한편, 상대적으로 박물관에 비해 개관 자체가 늦었던 현대미술관은 교육 프로그램의 제작에도 소극적이었던 것이 사실이다. 우리나라의 전통예술품을 소장·전시하는 박물관은 고대부터 존재하였던 것에 비해서 미술관은 국립현대미술관이 우리나라 최초로 1969년에 개관하였으며, 교육 프로그램은 1978년의 현대미술관회가 그 시작이었다. 더구나 현대미술관회는 순수하게 교육적인 목적으로보다는 미술관에 재정적인 도움을 받고자 조직한 일종의 후원회로 시작되었다고 보는 것이 옳을 것이다(현대미술관회, 2000). 기업의 후원을 얻고자 현대미술관회를 통하여 직접적으로 작품의 기부를 받는 것이 그 최초의 목적이었고, 점차 그 명칭을 현대미술아카데미로 변경하여 현대미술 강의를 시작하였다(이화익, 1992). 현대미술관회부터 현대미술아카데미까지 국립현대미술관에서 시작된 교육 프로그램은 교육적이라기보다는 재정적인 지원이 그 목적이었다. 따라서 우리나라의 박물관에서 전통미술을 중심으로 한 교육적인 활동이 시작된 것에 비하여 미술관에서는 그나마도 교육적인 활동이 자생적으로 일어나지 않았다고 말할 수 있다. 미술관에서의 교육적인 활동은 앞서 언급하였듯이 1980년대 정부의 정책이 시작이었다.

미국: 미술관 교육의 역사적 · 철학적 배경

역사적 배경

우리나라에서처럼 오랜 역사에 걸쳐 이어져 내려온 유물을 보존하는 것이 박물관 · 미술관3) 건립의 이유이자 초기의 설립 목적

---

3) 앞서 기술하였듯이, 이 글에서 박물관 · 미술관이라는 용어는 미술관을 포함한 'museum'을 뜻하기 위해서 사용되었다.

이었던 유럽과 달리, 미국의 경우에 미술관은 교육이라는 목적과 함께 시작되었다. 미국에서는 상대적으로 소장품이 없이 미술관이 시작되었기 때문에 교육을 통해 대중을 계몽하는 것이 그 첫 번째 존재의 이유였다. 실제로, 타일러(J. C. Taylor)는 미국에서 미술관의 소장품이 목적을 수행하기 위하여 점차 마련되었음을 인정하였다(Taylor, 1975, p. 34). 로우(T. L. Low) 또한 미국의 미술관 건립 초기부터 강조된 교육적인 역할이 유럽과는 다른 미국만의 특성이라고 강조하기도 하였다(Low, 1948). 미국 유명 미술관의 건립 초기 문서를 보면, 소장품을 가지고 대중을 교육시키는 것이 기관의 주된 목적임을 명시하고 있다. 이러한 미술관으로는 메트로폴리탄 미술관(Metropolitan Museum of Art), 보스턴 미술관(Boston Museum of Fine Art), 브루클린 미술관(Brooklyn Museum), 미네아폴리스 미술관(Minneapolis Institute of Arts) 등이 있다.

이러한 미술관에서 교육적인 목적이 강조되었던 것은 사실 남북전쟁 이후 미국에서 있었던 활발한 산업 발달에 힘입어 사회적으로 산업 디자인의 육성이 필요했기 때문이었다. 그때까지만 해도 유럽에 의존적이었던 미국의 공예예술을 진작하기 위해 예술과 산업을 연결시키고자 하였으며, 그 때문에 미술관의 교육적인 목적이 강조되었다. 하지만 1930년대 이후 산업예술의 발전이 정점에 이르자 미술관의 산업적인 이용은 더 이상 요구되지 않았으며, 전시를 통하여 순수예술을 일반인에게 교육하여 그들의 교양에 이바지하는 것이 새로운 목적이 되었다. 이때부터 미국의 미술관은 일반인을 대상으로 한 다양한 교육 프로그램을 더욱 적극적으로 개발하기 시작하였다. 일반인을 위한 교육 프로그램뿐만 아니라 학생을 대상으로 한 프로그램도 활발하게 개발하였는데, 그 일환으로 학교와의 공고한 연대 속에서 다양한 프로그램을 진행하였다. 예를 들면, 학교에 박물관·미술관의 소장품을 대여하거나(Dana, 1917), 학교 교육과정과 연계한 학교 단체 방문 관람자들을 위한 프로그램을 제공하기도 하였으며(Zeller, 1989), 급기야 1984년 미국박물관협회(American Association of Museum)는 『새로운 세기를 위한 박물관(*Museums for a New Century*)』에서 박물관·미술관과 학교와의 긴밀한 관계를 구축할 필요성을 강조하기도 하였다.

철학적 배경

미국에서 미술관의 교육적 역할이 시작되고 발전된 것은 앞서 기술한 역사적 배경의 영향을 무시할 수 없지만, 그 이면에는 먼 중세부터 이어져 내려오는 서양의 철학적 배경 또한 존재한다. 미술관에서는 글이 아니라 실제 사물을 가지고 학습한다는 면에서 학교교육과 다르며, 여기서 철학의 경험론과 밀접한 관련이 있다. 흥미롭게도, 서양에서 면면히 이어져 내려오는 사물 중심 학습(Object-based Learning), 즉 경험론의 중요성을 미술관 교육의 관점에서 소개하고자 한다.

일찍이 중세시대 토마스 아퀴나스(Thomas Aquinas)는 실제 세계와 사물에서 학습하는 것의 중요성을 인식하였다. 그는 추상적 사색이라는 것은 물리적 경험 없이는 완벽하게 이해될 수 없는 것으로 보았다. 인간의 지식은 감각에서 시작되고, 정신은 육체에 연결되지 않고서는 우리의 영혼 세계에서 빠져나가기 쉽다. 따라서 인간은 감각을 통해서 지식을 얻을 수 있을 뿐이다. 인간의 인식은 감각에 한해서만 강하기 때문이다(Hooper-Greenhill, 1991, p. 26 재인용).

아퀴나스 이후 17세기에 사물 중심 교육의 중요성을 주장한 철학자로는 경험론으로 유명한 프랜시스 베이컨(Francis Bacon)이 있다. 베이컨은 지식이란 사물을 관찰함으로써 비로소 얻어지는 것이라고 말하였다. 그는 다음과 같이 말했다.

> 인간은 자연의 하인이자 해설가로서, 그가 실제로든 혹은 사색을 하든 자연을 관찰함으로써만 비로소 이해할 수 있다. 그렇지 않으면 어떠한 것도 알 수 없으며 할 수 없다(Calkins, 1880, p. 165 재인용).

베이컨은 교사들에게 자연으로 나아가서 그 소리를 듣고, 자연의 방법을 이해하고, 자연의 가르침에 귀 기울일 것을 권했다.

이후 여러 세대에 걸쳐 많은 철학자들이 베이컨의 강한 영향을 받았다. 교육자이자 철학자였던 코메니우스(Johann Amos Comenius)는 교육에 관한 한 베이컨의 원칙을 따랐다. 그가 1657년에 출간한

『*Orbis Sensualium Pictus*』를 보면, 이미 페스탈로치(Johann Heinrich Pestalozzi) 100년 전에 코메니우스가 사물 중심 학습의 기초를 다졌음을 알 수 있다(Calkins, 1880). 그에 따르면, 가르침은 그 방법이 자연을 따를 때 성공할 수 있다. 사물이나 사실에 대해 말로 하는 설명보다는 학생이 실제로 실행하는 조사가 바로 그 방법인 것이다. 이것은 말로 설명을 백만 번 듣는 것보다 실제로 시각적으로 보는 것이 기억에 몇 백 배 강하게 남기 때문이다. 코메니우스에게 있어서 사물이나 사실을 이해하기 위해서는 여러 가지 감각적 경험이 중요했던 것이다.

코메니우스 이후 100년 후에 살았던 루소(Jean Jacques Rousseau)는 교육 개혁가였다. 그는 사물의 경험을 통하여 학생들이 자신의 감각을 훈련할 것을 주장하였는데, 페스탈로치도 루소의 영향을 많이 받았다. 페스탈로치는 고아와 저소득층의 학생을 위한 학교에서 사물 중심 학습을 소개하여 학생이 자신의 감각에 주의를 기울이도록 하였다. 그가 실행한, 학생이 개인적인 경험을 통하여 지식을 습득하게 하는 교육 방법은 성공적이었다. 1880년 부스(F. Busse)는 베이컨부터 코메니우스, 루소 그리고 페스탈로치를 사물 중심 학습의 전통을 잇는 철학자로 보았다.

코킨스(N. A. Calkins)는 사물 중심 학습이 유럽 몇몇 지역 초등학교에서 중요한 위치를 차지하고 있었음을 기술하였다(Calkins, 1880). 로슨(J. Lawson)과 실버(H. Silver)도 사물 중심 학습이 19세기 영국 학교의 중요한 특징임을 지적하기도 하였다(Lawson & Silver,

1973). 19세기 말에는 영국에서 박물관·미술관이 사물 중심 학습의 빼놓을 수 없는 원천이자 자료가 되기에 이른다(Smythe, 1966). 이러한 유럽의 사물 중심 학습은 20세기 미국의 진보주의 교육학자들에 의해서 받아들여졌다.

크레민(L. Cremin)은 미국의 진보주의 시대에 선구자로 프랜시스 웨이랜드 파커(Francis Wayland Parker)와 존 듀이(John Dewey)를 들었다(Cremin, 1964). 페스탈로치의 영향을 받은 파커는 아동에게 학습은 비로소 그들이 일상생활에 관련된 의미 있는 경험을 할 때 일어나는 것이라고 보았다(Korzenik, 1984). 그는 학생의 주의와 표현은 교수-학습 방법의 핵심이라고 보았는데, 따라서 교사가 하는 가르침의 역할은 아동이 자신이 처한 환경에 주의를 기울이고 자신이 이해한 것을 표현하도록 돕는 것이라고 주장했다. 여기서 학생이 주의를 기울이는 행위에는 보고 듣고 만지는 감각이 동원되기 때문에 주의를 기울이는 행위에서 학생의 상상력이 자극될 수 있다고 본 것이다. 따라서 파커는 예술이 학교 교육과정에서 중심의 위치를 차지하여, 학생이 자신의 상상력을 자유롭게 표현할 수 있는 어떠한 도구가 되어야 함을 주시하였다.

한편 또 다른 진보주의 교육철학자로서 듀이(Dewey, 1916, 1953)는 미국에서 학습자와 그들의 경험을 연결시켰다. 그에 따르면, 학교는 가정과 사회를 연결하는 협력적 지역사회 단위로서 학습은 아동의 경험하는 세계와 떨어질 수 없는 것이다. 따라서 학생은 자신의 능력을 계발하여 자신의 욕구를 충족시키는 것이 중요하다(Cremin, 1964). 또한 듀이는 학습에 있어서 눈과 함께 손과 일련의 여러 감각 기관의 중요성을 강조하였는데, 이것은 아동이 그들의 일상생활로부터 활발하게 여러 가지 물질적인 경험을 하도록 하게 하기 위함이었다(Mayhew & Edwards, 1936, 1966). 이러한 활동이 곧 아동이 자신의 지적 활동을 넓혀 가는 데 필수불가결하기 때문이다.

지금까지 서술하였듯이, 더욱더 효과적인 학습을 위하여 학생이 실제 사물을 보고 듣고 만져야 한다는 교육 방법은 서양의 교육철학에서 낯선 것이 아니다. 그렇다기보다 오랫동안 면면히 이어져 내려온 서양의 교육과 학습의 오랜 전통의 하나라고 할 수 있다.

그렇다면 학습과 가르침에 사물을 사용하여야 한다는 철학은 미술관 교육과 어떠한 관련이 있는가? 사물 중심 교육 철학은 일찍이 미국에서 미술관을 교육적인 기관으로 주시하는 데 막대한 영향을 미쳤다(Hooper-Greenhill, 1991). 최근에 허버드(Olga Hubard)는 몸으로 직접 경험함으로써 얻는 학습이 미술관 교육과 관련 있음을 기술하기도 하였다(Hubard, 2007a). 글로 기술된 책을 가지고 그 내용을 공부하는 것과는 다르게, 예술 작품은 하나의 물리적인 독립체로 감상자와 같은 공간에 존재하기 때문이다(Hubard, 2007a, p. 5). 따라서 감상자는 예술 작품 속에서 실제로 구현된 이미지를 볼 수 있을 뿐만 아니라, 심지어는 사물로서 작품을 만질 수 있는 가능성까지 존재한다(Merleau-Ponty, 1964). 이처럼 여러 학자들은 박물관뿐만 아니라 미술관도 아동의 사물 중심 학습을 위한 공간이 될 수 있음을 주장했다. 미술관 교육이 책을 중심으로 학생을 가르치는 것이 아니라 작품, 즉 사물을 가지고 배움을 유도한다는 점에서 미국 미술관 교육은 바로 사물 중심 교육의 전통 위에 세워진 또 다른 교육의 갈래임을 알아야 할 것이다.

우리나라 학교교육 현장에 미술관 교육이 필요한 이유: 창의력 함양과 관련하여

서양에서 사물 중심 학습의 전통 아래 미술관 교육 활동이 뿌리 깊게 자리 잡은 것에 비하여 우리나라에서는 역사적으로 사물 중심 학습이 경시되어 왔다. 그래서 우리나라의 미술관 활동은 단지 귀중한 국내외 예술품을 소장·전시하는 것에 국한되었고, 그 교육적인 역할이 역사적으로 인식되지 못하기에 이르렀다. 물론 전통예술 작품 소장의 중요성이 앞서 언급하였듯이 일제강점기와 한국전쟁이라는 역사적 배경에서 더 강조된 것이 사실이지만 말이다. 현재 우리나라의 미술관이 제공하고 있는 교육 프로그램은 1980년대에 정부의 주도 아래서 미국의 미술관의 활동, 즉 교육 프로그램이 모방된 것이라고 할 수 있다. 하지만 우리나라 미술관에서 제대로 된 의미 있는 교육 프로그램이 자리 잡기 위해서는 서양의 미술관 교육의 이면에 존재하는 핵심을 제대로 파악한 후,

우리 사회와 문화에 걸맞은 존재 이유를 찾는 것이 필요하다. 따라서 미술관 교육의 핵심이라고 할 수 있는 사물 중심 교육이라는 철학적 배경을 주목하여, 필자는 먼저 우리나라의 실학에서 유사한 교육의 뿌리와 철학을 찾아보고자 한다. 그리고 사물 중심 교육을 통하여 미술관 교육이 거둘 수 있는, 현재 우리나라에 필요한 교육적인 효과는 무엇인지 살펴본다.

우리나라 고유의 사물 중심 교육철학: 실학

우리나라의 교육철학 중에 18, 19세기에 있었던 실학운동은 교육의 지침으로 경험주의를 주장하였다(진쾌현, 1979). 여기서 경험주의란, 서양에서처럼 지식은 실질적인 경험에서 습득하여야 한다는 교육철학이다. 이러한 접근은 유교 및 불교와 밀접하게 관련된 우리나라의 전통 교육철학과는 완전히 다른 것이다. 실학운동은 실생활과 유리된 유교 윤리에 반대하여 자연과학의 발전과 서양이라는 존재의 새로운 발견에 따라 일어난 운동이었다. 16세기부터 반복된 외세의 침입과 계속되는 생활의 빈곤으로 인하여 실학자는 대중이 빈곤에서 벗어나게 하는 것이 무엇보다도 중요하다고 인식하였으며, 따라서 자연과학의 실행과 일상생활과 관련된 교육이 무엇보다도 시급함을 주장하였다. 실학은 교육철학으로 경험에 기초한 지식의 습득을 위하여 귀납적인 논리와 실증철학을 제시하였다(진쾌현, 1979).

우리나라 전통적인 미술교육에서 실학에서 시작된 사실적인 묘사는 실로 획기적인 일이었다. 서예에서처럼 우리나라의 전통회화도 과거의 유명한 대가의 그림을 모사하는 작업이 중시되었기 때문이다. 하지만 실학의 발달에 따라 화가들은 책을 보고 대가의 작품을 모사하는 데서 벗어나서 실제 풍경을 보면서 풍경화를 그리는 실경산수화를 그리기 시작하였을 뿐 아니라, 회화의 주제도 일상생활과 관련 있는 것으로 확장되기에 이르렀다. 미술교육의 이러한 변화는 바로 실학이 추구한 '경험에 기초한 지식의 습득'이라는 교육철학이 반영된 것이다.

실학운동은 17세기에 시작되어 18세기에 꽃을 피웠다가 18세기 말에 갑자기 그 종말을 맞았다. 이것은 당시 조선 왕조가 실학을 천주교와 관련된 혁명적인 운동으로 간주하여 엄격하게 탄압하였기 때문이다. 따라서 실학자들은 그 뜻을 펴지 못하고 귀향을 가거나 사형을 당하기도 하였다. 그들이 주장한 '경험에 기초한 지식의 습득'이라는 교육철학이 당시 예술 교육에서 의미 있는 변화를 일으켰지만, 실학이 우리나라의 교육에 오랜 시간에 걸친 획기적인 변화를 이끌어 내기에는 역부족이었다. 따라서 서양에서 경험주의 철학이 교육의 현장에 사물 중심 교육을 이끌었던 것처럼 우리나라에 사물 중심 교육을 소개하는 데까지 발전하지 못하였다.

역사적으로 우리나라에서 교육철학은 피교육자 자신과 관련된 경험이나 사물에 그 중심을 두지 않고, 피교육자의 개념적인 사색을 중요시하였다(정세화, 1997). 과거에 우리나라의 사회에 다방면으로 유교와 불교의 영향이 팽배하였듯이 교육에도 이들의 영향은 막강하였던 것이다. 유교와 불교는 교육이라는 것은 개개인이 심신의 단련을 통해 궁극적으로 깨달음을 이루는 것으로 교육철학이 흐르도록 하였다. 따라서 물리적인 사물에 기초한 경험보다는 사색을 통하여 지식에 이르는 것이 교육에서 강조되었다. 이러한 역사적인 상황에서 실학이 경험에 기초한 지식의 획득을 주장하였다 하더라도, 교육 현장에 사물 중심 학습을 소개하는 것은 그만큼 어려운 일이었다.

물리적인 사물을 통하여 지식을 얻는다는 교육철학의 부재는 미술관 교육이 우리나라에서 그 뿌리를 내리는 데 제약이 될 수밖에 없었을 것이다. 우리나라에서는 미술관이 소장한 작품이 역사적으로 오랫동안 아동의 교육을 위한 귀중한 자료로 인식되지 못 했을뿐더러, 더구나 현대미술관은 교육기관으로서의 자신의 잠재력을 인지하지 못한 채 일선 학교와 협력하여 교육 프로그램을 제공하는 데 소극적이었다. 사물 중심 교육과 관련하여 초·중·고등학생의 공공 교육에 현대미술관이 기여할 수 있다는 사실이 간과되면서, 현대미술관이 그동안 공립학교와 긴밀한 관계를 맺지 못한 것이다(국성하, 2007; 양지연, 2003). 우리나라에서는 단지 학교의 정규 교과과정에 직접적으로 관련된 학교 안에서의 교육적인 활동만 중요시되어 오면서, 학교 밖에서의 여러 가지 잠재적인 교육적으로 가치 있는 활동이 주목을 받지 못하였다(국성하, 2007).

이러한 우리나라의 교육적인 상황은 미국과 다르다. 미국에서는 예술 작품이 교육적인 자료로 간주됨에 따라서, 현대미술관을 포함한 미술관이 학교와 긴밀한 협력 속에서 학생을 교육시키는 데 기여하고 있기 때문이다(Dana, 1917; Smythe, 1966; Zeller, 1989). 이처럼 필자는 우리나라와 미국의 서로 다른 교육적인 상황을 이해하지 않고, 미국의 미술관 교육을 우리나라에 그대로 도입하는 것은 옳지 않다고 본다. 서로 다른 역사적 배경과 교육철학이 미술관 활동에 있어서 우리나라와 미국에서 현재 다른 역할을 수행하도록 이끌고, 또 미술관과 학교의 관계도 달라졌기 때문이다. 우리나라에도 미국에서처럼 미술관 교육이 필요하다면, 단순히 미국 미술관의 교육 프로그램을 그대로 모방하는 것보다는 우리나라의 교육적인 상황에 왜 미술관 교육이 필요한지를 먼저 규명하는 것이 필요할 것이다.

미국에서 미술관 교육은 경험주의 철학에 기반을 둔 사물 중심의 교육철학을 바탕으로 발달하였다. 또 우리나라에서는 현대까지 이어오지는 못했지만, 과거 잠시나마 유사한 교육철학으로 실학이 존재하였다. 실학의 교육철학을 유념한다면, 우리나라에서도 미술관 교육이 기초를 두는 사물 중심 교육은 그렇게 생소한 것만은 아닐 것이다. 그렇다면, 이제 좀 더 적극적으로 미술관 교육이 현재 우리나라에 필요한 이유를 찾아보자. 현재 우리의 교육 현장에 사물 중심 교육은 어느 정도 비중을 차지하고 있으며, 이것은 과연 우리에게 필요한가? 21세기의 관점에서 우리나라의 교육적인 상황에서 미술관 교육이 필요한 이유는 무엇인가?

우리나라에서 미술관 교육을 통한
교육적인 효과: 창의성 함양

우리나라의 공교육 체계에서는 책과 글을 중심으로 교육이 이루어진다. 역사적으로 우리나라에서는 경험론보다는 합리론이 교육철학에 중요한 자리를 차지하였고, 이러한 교육 환경에서 실제 세계나 실제 사물보다는 책과 글이 중요한 교육 수단이 되었다(장선희, 1997; 정광희, 1997; 정대련, 1997; 한방교, 1982). 실제 세계나 사물을 통해서가 아니라, 책 속의 글과 설명이 지식을 얻는 유일한 길이 된 것이다. 실제로, 우리나라의 공립학교에서는 실험이나 사물을 가지고 하는 학습보다는 책을 가지고 하는 학습이 주류를 이루고 있으며, 그러한 교육과정에서 학생은 자발적이라기보다는 수동적인 학습자로서 나날이 창의성을 잃고 있다.

최근에는 우리나라의 교육 현장에도 변화의 바람이 불고 있다. 학생은 책과 함께 교사의 설명을 통해 지식을 받아들이는 수동적인 학습자에서 벗어나 스스로 지식을 찾아서 자신에 맞게 적극적으로 습득하는 자발적이고 능동적인 학습자로 그 위치가 변하고 있으며, 이를 위하여 학생에게 창의적인 역량이 요구되고 있다. 따라서 교육은 더 이상 학생에게 단순히 지식을 주입하는 것이 아니라, 그들에게 자율권을 주어 주도적으로 스스로 배우며 생각할 수 있게 하여야 한다. 하지만 오랫동안 수동적인 학습자에 머문 학생이 학습에서 주도적인 역할을 담당하는 것은 쉽지 않다. 이러한 변화 속에서 교사들은 학생이 스스로 학습하고 싶도록 호기심을 자극하여 창의력을 기르고 자신의 의견을 자유롭게 개진할 수 있도록 하는 교육 방법을 끊임없이 연구하고 있다. 필자는 미술관의 사물 중심 교육이 학생이 자발적으로 학습하고, 그러한 과정 속에서 창의력을 기를 수 있는 효과적인 교육 방법임을 소개하고자 한다.

사물 중심 교육을 통한 자발적인 학습

이제까지 미술관 교육 프로그램이라고 하면 흔히 미술관의 도슨트에게서 미술 작품에 관한 설명을 듣는 것을 떠올릴 것이다. 미술관을 방문하면 도슨트에게 작품과 작가에 관한 설명을 들으면서 연신 고개를 끄덕이는 관람자를 보는 것은 아주 흔한 일이다. 도슨트의 설명과 함께 난해한 현대미술 작품에 대한 궁금증이 풀리기 때문이다. 하지만 필자는 미술관 교육이 단순히 작품에 대한 설명을 듣는 학습이 아니라고 말하고 싶다. 설명을 듣고 작품에 대한 정보를 습득하는 것이 미술관 교육이라면 이것이 학교 수업 시간에 책을 가지고 교사의 설명을 듣는 수업과 무엇이 다르겠는가? 도슨트에게서 미술관 전시장에 전시된 수많은 작품 중 한 가지 작품의 설명을 들었다고 치자. 그렇다면 나머지 수많은 작품은 어떻게 이해할 것인가? 박물관·미술관 숍에서 판매하는 두껍고 값비싼 도록을 사서 나머지 작품에 대한 설명을 알아야만 우리는 전시를 전체적으로 이해했다고 말할 수 있는 것인가?

필자는 미술관 교육이 이제까지 우리에게 익숙한 말과 글, 즉 설명을 중심으로 한 학습과는 완전히 다른 학습의 방식이라고 말하고 싶다. 미술관의 작품은 학생이 학교에서 접하지 못한 형상화된 사물로서, 머리가 아니라 몸으로 학습(Embodied learning)하게 하는 역할을 하기 때문이다. 물론 말과 설명이 필요 없다는 것은 아니다. 그 중심이 '언어'가 아닌 '사물'이어야 한다는 말이다. 그러기 위해서는 미술관에서 작품에 관한 설명을 듣는 것은 소용이 없다. 현대미술 작품 앞에서 혼자 사색의 시간을 가지는 것이 중요하고, 여기에 도슨트가 관람자의 개인적인 생각을 일깨울 수 있는 적절한 질문을 던지면서 이야기를 해 준다면 더 효과적인 교육이 될 것이다.

더 이상 학습은 지식을 머릿속에 축적하는 과정이 아니다. 그보다는 학습자가 자신이 처한 환경과 적극적으로 주고받는 경험의 과정이라고 할 수 있다(Dewey, 1929, 1988). 저명한 심리학자인 피아제(Jean Piaget)는 학습은 상징성을 지닌 실제 사물과 학습자가 적극적으로 반응하면서 일어나는 현상이라고 말하였다(Piaget, 1952, 1963). 따라서 최근에 학습자 중심의 교육이 각광받고 있으며, 환경이 학습자의 활발한 참여를 어떻게 이끌어 낼 것이냐가 교육의 중요한 이유가 되고 있다(Bruner, 1973). 이러한 학습자 중심 교육의 중요성에 힘입어 미술관도 최근 더 이상 지식의 창고가 아니라, 학습자의 활발한 참여를 이끄는 장소로서 그 역할이 변화하고 있다(Roberts, 1997). 미술관이 관람자의 적극적인 참여를 유도하여 학습을 하는 데 관람자에게 어떻게 주도권을 줄 수 있는가가 이제 중요한 이슈가 되고 있는 것이다.

따라서 실제 예술 작품을 중심으로 이루어지는 미술관 교육은 이제 책이 명확한 내용을 전달하는 것과 다르게 작품을 가지고 관람자로부터 다양한 의견을 갖도록 유도하고 자발적인 학습자가 되기를 촉구한다. 이것은 미술관의 예술 작품이 개개인에게 다양한 의미를 가질 수 있는 가능성이 있을 뿐만 아니라, 미술관 교육의 교수법(Pedagogy)도 관람자 개개인의 자율성을 중요시하기 때문에 가능하다. 따라서 미술관 교육은 우리나라의 학교교육을 보완하는 면이 있다. 학교에서 학생은 책을 중심으로 정해진 지식을 수동적으로 습득하며, 동시에 테스트로 평가되는 교육 체계 아래서 엄청난 양의 지식을 암기하는 것이 우리나라 교육의 일반적인 모습이기 때문이다.

미술관 교육이 자발적인 학습자로서 관람자를 이끄는 데에는 그 교수법에 세 가지 요소가 있다. 첫째, 작품에 대한 어떠한 정보를 주기 전에 관람자가 혼자 보는 시간을 갖게 함으로써 그만의 의미를 작품에서 찾게 하는 것이다. 데이비스(H. J. Davis)와 가드너(H. Gardner)는 "미술관 관람자는 미술관에서 끝없이 다양한 자극에 따라 자신만의 길을 찾아야 한다."(Davis & Gardner, 1993, p. 102)라고 말했다. 한편 파리스(S. Paris)는 미술관이야말로 관람자 내면으로부터의 자극과 호기심으로 몰입할 수 있는 공간이어야 함을 강조하였다(Paris, 1997). 따라서 관람자에게 작품에 대해 자신만의 의미를 찾도록 혼자 생각하는 시간을 주는 일은 에듀케이터가 그들이 작품에 호기심을 느끼고 자발적으로 관심을 갖게 하는 데 반드시 필요하다.

둘째, 에듀케이터가 들려주는 이야기다. 여기서 이야기는 작품에 대한 정보를 효과적으로 전달하며, 관람자는 딱딱한 정보나 지식이 아닌 이야기를 통해 작품과 자유롭게 개인적인 교감을 나눌수 있다. 이때 이야기는 관람자가 작품에 대해 혼자 생각하는 시간을 보낸 후에 들려주어야 하며, 그럼으로써 관람자가 작품에 대해 더욱 깊이 있는 사색에 빠지도록 하는 역할을 할 것이다. 작가에 대해서나, 그가 작품을 제작한 의도, 배경 혹은 작품에 대한 뒷이야기 형태로 작품에 대한 여러 가지 배경 지식을 전달하는 것은 관람자의 흥미를 끌 수 있을 뿐만 아니라 상상력도 자극할 수 있다. 미국 뉴욕현대미술관(Museum of Modern Art)의 미술관 에듀케이터로 유명한 예나윈(Philip Yenawine)은 미술관이 관람자에게 작품에 대한 어떠한 나름의 의미를 갖게 하려면 적절한 정보를 곁들여 주어야만 한다고 제안했다(Yenawine, 1988). 그뿐만 아니라, 메트로폴리탄 미술관(Metropolitan Museum of Art)에서 에듀케이터로 있다가 최근 뉴욕의 프릭 콜렉션(Frick Collection)의 교육과장으로 자리를 옮긴 번햄(R. Burnham)과 컬럼비아대학교 미술관 교육 학자인 허버드도 에듀케이터는 관람자가 깊이 있게 작품을 탐구하게 하기 위해 적절한 정보를 제공하여야 한다고 말하였다(Burnham, 1994; Hubard, 2007c). 그렇게 함으로써, 관람자는 새로 들은 흥미로운 이야기를 가지고 작품을 자신의 생활과 가까운 것으로 받아들여서 그에 대한 자발적인 호기심을 갖게 된다. 따라서 미술관 교육에서는 관람자의 일상생활과 관련되고 흥미를 끌 법한 친근감을 느낄 수 있는 작품에 대한 적절한 이야기가 필요하다.

마지막으로, 미술관 교육에서 관람자에게 질문을 던지는 것은 작품에 대한 정보를 나누는 또 다른 수단이 된다. 직접적으로 이야기를 전달하는 것보다, 에듀케이터는 관람자에게 질문을 던짐으로써 작품의 특정 부분에 관심을 기울이고 에듀케이터가 말하고자 하는 이야기를 스스로 대답하며 이해하도록 하는 것이다. 이때 에듀케이터가 던지는 질문은 정해진 답이 없다는 데서 우리가 흔히 아는 질문과 구분된다. 미술관에서의 질문은 특정한 답이 없기 때문에, 관람자의 답변은 절대 부정되어서는 안 되고, 에듀케이터가 하는 이야기도 관람자가 보이는 서로 다른 반응에 따라서 유동적으로 변한다. 앞서 언급한 예나윈(Yenawine, 1988)도 이 점을 인정하였는데, 그는 미술관에서의 학습은 모두에게 열려 있으며, 관람자는 모두 작품에 대한 서로 다른 자신만의 의미를 만들 수 있어야 한다고 말했다. 그래야만 관람자의 자발적인 학습이 일어나고 깊이 있는 사고가 진작되기 때문이다. 번햄과 카이-키(E.

Kai-Kee) 역시 관람자는 작품의 해석을 하는 데 자유로워야만 하며, 그 누구의 해석이나 비판을 따를 이유가 없다고 주장했다(Burnham & Kai-Kee, 2007). 물론, 이때 에듀케이터는 작품에 대한 관람자의 개인적인 해석과 비평가의 해석 사이의 차이를 조절할 상황이 생기므로 이에 대비하여 어떻게 대처할 것인지 미리 준비해야 할 필요가 있기를 하다(Hubard, 2007b). 그러기 위해서는 질문은 항상 모두에게 열려 있어야 하며, 관람자의 어떠한 답변도 부정되어서는 안 된다. 만약 미술관에서 자신의 답변이 틀렸다는 말을 듣는다면, 그 사람은 다시는 작품에 대한 자신만의 새로운 생각을 하지 않을 것이기 때문이다.

　이러한 일련의 과정을 통해서 관람자는 작품을 배우는 것이 아니라, 작품을 스스로 '읽는' 방법을 배우게 된다. 따라서 미술관 교육은 일방적인 설명이 아니라, 질문과 답변으로 이루어진 일종의 양방향으로 이루어지는 대화라고 할 수 있다. 서로 주고받는 대화 속에서 관람자는 작품에 대한 나름의 의미를 찾게 되는 것이다. 스턴버그(R. J. Sternberg)는 주고받는 교육 방식이 미술관 교육에서 관람자의 적극적인 참여를 유도한다고 보았다(Sternberg, 1989). 또한 라이스(D. Rice)는 전시장의 작품 자체, 그리고 작품과 대면한 그 상황뿐만 아니라, 관람자 상호 간의 대화도 미술관 교육의 포스트모던 교수법으로 간주하였다(Rice, 1995). 에듀케이터와의 대화 속에서 관람자는 호기심을 자극받게 되고 자신의 의견을 활발하게 개진함으로써 학교에서 수동적으로 지식을 학습하는 것과 다르게 작품에 대해 자발적으로 생각하는 적극적인 학습자가 되는 것이다.

사물 중심 교육을 통한 학생의 상상력과 창의성 진작

미술관에서 에듀케이터와 하는 대화 속에서 관람자는 특정 작품에 자신만의 의미를 부여하게 되고, 그러는 과정에서 그들의 상상력이 자극된다. 이러한 과정을 도슨트와 반복하게 된다면, 관람자는 스스로 작품을 보고 적절한 질문을 찾는 훈련을 하게 되어 결국에는 난해한 미술 작품을 혼자 보고 감상하는 능력을 기르게 될 것이다. 그리고 이러한 작품을 '읽는' 과정 속에서 관람자의 창의력이 향상될 것이다. 물론 이때, 같은 공간에서 관람자가 진짜 예술품과 함께하여야 함은 필수적이다. 이는 작품이 영상으로 대체되어서는 안 됨을 뜻한다.

이 책의 제1장에 번역하여 실은 논문에서 버튼(Judith M. Burton)은 아동을 위한 창의력의 중요성을 강조했던 미술교육의 선구자인 로웬펠드(Victor Lowenfeld)의 업적을 재해석하고 있다(Burton, 2009). 버튼은 로웬펠드가 교육에서 움직임과 감각, 감정을 중요시한 점을 주시하고 있다. 로웬펠드(Lowenfeld, 1957)에 따르면, 움직임을 통한 학습은 단지 창조력을 기르는 데 중요할 뿐만 아니라, 한 사람의 인생에서 지식을 쌓아 가는 데 중요한 역할을 한다. 비단 로웬펠드만이 아니라, 랭거를 비롯하여 리드, 쉐플러, 드마지오와 같은 많은 학자가 감성과 심미적인 기능이 아동의 인지적 발달에 중요함을 주장하였다. 인지적인 발달을 위해서는 지각적이고 개념적인 이해만이 아니라 창의적이고 감성적인 영역 또한 중요하다는 것이다. 따라서 균형적인 지적 발달을 위해서는 교육에서 수학적·과학적 사고만 강조할 것이 아니라, 창의적인 감성을 폭 넓게 기르도록 진작하여야 한다. 미술관에서 작품을 감상하는 것은 작품이라는 사물을 통하여 관람자가 바로 이러한 창의적인 감성을 기르는 데 도움을 준다.

예술 작품과의 교감이 관람자의 상상력을 자극한다는 것은 이제까지 많은 학자들이 주장한 것이다. 예술 작품은 과학이나 수학이 담아낼 수 없는 감정이나 상상력, 창의력을 소개하는 수단이 된다. 랭거(S. K. Langer)에 따르면, 예술적 상징은 있는 그대로 세상을 묘사하지 않고 현실에서 받은 느낌이 상징적으로 표현되었기 때문에 특별하다(Langer, 1953). 랭거는 예술가가 그들의 상상력에서 나온 그들만의 느낌을 작품을 통해서 재현한다고 보았다. 예술가가 가진 특유한 상상력, 거기서 나온 느낌, 그리고 그 특별한 느낌을 표현하는 표현력 모두에 중요성을 부여한 것이다. 상징적인 체계로서 예술은 세상에 대한 또 다른 의미를 부여하고 보여 주는 것이다(Goodman, 1978). 브루너(Jerome Bruner) 역시 과학이나 수학과 달리 예술이 또 다른 사색의 길로 들어서게 하는 새로운 계기를 마련함을 가치 있게 보았다(Bruner, 1959).

1960년대 냉전시대에 구 소련의 인공위성 스푸트니크 호가 발사되었을 때 미국에서는 구 소련에 뒤떨어진 미국의 과학기술을 반성하며 많은 학자들이 교육계의 혁신을 주장했다. 이때 인상적인 것은 교육학자들이 뒤떨어진 미국의 과학기술을 진작하기 위해서 과학 교육을 통한 기술력의 향상보다는 학생들을 위한 창의성 진작이 필요하다고 보았다는 점이다(Burton, 2009). 과학과 기술을 발전시키기 위해서는 그에 대한 새롭고 창의적인 새로운 생각과 시도가 요구된다는 사실을 깨달은 것이다. 로웬펠드도 이때 예술 교육을 통한 창의성 함양을 주창한 학자 중 한 명이지만, 1960년대 프랭크(L. K. Frank) 역시 새로운 세기 교육에서 예술의 중요한 역할이 대두됨을 주장했다. 그는 다음과 같이 말했다(Frank, 1960).

오늘날 서양 세계에 이제까지 이어져 내려온 전통적인 체계는 무너지고 있으며, 이에 따라 우리에게는 세상의 새로운 질서와 의미를 설명할 수 있는 새로운 패러다임이 요구된다. 그러기 위해서는 예술가들과 예술 교육자들로부터의 상상력과 창의성이 필요하다(Frank, 1960, p. 28).

프랭크에 따르면 현대에는 이제까지 우리에게 익숙했던 전통적인 규범과 패턴이 붕괴되고 있으며, 해체되는 문화를 재정비할 새로운 패러다임을 찾기 위해서 교육에서 창조적인 노력이 필요하다. 그에게 있어 창조적 노력이란 학생이 예술가의 창의성을 접함으로써 얻게 되는 미학적 경험이다. 이제까지의 교육이 머릿속의 지식을 쌓는 것이 목표였다면, 이제는 학생의 마음속에 어떠한 형상, 즉 심상을 길러 줄 것인지가 현대 교육의 목적이 된 것이다. 바로 미술관의 예술 작품은 학생의 마음속에 창의성과 상상력을 불러일으킬 수 있는 이상적인 교육적 수단이 아닐까?

후퍼 그린힐(E. Hooper-Greenhill)은 미술관 교육이 학습자의 학습 과정에 있어 전형적인 학교교육 방식과 다르다고 말했다 (Hooper-Greenhill, 1991). 학교에서 학생이 정해진 지식을 받아들여 모두에게 똑같은 교육적인 효과를 기대한다면, 미술관에서 관람자는 작품에 대한 자신만의 의미를 만들어 내길 기대한다. 각각의 사람들은 모두 다르게 작품을 경험하기 때문에, 여기서 일종의 지식을 만들어서 얻는 과정은 개인의 성격과 그가 가진 경험, 그리고 그 학습이 일어나는 환경에 따라 다를 수밖에 없기 때문이다 (Falk & Dierking, 1995). 페리(D. L. Perry) 등도 이러한 견해에 공감하였는데(Perry et al., 2000), 박물관 에듀케이터는 관람자를 가르치는 것이 아니라, 관람자가 과학, 예술, 역사와 관련된 자기만의 의미를 만들도록 도와주는 환경을 만드는 것이 그들의 역할이라고 보았다. 따라서 미술관 에듀케이터는 작품에 대한 설명을 하는 것이 아니라, 관람자가 스스로 생각해 볼 시간을 갖게 하고, 그들만의 의미를 찾을 수 있게 적절한 질문과 이야기를 통해서 서로 간의 흥미로운 대화를 할 수 있도록 이끌어야 할 것이다.

이때 대화는 꼭 일정한 방향으로 흐를 필요가 없으며, 관람자의 반응에 따라 다양한 이야기가 나올 수 있어야 한다. 따라서 도슨트가 이끄는 집단에 따라서 작품의 의미와 대화는 달라질 수밖에 없다(Burnham & Kai-Kee, 2005). 미술관 교육은 일정한 지식을 관람자에게 전달하는 것이 그 목적이 아니기 때문이다. 메트로폴리탄 미술관 교육자로 명성을 날린 번햄(Burnham, 1994)은 미술관교육에서 중요한 것은 작품을 가지고 학생의 상상력을 자극하고, 그들 하나하나의 아이디어를 맞다고 격려해 주는 것이라고 했다. 번햄과 카이-키(Burnham & Kai-Kee, 2007)는 다음과 같이 말하기도 했다.

> 박물관은 인간에게 가장 중요한 공간 중 하나다. 왜냐하면 자신만의 생각이나 감정, 의견을 가지고 작품을 이해하고 그것을 표현하는 공간이기 때문이다. 따라서 우리는 관람자에게 이렇게 말하고 싶다. 박물관에서 자신만의 의미를 찾으라고. 그리고 이제까지 박물관에서 어떠한 정보나 지식을 찾아 헤맸다면 이제는 그러지 말고 스스로가 경험하고, 사색하고, 상상하라고 말이다(Burnham & Kai-Kee, p. 12).

그렇다면 작가가 의도한 본래 작품의 의미는 어떻게 되는가? 우리가 무시해도 되는 것인가? 허버드(Hubard, 2007b)는 미술관 에듀케이터가 작품의 본래 의미와 관람자가 즉석에서 가진 해석과의 차이를 잘 다룰 줄 알아야 한다고 말하기도 했다.

미술관은 더 이상 예술 작품을 보고 그것에 관한 정보나 지식을 받아들이는 장소만이 아니다. 우리는 실시간으로 예술 작품을 보면서 우리만의 의미를 찾고 나누어야 하며, 그러한 과정 속에서 우리의 상상력은 끊임없이 자극되고 창조력이 길러질 것이다. 따라서 미술관 교육은 작품을 통하여 적절한 대화를 이끌어 관람자의 상상력과 창의성을 진작하는 조력자라고 보아야 한다. 미술 작품을 보면서 논리적이고 비판적인 사고를 하고, 앞서 기술하였듯이 자발적인 사고를 하는 것 또한 중요하지만, 이 책에 실린 허버드의 글처럼 예술 작품을 중심으로 이루어지는 미술관 교육은 다른 교육에서는 일어날 수 없는 무언가 고유한 교육적인 효과가 있어야 한다. 그것이 바로 상상력과 창조력의 향상인 것이다.

우리나라에 미술관 교육은 필요하다. 미술관의 사물 중심 교육을 통하여, 즉 사물을 책을 읽듯 읽음으로써 학생은 창의력과 자기 표현력을 비로소 기를 수 있기 때문이다. 그러기 위해서 미술관 교육 프로그램은 더 이상 작품에 대한 정보를 얻는 기회로 인식되어서는 안 된다. 작품을 읽는 훈련을 받는 시간을 통해서 예술 작품을 보면서 생각에 잠기고, 그럼으로써 개인적으로 작품에 의미 있게 다가갈 수 있어야만 한다. 우리나라에서 미술관 교육 프로그램은 우리가 사물 중심 학습을 이해하고 예술 작품 앞에서 그것을 스스로 읽는 방법을 배우게 될 때 비로소 자리매김할 수 있을 것이다.

참고문헌

교육철학회(2001). 박물관과 교육. 서울: 문음사.

국성하(2007). 우리 박물관의 역사와 교육. 서울: 혜안.

김광명(1996). 삶의 해석과 미학. 서울: 문화사랑.

김영주(2005). 관람빈도에 따른 미술관 관람객 특성에 관한 연구. 중앙대학교 석사학위논문.

김인회(2009). 다문화시대 박물관교육. 서울: 문음사.

김진엽, 하선규 엮음(2007). 미학. 서울: 책세상.

김혜숙, 김성숙, 김정희, 김형숙, 안금희, 이성도, 이연주, 정여주, 황연주 (2012). 미술교육과 문화. 서울: 학지사.

김홍희(1993). 백남준과 그의 예술, 해프닝과 비디오아트. 서울: 디자인하우스.

목수현(2000). 일제하 박물관의 형성과 그 의미. 서울대학교 석사학위논문.

백령(2007). 멀티미디어시대의 박물관교육. 서울: 시공사.

신광섭(2013). 우리나라 박물관 교육의 회고와 전망. 2013년 한국박물관대회 기조 연설문.

양건열(2011). 국립박물관의 교육의 방향과 발전방향 연구. 한국문화관광연구원.

양지연(2003). 미술관과 공교육의 파트너십을 위한 초 · 중등 교사 연구. 예술

경영 연구, 4, 19-40.

윤경렬(1994). 경주박물관학교 40년의 발자취. 경주박물관연보-1993년도(pp. 79-81). 경북: 국립경주박물관.

이난영(2005). 박물관 창고지기. 서울: 통천문화사.

이영철 엮음(1997). 현대미술과 모더니즘. 서울: 시각과 언어.

이용우(2000). 백남준 그 치열한 삶과 예술. 서울: 열음사.

이화익(1992). 미술교육의 현실과 과제 · 국립현대미술관과 클리블랜드미술관 비교연구. 현대미술관연구, 3, 24-37.

장선희(1997). 이이의 주기적 인간론과 인성교육론. (정세화 편). 한국교육의 사상적 이해(pp. 107-131). 서울: 학지사.

장화정(2010). 어린이박물관교육의 철학과 가치. 한국박물관교육학. 서울: 문음사.

정경렬(2009). 사진교육. 경기: 웅진리빙하우스.

정광희(1997). 퇴계 [경(敬)] 사상과 그 현대교육적 의미. (정세화 편). 한국교육의 사상적 이해(pp. 81-106). 서울: 학지사.

정대련(1997). 불교경전에 나타난 교육적 의미 · 법화경 7 비유를 중심으로. (정세화 편). 한국교육의 사상적 이해(pp. 23-54). 서울: 학지사.

정세화(1997). 한국교육의 사상적 전개와 전망. (정세화 편). 한국교육의 사상적 이해(pp. 13-20). 서울: 학지사.

정중헌(1984). 신화를 파는 것이 나의 예술. 조선일보. 6월 26일자.

정현웅(1992). 박수근 생애와 예술. 서울: 삼성미술문화재단.

정혜연(2012). 창의력 신장을 목표로 하는 어린이미술관: 재료 탐구 놀이를 통한 현대미술의 이해. 어린이와 박물관 연구, 3.

진쾌현(1979). 실학주의교육의 사상사적 배경에 관한 제고. 건국대학교 박사학위논문 부논문.

천진기(2013). 한국박물관대회 연설문.

최석영(2012). 핸즈 온 전시. 서울: 민속원.

최승규(1997). 서양미술사 100장면. 서울: 가람기획.

최종태 외(2010). 예술가들의 대화. 서울: 아트북스.

최종호(2010). 한국 박물관 교육학. 서울: 문음사.

한방교(1982). 한국교육의 사조. 논문 제2권, 7-29.

현대미술관회(2000). 현대미술아카데미. 경기: 현대미술관회 출판부.

Adams, M., et al. (2007). *Thinking through art: Isabella stewart gardner museum school partnership program year 3 results*. Edgewater, NJ: Institute for Learning Innovation.

Akmal, T. T., & Ayre-Svingen, B. (2002). Integrated biographical inquiry: A student-centered approach to learning. *The Social Studies, 93*(6).

Amedi, A. et al. (2008). *Neural and behavioral correlates of drawing in an early blind painter: A case study*. Brain Research.

American Association of Museums (AAM). (2005). *Excellence in practice: Museum education principles and standards*. Washington D.C.: American Association of Museums.

Anderson, T., & Milbrandt, M. K. (2007). *Art for life: Authentic instruction in art*. (김정희, 최정임, 신승렬, 김선아, 손지현 공역). 삶을 위한 미술교육. 서울: 예경. (원저는 2004년)

Anttila, E. (2006). *Thoughtful motion: Towards embodied knowing and bodily consciousness*. Retrieved July 28, 2006, from http://dramaiskolen. no/sider/tekst.asp?side=127&submeny=Tidsskriftet%20DRAMA&niv2=Artik kelarkiv

Arnheim, R. (1956, 1974). *Art and visual perception*. Berkeley, CA: University of California Press.

Arnheim, R. (1969). *Visual thinking*. Berkeley: University of California Press.

Arnheim, R. (1990). *Thoughts on art education*. Los Angeles: Getty Center for

Education.

Audet, R. H., & Jordan, L. K. (Eds.). (2005). *Integrating inquiry across the curriculum.* Thousand Oaks, CA: Corwin.

Axel, E. S., & Levent, A. N. (2002). *Art beyond sight: A resource guide to art, creativity, and visual impairment.* New York: Art Education for the Blind, Inc.

Bailey, C. C. (2008). The tools of women's studies and philosophy: Critical thinking in writing courses. *Feminist Teacher, 18*(2).

Ballengee-Morris, C., & Stuhr, P. L. (2001). Multicultural art and visual cultural education in a changing world. *Art Education, 54*(4), 6-13.

Barkan, M. (1962). Transition in art education: Changing conceptions of curriculum content and teaching. *Art Education, 15*(7), 27-28.

Barnet, S. (1995). *A short guide to writing about art.* (김리나 옮김). 미술품의 분석과 서술의 기초. 서울: 시공사. (원저는 1936년).

Barrett, T. (2003). *Interpreting art: Reflecting, wondering, and responding.* New York: McGraw-Hill.

Barron, F. (1955). The disposition toward originality. The 1995 University of Utah Research Conference on the Identification of Creative Scientific Talent.

Barthes, R. (1972). *Mythologies.* London: Farrar, Straus and Giroux.

Bartolone, S. (2005). How Embedded Cultural Visits Affect Perceptions of Student Learning, Teacher Practice and School Climate in a Public High School. Dissertation Teachers College, Columbia University.

Berk, L. E. (1994). Vigotsky's theory: The importance of make-believe play. *Young Children, 50*(1), 30-39.

Bishop, A. P. (2002). Using the web to support inquiry-based literacy development. *Journal of Adolescent and Adult Literacy, 45*(8).

Bresler, L. (2004). *Knowing bodies, moving minds: Towards embodied teaching and learning.* London: Kluwer.

Brodkey, L., & Fine, M. (1988). Presence of mind in the absence of body. *Journal of Education.*

Brown, H. (2004). Walking into the unknown: Inquiry-based learning transforms the english classroom. *English Journal, 94*(2).

Bruner, J. (1959). Learning and thinking. *Harvard Educational Review, 29*(3), 184-192.

Bruner, J. (1973). *Beyond the information given: Studies in the psychology of knowing.* New York: Norton.

Bruner, J. (1990). *Acts of meaning.* Cambridge, Harvard University Press.

Bruner, J. (1996). *The culture of education.* Cambridge, Harvard University Press.

Buck, D. K., Hildebrand, F., & Marden, M. B. (1991). Etcetera-math-o-graphs: Critical thinking through graphing. *The Arithmetic Teacher. 38*(9).

Burchenal, P., et al. (2008). Why do We teach arts in the schools? The Dialogue Continues. A Response to Winner/Hetland. *NAEA News, 50*(2).

Burnett, R. (2004). *How images think.* Cambridge, The MIT Press.

Burnham, R. (1994). If you don't stop, you don't see anything. *Teachers College Record, 95*(4), 520-525.

Burnham, R., & Kai-Kee, E. (2005). The art of teaching in the museum. *Journal of Aesthetic Education, 39*(1), 65-76.

Burnham, R., & Kai-Kee, E. (2007). Museum education and the project of interpretation in the twenty-first century. *Journal of Aesthetic Education, 41*(2), 11-13.

Burton, J. M. (2005). The integrity of personal experience or the presence of life in art. *International Journal of Art Education, 3*(2), 9-56.

Burton, J. M. (2009). Creative intelligence, creative practice: Lowenfeld redux. *Studies in Art Education: A Journal of Issues and Research in Art Education, 50*(4), 323-337.

Burton, J. M., Horowitz, R., & Abeles, H. (2000). The configuration of meaning: Learner centered art education revisited. *Studies in Art Education, 41*(4), 330-345.

Burton, J. M., Horowitz, R., & Abeles, H. (2000). Learning in and through the arts: The question of transfer. *Studies in art education, 41*(3), 228-257.

Busse, F. (1880). Object-teaching-principles and methods, *American Journal of Education, 30,* 417-450.

Calkins, N. A. (1880). Object-teaching: Its purpose and province. *Education, 1,* 165-172.

Caulton, T. (1998). *Hands-on exhibitions.* London: Routledge.

Chung, H. (2006). Historical review of the roles of museums as educational institutions: A comparative study between the U.S. and Korea. Unpublished Manuscript, Teachers College, Columbia University.

Cianciolo, P. J. (1990). Encouraging critical thinking in the language arts: Critical thinking in the study of children's literature in the elementary grades. *Language Arts, 67*(7).

Court, D. (1991). Teaching critical thinking: What do we know? *Social Studies, 82*(3).

Cox, M. V. (1993). *Children's drawings of the human figure.* London: The Psychology Press.

Cranton, P. (2006). *Understanding and promoting transformative learning: A guide for educators of adults.* San Francisco: Jossey-Bass.

Crary, J. (1992). *Techniques of the observer: On vision and modernity in the 19th century.* Cambridge: MIT Press.

Crawford, D. W. (1995). *Kant's aesthetic theory.* (김문환 옮김). 칸트미학이론. 서울: 서광사. (원저는 1974년).

Cremin, L. (1964). *Transformation of the school.* New York: Vintage Books.

Csikszentmihalyi, M. (1996). *Creativity: Flow and the psychology of discovery and invention.* New York: Harper Collins.

Csikszentmihalyi, M. (1998) *Finding flow: The psychology of engagement with everyday life.* New York: Harper Collins.

Csikszentmihalyi, M., & Robinson, R. (1990). *The art of seeing: An interpretation of the aesthetic encounter.* Malibu, CA: J. P. Getty Museum and Getty Center for Education in the Arts.

Curva, F., et al. (2005). *Artful citizen project: Three year project report.* Tallahassee FL: Wolfsonian.

Dall'Alba, G., & Barnacle, R. (2005). Embodied knowing in online environments. *Educational Philosophy and Theory, 37*(5).

D'Amasio, A. (2003). *Looking for spinoza.* New York: Harcourt, Inc.

D'Amasio, A. (1994). *Descartes' error: Emotion, reason, and the human brain.* New York: Putnam.

D'Amasio, A. (1999). *The feeling of what happens: Body and emotion in the making of consciousness.* New York: Harcourt Brace.

Dana, J. C. (1917). *The new museums.* Woodstock, VT: The Elm Tree Press.

Danto, C. A. (2007). *After the End of Art.* (이성훈, 김광우 옮김). 예술의 종말 이후. 서울: 미술문화. (원저는 1997년).

Danto, C. A. (2007). *Philosophizing art.* (정용도 옮김). 철학하는 예술. 서울: 미술문화. (원저는 1999년).

Davis, H. J., & Gardner, H. (1993). *Open window, open doors.* In E.

Hooper-Greenhill (Ed.), *The Educational role of the museum* (2nd ed., pp. 99-104). London and New York: Routeldge.

Dewey, J. (1926, 1953). *Democracy and education*. New York: Macmillan.

Dewey, J. (1929, 1988). *The quest for certainty*. Carbondale, IL: Southern Illinois University Press.

Dewey, J. (1934, 2005). *Art as experience*. New York: Putnam.

DiBlasio, M. K. (1983). If and where to plug in the computer: A conceptual framework For computer assisted art instruction. *Studies in Art Education, 25*(1), 39-47.

Dirks, J. M. (1998). Transformative learning theory in the practice of adult education: An overview. *PAACE Journal of Lifelong Learning, 7,* 1-14.

Duncum, P. (2012). An eye does not make an I: Expanding the sensorium. *Studies in Art Education: A Journal of Issues and Research in Art Education, 53*(3), 182-193.

Ecker, D. W. (1990). Symposium on K-12 art education: Cultural identity, artistic empowerment, and the future of art in the schools. *Design for Arts in Education, 91*(3), 14-20.

Egan, K. (1999). *Children's minds, talking rabbits and clockwork oranges: Essays on education.* New York: Teachers College Press.

Eisner, E. W. (2003). Research invited guest lecture. Paper Presented at the National Art Education Association Annual Meeting, Minneapolis, MN, U.S.

Elkins, J. (1996). *The object stares back: On the nature of seeing.* San Diego: A Harvest Book.

Emerson, R. W. (1903). *The complete works of Ralph Waldo Emerson.* Boston and New York: Houghton Mifflin.

Erikson, E. (1968). *Identity, youth and crisis.* New York: W. W. Norton.

Ettinger, L. F. (1988). Art education and computing: Building a perspective. *Studies in Art Education, 30*(1), 53-62.

Falk, J. H., & Dierking, L. D. (1995). *Public institutions for personal learning: Establishing a research agenda.* Washington, D.C.: American Association of Museums.

Feinberg, S. (1977). What boys and girls choose to draw: Explorations of fighting and Helping. *Studies in Art Education, 18*(2), 63-72.

Feldman, D. (1994). *Beyond universals in cognitive development.* New York: Ablex.

Fishman, S. (1999). *The interpretation of art, essays on the art criticism of John Ruskin, Walter Pater, Clive Bell, Roger Fry and Herbert Read.* (민주식 옮김). 미술의 해석. 서울: 학고재. (원저는 1963년).

Flannery, K., & Watson, M. (1994). Sex differences and gender role differentiation in children's drawings. *Studies in Art Education, 36*(2), 114-122.

Flavell, J. H., Miller, P. H., & Miller, S. A. (2002, 2003). *Cognitive development.* (정명숙 옮김). 인지발달. 서울: 시그마프레스. (원저는 2002년).

Foucault, M. (1995, 2012). *Discipline & punish: the birth of the prison.* New York: Vintage.

Fox, C. (2005, May 1). An original, witty take on perception, reality. *The Atlanta, Journal-Constitution*, p. L3.

Frank, L. K. (1960). Role of the arts in education. *Studies in Art Education, 1*(2), 26-34.

Franklin, M. (1973). Non-verbal representation in young children: A cognitive perspective. *Young Children, 29*, 33-53.

Franklin, M., & Kaplan, B. (Eds.). (1994). *Development and the arts.*

Englewood, NJ: Erlbaum.

Freedberg, D., & Gallese, V. (2007). Motion, emotion and empathy in aesthetic experience. *Trends in Cognitive Science, 11*(5).

Freedman, K. (2003). *Teaching visual culture: Curriculum, aesthetics, and the social life on art.* New York: Teachers College Press and Reston, VA: The National Art Education Association.

Gardner, H. (1982). *Art, mind and brain.* New York: Basic Books.

Gardner, H. (1983). *Frames of mind: The theory of multiple intelligences.* New York: Basic Books.

Gardner, H. (1999). *Intelligence reframed: Multiple intelligences for the 21ˢᵗ century.* New York: Basic Books.

Gardner, H. (2007). *Multiple intelligences.* (문용린, 유경재 옮김). **다중지능.** 서울: 웅진지식하우스. (원저는 2006년).

Garoian, C. R. (2002). *Children performing the art of identity.* In Y. Gaudelius & P. Speirs (Eds.), *Contemporary issues in art education* (pp. 119-127). Upper Saddle River, NJ: Prentice Hall.

Getzels, J. W., & Jackson, P. W. (1962). *Creativity and intelligence.* New York: Wiley.

Gibson, J. J. (1966). *The senses considered as perceptual systems.* Boston: Houghton mifflin Co.

Gilligan, C. (1982). *In a different voice.* Cambridge, MA: Harvard University Press.

Gombrich, E. H. (2007). *The story of art.* (백승길, 이종숭 옮김). **서양미술사.** 서울: 예경. (원저는 1995년).

Goodman, N. (1978). *Languages of art* (2nd ed). Indianapolis: Hackett.

Goodman, S. (1996). *Media education: Culture and community in the classroom.* In S. Cahan & Z. Kocur (Eds.), *Contemporary art and multicultural education* (pp. 18–23). New York, NY: The New Museum of Contemporary Art and New York, NY: Routledge.

Greene, M. (1978). *Landscapes of learning*. New York: Teachers College Press. Jossey-Bass publisher.

Greene, M. (1980). Notes on aesthetic education, In variations on a blue guitar: The Lincoln center institute lectures on aesthetic education. New York: Teachers College Press.

Greene, M. (1987). Variations on a blue guitar: The Lincoln center institute lectures on aesthetic education. New York: Teachers College Press.

Greene, M. (1988). *What happened to imagination?* In K. Eagan & D. Nadaner (Eds.), *Imagination and education* (pp. 45-56). New York: Teachers College Press.

Greene, M. (1995). *Releasing the imagination: Essays on the arts and social change*. New York: Jossey-Bass.

Greene, M. (2001). Variations on a blue guitar: The Lincoln center institute lectures on aesthetic education. New York: Teachers College Press.

Guggenheim Museum. (2007, Jan). Inquiry with Art. *Retrieved January 11, 2007*, from Museum Web Site: http://www.learningthroughart. org/inquiry_art.php

Guilford, J. P. (1950). Creativity. *The American Psychologist, 5*, 444-454.

Heidegger, M. (1977). *On time and being*. New York: Harper Collins.

Heiferman, M. (2012). *Photography changes everything*. New York: Aperture.

Hein, G. E. (1998). *Learning in the museum*. London & New York: Routledge.

Hein, S. H. (2000). *The museum in transition*. Washington & London: Smithsonian Institute Press.

Herz, R. S. (2007). From the guest editor. *Journal of Museum Education, 32*(2).

Hetland, L., & Winner, E. (2004). *Cognitive transfer from arts education.* In E. W. Eisner & Michael D. Day (Eds.), *Cognitive Transfer from Arts Education to Non-Arts Outcomes: Research Evidence and Policy Implications.* Reston, VA: National Art Education Association.

Higgins, C. (2008). Institutionalism and the cliches of aesthetic education: A deweyan corrective. *Education and Culture, 24*(1).

Hogan, C., Simpson, S., & Stuckey, H. (1999). *Creative expression in transformative learning: Tools and techniques for educators of adults.* Malabas: Krieger Publishing Company.

Hooper-Greenhill, E. (1991). *Museum and gallery education.* London & New York: Routledge.

Hooper-Greenhill, E. (1999). *Objects and interpretive precesses.* In E. Hooper-Greenhill (Ed.), *The educational role of the museum.* London: Routledge.

Housen, A. (2002). Aesthetic thought, critical thinking and transfer. *Arts and Learning Journal, 18*(1).

Hubard, O. (2007a). Complete engagement: Embodied response in art museum education. *Art Education, 60*(6).

Hubard, O. (2007b). Negotiating personal and cultural significance: A theoretical framework for art museum education. *Curator, 50*(4), 401-416.

Hubard, O. (2007c) Productive information: Context knowledge in art museum education. *Art Education, 60*(4), 17-23.

Hudson, T. R. (1985). *Missouri superintendent's and secondary art educator's perceptions of microcomputer assisted instruction in the art program,*

9-12 (attitudes). Unpublished doctoral dissertation, University of Missouri–Columbia.

Hull, J. M. (1992). *Touching the rock: An experience of blindness.* New York: Vintage.

Jenks, C. (1996). *Culture.* (김윤용 옮김). 문화란 무엇인가. 서울: 현대미학사. (원저는 1994년).

John, J. P. (1987). Critical thinking in the social studies. *Emergency Librarian, 14*(3).

Johnson, M. (1987). *The body in the mind: The body basis of meaning, image and reason.* Chicago, IL: Chicago University Press.

Jordan, L. K. (2005). *Science inquiry: Is there any other way?* In R. H. Audet & L. K. Jordan (Ed.), *Integrating Inquiry across Curriculum* (pp. 43). Thousand Oaks, CA: Corwin.

Kegan, R. (1994). *In over our heads: The mental demands of modern life.* Cambridge, MA: Harvard University Press.

Kennedy, J. M., & Juricevic, I. (2006). Foreshortening, convergence and drawings from a blind adult. *Perception, 35*(6), 847-851.

Klee, P. (1920). *Creative credo.* Unknown publisher.

Klein, M. (2004). The premise and promise of inquiry based mathematics in pre-Service teacher education: A poststructuralist analysis. *Asia-Pacific Journal of Teacher Education, 32*(1).

Knopp, S. L. (1997). Critical thinking and Columbus. *Secondary Social Studies, 8*(1).

Kohlberg, L. (1969). *Stage and sequence: The cognitive developmental approach to socialization.* In D. A. Goslin (Ed.), *Handbook of socialization theory and research.* New York: Rand McNally.

Korn, R. (2007). *Solomon R. Guggenheim museum: Teaching literacy through art*. final report: Synthesis of 2004-2005 and 2005-2006 studies. Alexandria, VA: Solomon R. Guggenheim Museum.

Korzenik, D. (1984). Francis wayland parker's vision of the arts in education. *Theory into Practice, 23*(4), 288-292.

Lakoff G., & Johnson, M. (1999). *Philosophy in the flesh: The embodied mind & its challenge to western thought*. New York: Basic Books.

Langer, E. J. (1998). *The power of mindful learning*. New York: Da Capo Press.

Langer, S. K. (1953). *Feeling and form: A theory of art*. New York: Charles Scribner's Sons.

Lanier, V. (1969). The teacher of art as social revolutionary. *Phi Delta Kappan, 50*(6), 314-319.

Laverty, M., & Gregory, M. (2007). Evaluating classroom dialogue: Reconciling internal and external accountability. *Theory and Research in Education, 5*(3).

Lawson, J., & Silver, H. (1973). *A social history of education in England*. London: Methuen.

Leming, J. S. (1998). Some critical thoughts about the teaching of critical thinking, *The Social Studies, 89*(2).

Levin, D. M. (1988). The opening of vision: Nihilism and the postmodern situation. Routlege.

Levin, D. M. (1993). *Modernity and the hegemony of vision*. Berkeley: University of California Press.

Levy, L., & Weber, S. (2011). Teenmom.ca: A community arts-based new media empowerment project for teenage mothers. *Studies in Art Education, 52*(4), 292-309.

Lipkin, J. (2005). *Photography reborn: Image making in the digital era*. New

York: Harry N. Abrams.

Low, T. L. (1948). *The educational philosophy and practice of art museums in the United States*. NY: Teachers College, Columbia University.

Lowenfeld, V. (1951). Psycho-aesthetic implications of the art of the blind. *Journal of Aesthetics and Art Criticism, 10*(1), 1-9.

Lowenfeld, V. (1957). *Creative and mental growth* (3rd ed.). New York: MacMillan.

Lowenfeld, V. (1960). Creative intelligence. *Studies in Art Education, 1*(2), 22-25.

Lusseyran, J. (1999). *Against the pollution of the I*. New York: Parabola Books.

MacKinnon, D. W. (1962). The nature and nurture of creative talent. American. *Psychology, 17*, 484-495.

Martin, L. A. (2007). The monroe doctrine: Critical thinking through the use of a commemorative coin. *The Social Studies, 98*(3).

Mathews, J. (1999). *The art of childhood and adolescence*. London: The Falmer Press.

Mayhew, K., & Edwards, A. (1936, 1966). *The Dewey school: The laboratory of school of the university of Chicago*. New York: Appleton Century Co.

Mbuyamba, L. (2006, March). *Report on the closing session of the UNESCO world conference on arts education: Building creative capacities for the 21ˢᵗ century*. Lisbon, Portugal, Paris: United Nations Educational, Scientific, and Cultural Organization.

Mckay, S. W., & Monteverde, S. R. (2003). Dialogic looking: Beyond the mediated experience. *Art Education, 56*(1).

Meier-Graefe, J. (1993). *Vincent van Gogh*. (최승자, 김현성 옮김). 반 고흐, 지상에 유배된 천사. 서울: 책세상. (원저는 1987년).

Memory, D. M., Yoder, C. Y., Bolinger, K. B., & Warren, W. J. (2004). Creating thinking and inquiry tasks that reflect the concerns and interests of adolescents. *The Social Studies, 95*(4).

Merelau-Ponty, M. (1964). *Sense and non-sense.* Evanston, IL: Northwestern University Press.

Merleau-Ponty, M. (1945, 2013). *Phenomenology of perception.* New York: Routelege.

Merleau-Ponty, M. (1964). *The primacy of perception.* Evanston: Northwestern University Press.

Merleau-Ponty, M. (1964). *The visible and the invisible.* In W. McNeill & K. S. Feldman (Eds.), *Continental philosophy: An anthology* (pp. 167–175). Oxford, UK: Blackwell Publishers.

Meyerson, P., & Secules, T. (2001). Inquiry cycles can make social studies meaningful: Learning about the controversy in Kosovo. *The Social Studies, 92*(6).

Mezirow, J. (1991). *Transformative dimensions of adult learning.* San Francisco: Jossey-Bass.

Mezirow, J. (1999). Transformation theory? Postmodern issues. 1999 AERC Proceedings. Retrieved from http://www.edst.educ.ubc.ca/aerc/1999/99mezirow.htm.

Michael, J. (1982). *The lowenfeld lectures.* University Park, PA: The Pennsylvania State University Press.

Miller, J. (2007). *The sounds of silence breaking: Women, autobiography, curriculum.* New York: Peter Lang.

Milner, M. (1971). *On not being able to paint.* New York: Heinemann.

Mirzoeff, N. (1999). *Introduct. Ion to Visual Culture.* New York: Routeledge.

Mitchell, W. J. T. (2005). There are no visual media. *Journal of Visual*

Culture, 4(2), 257-266.

Murdoch, I. (1970, 2001). *The sovereignty of good*. New York: Routledge.

Nietzsche, F. (1884). *On the genealogy of morality*. Cambridge: Cambridge.

Papageorge, T. (2011). *Core curriculum: Writings on photography*. New York: Aperture.

Paris, S. (1997). Situated motivation and informal learning. *Journal of Museum Education, 22*(2, 3), 22-26.

Perry, D. L., Roberts, L. C., Morrissey, K., & Silverman, L. H. (2000). *Listening outside and within*. In J. S. Hirsch & L. H. Silverman (Eds.), *Transforming Practice* (pp. 43-47). Washington, DC: Museum Education Roundtable.

Perry-Wilson, D. (1988). *The evolution and processes of a multidiscipline-based art education prototype in visual technology*. Unpublished doctoral dissertation, The Pennsylvania State University.

Piaget, J. (1929). *The child's conceptions of the world*. New York: Harcourt Brace and World.

Piaget, J. (1951). *Play, dreams and imitation in children*. New York: Heineman.

Piaget, J. (1963). *The origins of intelligence in children*. New York: Norton. (Original work published, 1952).

Prensky, M. (2001). Digital natives, digital immigransts: A new way to look at ourselves our kids. *On the Horizon, 9*(5).

Priest, N. (2000). 10-Minutes critical thinking activities for math class. *Mathematics Teaching in the Middle School, 5*(7).

Rader, M. & Jessup, B. (2004). *Art and human values*. (김광명 옮김). 예술과 인간가치. 서울: 까치. (원저는 1976년).

Rand, G., & Zakia, R. D. (2011). *Teaching photography: Tools for the imaging*

educator. (허현주 역). **사진교육론**. 서울: 월간사진출판사. (원저는 2011
년).

Raunft, R. (2001). (Ed.). *The autobiographical lectures of some prominent art
educators*. Reston, VA: National Art Education Association.

Read, H. (1943). *Education through art*. London: Faber.

Reid, L. A. (1954). *A study in aesthetics*. New York: MacMillan.

Reid, L. A. (1973). *Aesthetics and aesthetic education*. In D. Field & J.
Newick (Eds.), *The study of education and art*. London: Routledge &
Kegan Paul.

Rekrut, M. D. (2002). Inquiry-based english instruction: Engaging students in
life and literature. *Journal of Adolescent and Adult Literacy, 46*(4).

Rice, D. (1995). *Museum education embracing uncertainty*. Art Bulletin,
LXXVII, 1, 15-20.

Roberts, L. C. (1997). *From knowledge to narrative*. Washington and
London: Smithsonian Institution Press.

Saehrendt, C., & Kittl, S. T. (2011). *Was will Kunst?* (정인회 옮김). **예술은 무
엇을 원하는가?** 서울: 자음과 모음. (원저는 2009년).

Scheffler, I. (1986). *In praise of the cognitive emotions*. In I. Scheffler (Ed.),
Inquiries: Philosophical studies of language, science, and learning (pp.
347-361). Indianapolis: Hackett.

Scheffler, I. (1991). *In praise of cognitive emotions*. New York: Routledge.

Sellars, P. (2012). Keynote lecture, multimodal approaches to learning
international conference. Metropolitan Museum of Art, New York.

Silvia, W. (2010). *The digital eye: Photographic art in the electronic age*.
Prestel.

Simon, N. (2010). *The participatory museum*. Santa Cruz, CA: Museum OZ.
http://momaps1.org/warmup/

Simpson, S. (2009). Raising awareness of transformation: Collage, creative expression, and imagination. In C. H. Editor, S. S. Editor, & H. S. Editor (Eds.), *Creative expression in transformative learning* (pp. 75-101). Malabas: Krieger Publishing Company.

Smith, N. (1983). *Experience and art: Teaching children to paint.* New York: Teachers College Press.

Smythe, J. E. (1966). The educational role of the museums and field centres in England from 1884, Masters dissertation, Sheffield University.

Song, B. (2008). *Changing conceptions of cultural identities: Critical inquiry through digital art practices within higher education.* Unpublished doctoral dissertation, Teachers College, Columbia University, New York.

Sontag, J. H. (1987). Computers in college university art departments: Present and future. *Studie sin Art Education, 28*(3), 154-163.

Sontag, S. (1982). *Against interpretation and other essays.* New York: Octagon Books.

Stangos, N. (Ed.). (1995). *Concepts of modern art.* (성완경, 김안례 옮김). 현대미술의 개념. 서울: 문예출판사. (원저는 1994년).

Sternberg, R. J., Grigorenko, E. L., & Singer, J. L. (2009) *Creativity from potential to realization.* (임웅 옮김). 창의성, 그 잠재력의 실현을 위하여. 서울: 학지사. (원저는 2004년).

Sternberg, S. (1989). The art of participation. In N. Berry & S. Mayer (Eds.), *Museums education: History, theory, and practice* (pp. 154-171). Reston, VA: The National Art Education Association.

Stokrocki, M. (2002). Computer animation at an Apache middle school: Apache children's use of computer animation technology. In Y. Gaudelius & P. Speirs (Eds.), *Contemporary issues in art education* (pp.

264-278). Upper Saddle River, NJ: Prentice Hall.

Stonewater, J. K. (2005). Inquiry teaching and learning: The best math class study. *School Science and Mathematices, 105*(1).

Strickland, C. (2000). *The annotated mona Lisa: A crash course in art history from prehistoric to post-modern*. (김호경 옮김). 클릭, 서양미술사. 서울: 예경. (원저는 1992년).

Sullivan, G. (2009). *Art practice as research: Inquiry in visual arts*. Thousand Oaks: Sage Publications.

Taylor, J. C. (1975). *The art museum in the United States*. In S. Lee (Ed.), *On understanding art museums* (pp. 34-67). Englewood Cliffs, NJ: Prentice-Hall.

Tishman, S. (2003). *MoMA's visual thinking curriculum: Investigating the educational impact and potential of the museum of modern art's visual thinking curriculum*. Harvard University. Retrieved March 3, 2003 from http://www.pz.harvard.edu/Research/MoMA.htm

Torrance, E. P. (1962). *Education and the creative potential*. Minneapolis, MN: University of Minnesota Press.

Traub, C., & Lipkin, J. (2003). *In the realm of the circuit: Computers, art, and culture*. Upper Saddle River, NJ: Prentice Hall.

Traub, C., Heller, S., & Bell, A. (2006). *The education of a photographer*. New York: Allworth Press.

Tumin, D. (1999). Gender style as form and content: An examination of gender stereotypes in subject preferences of children's drawings. *Studies in Art Education, 41*(1), 40-60.

Turkle, S. (1995). *Life on the screen: Identity in the age of the Internet*. New York: Simon & Schuster.

Unrath, K., & Mudd, M. (2011). Signs of change: Art education in the age of the iKid. *Art Education, 64*(4), 4-11.

Venturi, L. (1994). *History of art criticism.* (김기주 옮김). 미술비평사. 서울: 문예출판사. (원저는 1964년).

Voullard, A. (1937). *Souvenier d'un marchand de tableaux.* Paris.

Vygotsky, L. (1962). *Thought and language.* Cambridge, MA: MIT Press.

Wallach, M. , & Kogan, N. (1965). *Modes of thinking in young children.* New York: Holt, Reinhart and Winston.

Weddington, H. S. (2004). Education as aesthetic experience: Interactions of reciprocal transformation. *Journal of Transformative Education, 2,* 120-137.

Wenders, W. (2011). *Pina* [Motion picture]. Germany: Hanway Films.

Wener, H. , & Kaplan, B. (1963). *Symbol formation.* Hillsdale, NJ: Erlbaum.

Wilen, W. W. , & Patrick McKenrick, P. (1989). Individualized inquiry: Encouraging able students to investigate. *The Social Studies, 80*(2).

Willingham, D. T. (2008). Critical thinking: Why is it so hard to teach? *Art Education Policy Review, 109*(4).

Wilson, B. (1997). *The quiet evolution: Changing the face of art education.* Los Angeles, CA: Getty Institute for the Arts.

Winnicott, D. (1971). *Playing and reality.* London: Harmondsworth.

Wright, I. (2002). Challenging students with the tools of critical thinking. *The Social Studies, 93*(6).

Yenawine, P. (1988). Master teaching in an art museum. *Journal of Museum Education, 13*(3), 17-21.

Yenawine, P. (1994). *How to look at modern art.* (한국미술연구소 옮김). 현대미술 감상의 길잡이. 서울: 시공사. (원저는 1991년).

Yenawine, P., & Abigail Housen, P. (2001). Basic VTS at a glance, 2001. Visual Thinking Strategies. Retrieved March 20, 2010 from

http://www.vtshome.org/system/resources/0000/0018/basic_vts_at_a_g
lance.pdf

Zeller, T. (1989). The historical and philosophical foundations of art museum
education in America. In N. Berry & S. Mayer (Eds.), *Museum
education: History, theory and practice* (pp. 10-89). Reston: National
Art Education Association.

American Museum of Natural History, http://www.amnh.org/ accessed dt.
Sep. 10, 2013.

Brooklyn Children's Museum, Who we are http://www.brooklynkids.
org/index.php/aboutus/whoweare accessed dt. May. 11, 2013.

Children's Museum of Manhattan, http://www.cmom.org/ accessed dt. Sep.
15, 2013.

Massachusetts Museum of Contemporary Art, http://www.massmoca. org/
accessed dt. Sep. 24, 2013.

Metropolitan Museum of Art, http://www.metmuseum.org/ accessed dt. Sep.
24, 2013.

Museum of Fine Art, Boston, http://www.mfa.org/ accessed dt. Sep. 29,
2013.

Museum of Modern Art, http://www.moma.org/ accessed dt. Sep. 22, 2013
Take One Picture, http://www.takeonepicture.org/picture/ index.html
accessed dt. Sep. 22, 2013.

Museum of Modern Art. (2008, April). Guides for educators. *Retreived April
24*, 2008. from Museum Web site http://www.moma.org/
modernteachers/guides.html

찾아보기

|인명|

| 내 용 |

저 자 소 개

주디스 버튼(Judith Burton)
영국 맨체스터대학교(M.Ed.) 및 미국 하버드대학교 졸업(Ed.D.)
현 미국 컬럼비아 대학교 티처스컬리지(TC) 교수

올가 허버드(Olga Hubard)
School of Visual Arts(MFA) 및 미국 컬럼비아대학교 티처스컬리지(TC) 졸업(Ed.D.)
현 미국 컬럼비아대학교 티처스컬리지(TC) 교수

김혜숙(Kim, Hye-Sook)
미국 컬럼비아대학교 티처스컬리지(TC) 졸업(Ed.D.)
현 춘천교육대학교 교수

송보림(Song, Bo-Rim)
미국 컬럼비아대학교 티처스컬리지(TC) 졸업(Ed.D.)
현 미국 이스트캐롤라이나대학교 교수

오순화(Oh, Soon-Hwa)
미국 컬럼비아대학교 티처스컬리지(TC) 졸업(Ed.D.)
현 싱가포르 난양테크놀로지대학교 교수

이 진(Lee, Jin)
미국 컬럼비아대학교 티처스컬리지(TC) 예술과 예술교육 박사과정 수료
현 서울대학교 · 건국대학교 강사
  '우리들의 눈' 티칭 아티스트

이혜진(Rhee, Hye-Jin)
미국 컬럼비아대학교 티처스컬리지(TC) 졸업(Ed.D.)
현 경인교육대학교 강사

정혜연(Chung, Hye-Youn)
미국 컬럼비아대학교 티처스컬리지(TC) 졸업(Ed.D.)
현 홍익대학교 겸임교수

미술가의 감성과 작품 세계
Artists, Sensibility, and Artistic Experiences in Art Education

2016년 1월 10일 1판 1쇄 인쇄
2016년 1월 20일 1판 1쇄 발행

지은이 • 주디스 버튼 · 올가 허버드 · 김혜숙
      송보림 · 오순화 · 이진 · 이혜진 · 정혜연
펴낸이 • 김진환
펴낸곳 • (주) **학지사**
      04031 서울특별시 마포구 양화로 15길 20 마인드월드빌딩
대표전화 • 02-330-5114   팩스 • 02-324-2345
등록번호 • 제313-2006-000265호

홈페이지 • http://www.hakjisa.co.kr
페이스북 • https://www.facebook.com/hakjisa

ISBN 978-89-997-0850-3 93370

정가 15,000원

인터넷 학술논문 원문 서비스 **뉴논문** www.newnonmun.com

이 도서의 국립중앙도서관 출판시도서목록(CIP)은 서지정보유통지원
시스템 홈페이지(http://seoji.nl.go.kr)와 국가자료공동목록시스템
(http://www.nl.go.kr/kolisnet)에서 이용하실 수 있습니다.
(CIP 제어번호: CIP2015032762)